この1冊ですべてわかる

オンライン定量・定性調査の基本

The Basics of Online Marketing Research

岸川 茂 [編著]
Kishikawa Shigeru

JMRX NewMR研究会 [著]
Japan Marketing Research eXcellence NewMR Society

日本実業出版社

まえがき

　本書は、今般のコロナ禍が契機となったニューノーマル時代に対応する**オンライン調査の「ベストプラクティス」**を集めた、新しいマーケティング・リサーチの基本書であり実務書です。

　2020年、コロナ禍による外出自粛や行動制限によって、仕事上のテレワーク（リモートワーク）や、Zoomミーティング、リモート飲み会、人事のウェブ面接など、ビジネスの世界において、「オンライン」（コンピュータなどの機器がネットワークに接続された状態）が急速に拡大しました。

　マーケティング・リサーチ業界も例外ではありません。新型コロナウイルスは、間違いなく調査業界にも衝撃を与えました。2020年4月、最初の緊急事態宣言発出後、それまで普通に行なわれていた対面のさまざまな面接調査が突然、実施することができなくなりました。コロナ禍によって、調査業界において、新たな調査の方法の探索が始まりました。並行して、ビジネスにおいて、**DX（デジタルトランスフォーメーション）**による業務の効率化や生産性の向上のためのデジタル化が求められています。停滞か？変革か？　マーケティング・リサーチ業界も選択を迫られています。

　日本で「インターネット調査」が本格的にスタートしておよそ20年が経ち、「**オンライン定量調査**」（ネットアンケート）についての本は数多く出版されてきました。一方、オンライン・インタビューなどの「**オンライン定性調査**」について具体的に解説した本はほとんどありません。

　定量調査と定性調査は、消費者を理解するうえで、本来それぞれの限界を補う相互補完の関係にあります。これまで、定量はオンラインで、定性はオフラインで実施と、データ収集方法が分断されていました。

　両者をオンラインで効率よく実施することは難しい状況でした。しかし、テクノロジーの進化により、状況は変化しています。本書では、「デジタル消費者」を理解するための「**オンライン・リサーチ**」の方法として、オンラインによる定量調査と定性調査の両方の方法、さらにはそれらを組み合わせた**ハイブリッド（ミックス）調査**の方法を解説しています。

　デジタル・テクノロジーの進化は、単にオンラインによるデータ収集だけ

でなく、データ分析の分野にも大きな変化をもたらしています。近年、リサーチの領域は、いわゆるマーケティング・リサーチから、**インサイト**や、**データアナリティクス**へと拡大しています。リサーチャーの呼称も、**インサイト・プロフェッショナル**や**データサイエンティスト**という具合に多様化しています。これは、リサーチャーにとっては、自身が持つリサーチのスキルセットの拡大の必要性を意味しています。これからのリサーチでは、ビッグデータやAI等の消費者理解を深める**リサーチテック**の理解が不可欠になります。本書では、その活用によるインサイト分析の事例も紹介していきます。

　本書の構成についても記しておきます。第1章はオンライン・リサーチの基本、第2章はオンライン定量調査、第3章と第4章はオンライン定性調査について、それぞれ説明します。第5章では、オンライン調査の消費者理解を深めるリサーチテック活用の事例について解説します。さらに付録で、本書で解説したさまざまなオンラインの調査手法を実際に活用するうえで参考になる国内外のサービス提供企業の紹介をしています。

　本書は、企画から報告書作成までのリサーチ業務を自分で完結できる**DIYあるいはセルフサービス・リサーチ**を行なうことを目指すリサーチャーを対象に書かれています。また、調査予算が少ない中小企業のマーケティング担当者が、本書を活用することによって、調査会社に発注することなく、早く安価に有効な定量と定性の調査を社内で実施することを目指す内容になっています。調査入門者の方のために、リサーチの基本的な内容や用語の説明もできる限り入れましたが、リサーチの基本的知識については、前著『**マーケティング・リサーチの基本**』（**日本実業出版社**）を参照していただければ幸いです。

　調査経験者の方には、マーケティング課題解決のための「**ツールボックス**」を増やすために、できる限り新しい手法を取り上げました。また直接データ収集を行なわず、調査会社にリサーチ業務を発注する「リサーチ・バイヤー」の方にも、オンライン・リサーチの概略を理解していただくことは、リサーチの企画等の発注業務の有効な管理に役立つかと思います。

　本書のもう1つの特徴は、日本を代表する多くの企業のマーケティング・

リサーチ業務を担当している（株）インテージや（株）マクロミル、（株）クロス・マーケティングといった日本を代表する調査会社の第一線のリサーチャーの執筆による実務書であることです。日々の業務の実践経験から生み出された貴重な方法論の「集合知」になっています。

さらに日本の調査現場だけでなく、世界のリサーチの業界団体や調査会社、国際会議等からできる限り幅広く情報を収集することによって、世界のリサーチの最新動向を紹介しています。

読者は、この1冊で以下のことを学ぶことができます。1）**オンライン定量調査と定性調査の方法の基本と応用**、2）特にオンライン・インタビューや掲示板グルイン等の**オンライン定性調査の方法**、3）さまざまなオンライン・リサーチを可能にする「**インサイト・プラットフォーム**」の最新情報、リサーチテックによる新しいリサーチの方向性等です。本書によって、読者の皆さんがこれまでの業務やプロジェクトで抱いた疑問の解決につながったり、明日からの業務やプロジェクトに活用してみようと思う方法に出会うことができれば、編著者としてこれに勝る喜びはありません。

コロナ禍によって、最低5年は加速したといわれる世界のマーケティング・リサーチのオンライン化やデジタル化のグローバルの流れに対して、日本のリサーチ業界が逆行したり、流れに乗り遅れることがないよう、多くのリサーチャーに、開発の進む2020年代の新たなツールで、新たなリサーチの世界にチャレンジしていただきたいと思います。また、日進月歩に変化する New MR の世界をキャッチアップするために、本書の情報のアップデートサイト「JMRX NewMR研究会」（https://jmrx-newmr.jp）も用意しています。ぜひ参照してください。

本書によって、「オンライン・リサーチの方法」や「オンライン・インサイトツール」の活用が拡大されて、日本においてリサーチのビジネスへのインパクトが、少しでも高まることを期待します。

2021年2月　第2回目の緊急事態宣言の中

執筆者を代表して　岸川 茂

本書で使用される用語について

　本書で使用される以下の用語は、相互交換的に用いられ、同じ意味を表わします。本文では、短くて言いやすい用語を使用しています。

- **マーケティング・リサーチ**：リサーチ、市場調査、MR、マーケット・リサーチ
- **オンライン・リサーチ**：デジタル・リサーチ、バーチャル・リサーチ、インターネット・リサーチ、ネット・リサーチ
- **ネットアンケート**：インターネット調査、ネットリサーチ、ネットアンケート、オンライン・リサーチ、ウェブアンケート、オンライン・サーベイ
- **グルイン**：グループインタビュー（GI）、フォーカスグループス（FGs）、グループ・ディスカッション、フォーカスグループインタビュー（FGI）、集団深層面接

＊日本では、グループインタビュー、略して「グルイン」ということが多く、英国ではグループディスカッション（GD）、米国ではフォーカスグループ（FG）と呼ばれることが多いです。英国の定性リサーチャーの多くは、FGの呼称を嫌う傾向があると英国の定性リサーチャーであるシェイラ・キーガンがその著書『Qualitative Research』で述べています。理由は、FGは「特定の質問や刺激に対する人々の反応に焦点を当てる」ことを意味し、GDはグループでの議論を重視するから、といわれています。これは、グルインの2つの異なるアプローチとも関連しています。多くのマーケティング・リサーチのグルインで行なわれている「モデレーターが参加者から特定の質問への回答を引き出す、より構造化されたアプローチ」と、社会科学者が好む「構造化されていないアプローチ」で、モデレーターが議論を主導するのではなく促進し、参加者がより多くのことを話し合うというものです。

- **デプス**：パーソナルインタビュー、詳細面接、イン・デプス・インタビュー（IDIs: In-Depth Interviews）、ワンオンワン・インタビュー（One-on-one interview）、深層インタビュー
- **定量調査**：量的調査
- **定性調査**：質的調査
- **アクセスパネル**：リサーチパネル、オンラインパネル、オンライン・アクセスパネル、カスタム・オンラインパネル、インターネット・アクセスパネル、オンライン調査（リサーチ）パネル、顧客アドバイザリーパネル、占有パネル、オプトイン・パネル

- **オンライン・グルイン**：オンライン・グループインタビュー、オンライン・フォーカスグループ、ネット座談会、Webcam（ウェブカメラ）フォーカス・グループ、ビデオ・グルイン、Webcamグループ、ネットグルイン、バーチャル・フォーカスグループス、オンライン・パラレルインタビュー（マクロミルのサービス名）、オンラインwebcamフォーカスグループス、ライブ・グループチャット、ビデオフォーカスグループ
- **オンライン・デプス**：オンライン・インタビュー、ウェブカメラIDI、リアルタイム・ビデオインタビュー、リモートIDI、ライブビデオ・インタビュー、オンライン・インデプス
- **ライブ・チャット**：リアルタイムテキストチャット、テキストフォーカスグループ
- **掲示板グルイン**：オンライン掲示板（Bulletin Board Focus Groups：BBFGs）、ディスカッションボード、オンライン・フォーラム（Forum）、オンライン掲示板（OLBB）、電子掲示板グルイン、オンラインボード
- **モバイルエスノ**：モバイル・エスノグラフィー、バーチャル行動観察、セルフエスノ、ビデオジャーナル
- **オンライン・ダイアリー**：オンライン・ジャーナル

　本書は、24人の現役リサーチャーの共同執筆によるものです。全体的に統一する用語以外は、各執筆者の意図を尊重して、それぞれの執筆者の表記のまま掲示していることをご了承ください。また、英語のカタカナ（外来語）表記において、中黒の使用は意見が分かれますが、初出の言葉で読み方の区切りがわかりづらい用語と強調したい用語には、英語の単語表記をもとに中黒を付しています。

　重要な用語については本文中にゴシック強調文字で表示しています。

オンライン定量・定性調査の基本◎もくじ

第 1 章　オンライン・リサーチの基本

第 **2** 章 オンライン定量調査

第 **4** 章 オンライン定性調査（2）
――実例と留意点

第5章 オンライン・リサーチとリサーチテック

付　録　**オンライン・リサーチ
関連企業のサービス**

ブックデザイン／秋元真菜美（志岐デザイン事務所）
ＤＴＰ／一企画

オンライン・リサーチ の基本

「正確なデータで、早く、安く、有効なインサイト」によってリサーチのビジネスへのインパクト／ROIを高める、withコロナ社会におけるリサーチのニューノーマル、「オンライン定量・定性調査」の基本を学ぶ。

1 オンライン・リサーチ

オンライン・リサーチによって、マーケティング課題の解決に役立つデータの収集が、正確に、早く、安く、有効にできるようになる

＞ オンライン・リサーチはインターネットを通して行なう調査方法

　オンライン・リサーチ（Online research）とは、インターネットを通して、「データ収集」を行なう調査です。ネットを介して、参加者（回答者）と調査実施者が、「離れた場所」で、「調査を実施する」方法です。リモート・リサーチ（Remote research）ともいわれています。

　従来の調査では、対面（面接）や郵送、電話、ファックス等を通してデータを収集してきました。オンライン・リサーチであるオンライン調査は、1990年代のインターネットの登場とその後の普及と情報通信技術（ICT= Information and Communication Technology）の進歩によって、日本でも過去20年の間に大きく進化、拡大してきました。今般の新型コロナウイルス禍を受けて始まったものではなく、20年の実績があります。

＞ 課題の解決に有効なマーケティング・リサーチの方法

　マーケティング・リサーチ（MR）は、「消費者理解」を通して、「マーケティング課題を解決する」ビジネス活動です。ビジネスという経済活動である以上、納期の時間的制約や、実施費用のコスト的制約を受けて実施しなければいけません。つまりリサーチは、マーケティング活動全体の一部の活動であり、次のマーケティング活動のための意思決定に間に合わなければ意味がありません。また、年間の予算内で実施できることも重要です。調査を行ないたいけれども、マーケティング活動全体のスケジュール的に実施が困難であるとか、予算的に難しいといった理由で、調査を見送った経験を持つ人は少なくないと思います。

　時間的、コスト的制約のなかで、マーケティング・リサーチは、正しい消費者理解に導くために、「正確性」が要求されます。誤ったデータに対

していくら高度な分析を行なっても意味がありません。**正確なデータを「早く、安く、有効に」**収集・分析することが期待されています。

オンライン・リサーチは、欧米では、すでに過去およそ25年間実施され、その有効性が実証されているがゆえに継続的に利用されています。リサーチの定番の方法として利用され、テクノロジーの発展とともにさらに現在進行形で進化しています。

オンライン・リサーチにより、人を介していた調査作業の工程を短縮したり、消費者を「調査期間」という限られた時間だけで切り取るのではなく、「ある瞬間」（リアル・タイム）を含めて1年365日「いつでも」調査を行なうことが可能になりました。また、ネットの広いつながりにより、空間的（距離的、場所的）制約を取り除き、「どこでも」調査が可能です。現地に行かなくても、海外調査は可能です。

オンライン・リサーチは、実験室やテスト会場、グループインタビュールームのような調査のための「作られた空間」ではなく、消費者の生活や消費、購買の現場から、リアルタイムの調査を可能にしました。それによって、より正確で、有効なデータの収集が実現しました。

＞オンライン定量調査とオンライン定性調査

オンライン・リサーチでは、従来の調査と同様に、定量データを収集する**オンライン定量調査**（量的調査＝Quantitative research）と、定性データを収集する**オンライン定性調査**（質的調査＝Qualitative research）を実施することが可能です。

図表1-1 MRのミッション

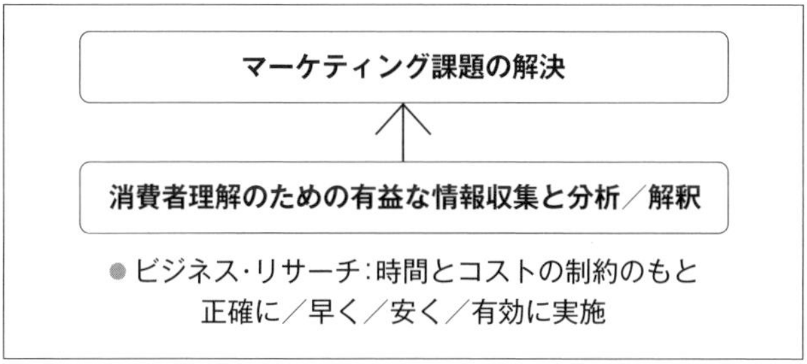

- マーケティング課題の解決
- 消費者理解のための有益な情報収集と分析／解釈
- ●ビジネス・リサーチ：時間とコストの制約のもと 正確に／早く／安く／有効に実施

2 ▷ オンライン定量調査

アクセスパネルとサーベイ・ツールの発展が、オンライン定量調査の拡大に寄与

❯ ネットアンケートとして最もよく使われている調査方法

　オンライン定量調査[※]は、**ネットアンケート**（あるいはネットリサーチ、オンライン・リサーチ、ウェブアンケート、インターネット調査、オンライン・サーベイ等）として、最もよく使われている定量データの収集方法です。2000年代のインターネット利用者人口の増加に伴い、2005年に最も売上が多い調査手法になって以来（それまでは訪問面接調査がトップ）、2019年には、日本の定量の**アドホック調査**（調査の設計・実施・集計・分析などが1回で完結する調査）の69％（訪問調査は13％：日本マーケティング・リサーチ協会〈JMRA〉『第45回経営業務実態調査』2020年）が、オンラインで実施されています。これは売上金額ベースですので、調査件数ベースではさらに大きなシェアになっています。

※定量調査には、サーベイ以外にも、実験調査等がありますが、それらのオンライン手法は発展していないので、ここではオンライン定量調査は、オンライン・サーベイ＝アンケートと同義語として使用しています。

❯ アンケート・モニターとアンケート・システムから構成

　マーケティングの課題解決のための調査では、①「誰に」、②「何を」聞くかということが重要です。オンライン定量調査では、①**対象者パネル**（アンケート・モニター）と、②**サーベイ・ツール**（アンケート・システム）が、これらに対応します。

　調査を行ないたい「対象者条件」に合った人を短期間に探すことは困難な作業です。全国や海外など広い範囲におよぶ場合はなおさらです。この問題を解決したのが、アンケート・モニターの集団である「**アクセスパネル（オプト・イン・パネル）**」です。パネル調査各社は、保有パネル数について、「日本国内最大規模の1,900万人超」「1,000万人超」「300万人超」等、

その人数の多さを競っています。

　次に、実際に調査を行なうツールが必要になります。「何を聞く」かの質問を示し、それに対する回答を得るツールです。それが「アンケートツール」です。ウェブ上で、調査票を作成し、対象者が回答し、その集計・分析までが同じくウェブ上で可能になります。それまでバラバラで行なわれていたこれらの作業が1つのプラットフォーム内で完結します。さらにウェブ上で誰でも使える**DIYアンケート作成ツール（セルフ型クラウドリサーチサービス）**が数多く登場しています。

　DIYリサーチツールの登場により、質問画面の作成からアンケート配信、データ納品、分析・報告書の作成まで、調査全体を専門の調査会社に依頼しないで、外部のアンケートツールを用意し、外部のアンケートモニターあるいは自社のモニターに対して調査を実施し、分析・報告書まで作成する**「DIY（セルフ型）リサーチ」**が可能になりました。

　アクセスパネルとサーベイ・ツールによって、インターネット調査は「紙の調査票の延長線上にすぎない」（留置調査のオンライン化）以上の価値を提供することになり、大きく拡大しました。同時に、2010年代は、**リクルート費用が上昇する一方で、モニターの調査への参加率やデータの品質、謝礼金額が低下しました。**

　これに対して業界は、参加者のエンゲージメントを高めるために、パネルのコミュニティ化や**ゲーミフィケーション**（ゲームの要素や特徴を他の分野で活かすこと）、1回の質問数を少なくする**「マイクロ・サーベイ」**などの導入等、**「データの品質」**改善に取り組みました。

　ポスト・コロナ時代において、アクセスパネルの量的拡大だけでなく、さらなる質的向上が期待されています。

図表1-2　オンライン定量調査の構成

対象者パネル （アンケート・モニター）	サーベイ・ツール （アンケート・システム）

3 オンライン定性調査

大容量高速ネット通信環境によって、オンライン定性調査は進化中

❯ 欧米に比べてオンライン化が遅れた日本の定性調査

　業界における定性調査の売上は、定量調査のそれに比べて圧倒的に少な
い金額です。2019年の日本のアドホック調査全体に占める定性調査の売上
金額の割合は22％で、定量調査は75％です（JMRA調査）。

　さらに、日本の定性調査全体の中の**オンライン定性調査**の割合はわずか
３％です。伝統的手法である**グループインタビュー（グルイン）**が37％、
詳細面接（デプス）が34％、**行動観察（エスノグラフィー、エスノ）**が２
％で、主要な３つの手法で全体の73％を占めています。前述のアドホック
の定量調査全体の中のオンライン定量調査の割合が69％に比べると、３％
は非常に小さい数字です。日本の定性調査は、2019年までは、圧倒的にオ
フライン対面（In-person）で行なわれていたといえます。

❯ 同期と非同期の２つの方法

　オンライン定性調査は、大きく２つに分類できます。リアルの同タイミ
ング＝ライブでビデオやチャット形式で行なわれる**同期型（Synchronous）**
と、同タイミングではない**非同期型（Asynchronous）**です。

　同期型は、従来のグルインやデプス、エスノをオンライン化したもので、
ビデオカメラを使う方法と、テキスト入力のチャット形式で行なう方法が
あります。オンライン・フォーカスグループ（ネット座談会）や、
Webcam（ウェブカメラ）フォーカス・グループ、リアルタイムテキスト
チャット、オンライン・インタビュー、WebカメラIDI等とそれぞれ呼ば
れています。

　非同期型は、**オンライン掲示板（Bulletin Board Focus Groups：BBFGs、
ディスカッションボードともいう）**やフォーラム、オンライン・コミュニ

ティ、パラレル・インタビュー、定性サーベイ等の方法があります。モバイル・エスノや日記研究（ジャーナル／ビデオジャーナル）、インサイト・コミュニティもこの中に含めることができます。

オンライン定性調査は、伝統的な定性調査をデジタル化することによって、データ収集をより強化し、より安価に、より速く、そしてより簡便かつ大人数の定性調査の実施を可能にしました。参加者側にも、自分の時間と場所（たとえば自宅）で参加することのできる利便性を提供しました。

＞コロナ後のオンライン定性調査

2020年春、突然始まった新型コロナウイルス禍によって、いわゆる3密で行なわれるグルインやデプスが物理的にできなくなりました。**同期オンライン定性調査手法**であるオンライン・グルインやオンライン・デプスの実施がその代替手段として急速に現在拡大しています。2011年のMROCや2013年のインサイト・コミュニティの**非同期オンライン定性調査**の日本市場への導入の試みによっても、日本の定性調査はオンライン化の方向にシフトしませんでした。

今回は、課題解決のより有効な手法を求めるニーズではなく、物理的必要性に迫られての変化です。ゆえにコロナ後の動向が注目されます。欧米では、その有効性により、非同期型のほうが、同期型よりも売上金額の規模は大きいものになっています。今後の非同期型の動向も気になります。

欧米では、テクノロジーの進化により、新しい次世代のオンライン定性調査サービスが続々と誕生しています。5Gの導入によりモバイルの活用も大きく期待されます。

図表1-3　オンライン定性調査の2つの柱

オンライン定性調査	
同期型（Synchronous）	非同期型（Asynchronous）
● オンライン・グルイン ● オンライン・デプス ● リアルタイムテキストチャット etc.	● オンライン掲示板グルイン ● オンライン・コミュニティ ● パラレル・インタビュー etc.

4 ▶ オンライン・リサーチの メリットとデメリット

オンライン化の最大のメリットは、スピード化と実施の簡便さ

▶ オンライン定量調査のメリットはスピード、コスト減、サンプル選定

オンライン・サーベイの全般的なメリットとして、①スピード／迅速化、②コスト減（データ入力作業不要、訪問面接の調査員不要等）、③運用の柔軟性と利便性（調査票の設計や回答の回収等）が挙げられます。

対象者のリクルート上では、①アクセスパネルからリクルートが可能、②出現率の低い条件の人もリクルートが可能、③地理的制限がない点です。データ収集の点では、①短期間で大量サンプルや広域調査が可能、②面接バイアスを排除、③デバイス・フリー（PC、ラップトップ、タブレット、モバイルで可能）、④テキストや画像、ビデオ、音声の質問も可能、⑤質問の順序バイアスを回避（質問の順序を回答者ごとにランダム化）、⑥同じ調査を迅速に再生・繰り返し可能、⑦国際調査の効率的なマネジメントが可能、⑧ターゲットを絞りやすい、⑨リアルタイムアクセスが可能等です。

データ集計・分析面では、サーベイ・ツール内での集計や分析が可能です。参加者側のメリットとしては、回答者は、いつでも、どこでも、どのデバイスからも回答が可能です。逆に、デメリットとして、データの品質の点では、①データの偏り、②低い参加率と回答率、③代表性問題（インターネットユーザーに限定するゆえの回答者の偏り）、④虚偽回答によるデータの信頼性低下等が指摘されています。

▶ オンライン定性調査のメリットは消費者の360°理解

オンライン定性リサーチの全般的なメリットは、①スピード、②コスト減（オンライン・グルインの場合、会場が不要、謝礼も低減、ケータリング費用不要、トラベル費用不要等）、③費用対効果が高い点です。

対象者のリクルートの点では、①出現率の低い条件の人もリクルートが

可能、②地理的制限がない（日本全国や世界）、③会場に来られない／来たくない人、多忙な人も参加可能であること。データ収集面では、①1年365日、どこでも、リアルタイムで文字、画像、動画等のデータ収集が可能、②多くの対象者の参加が可能（非同期の場合）、③国際調査の効率的なマネジメントが可能、④対面のプレッシャーがなく率直な意見を聞くことができる（シャイな参加者はオンラインのほうが発言しやすい）、⑤デリケートなトピックについても聞ける、⑥匿名性の確保が可能等が挙げられます。参加者側のメリットは、都合のよい場所と時間で参加が可能（非同期の場合）で、よりリラックスして、本音を共有できることです。クライアント側にとっても、オフィスや自宅から視聴が可能です。

　逆に、デメリットは、①データの品質が安定しない、②非言語データ（表情や声の調子、身振りなど）の取得ができない、③グループ・ダイナミクスが期待できない、④時間的制約（同期の場合）、⑤画像の限界（製品の操作方法等）、⑥参加者、運営者側双方に技術的トラブルが起こる可能性がある、⑦参加者側にウェブカメラが必要になる（同期の場合）等です。

❯ コロナ後のオンライン・リサーチ

　ポスト・コロナのオンライン・リサーチの活用方向について、次の3つのシナリオが考えられます。①オンラインの欠点や問題点を強調して、以前のオフライン調査に回帰する、②オンラインの利点を生かして、調査目的や時間、予算に応じて活用し、オフラインとオンラインを使い分ける、③テクノロジーの力によりオンラインで不可能なことを可能にし、オンライン・リサーチをさらに推進する方向です。5年後、10年後には、テクノロジーの進化によって、メリットがさらに増加すると予想されます。

図表1-4　オンライン・リサーチの長所と短所

メリット（価値の最大化）：正確に、早く、安く、より有効

デメリット（障害の低減）：データの品質、精度、信頼性

5 なぜオンライン・リサーチなのか?

価値向上と新しい価値創造のためのオンライン・リサーチ

＞ 早く、安く、正確なデータの収集による有効なインサイト

　なぜ、オンライン・リサーチなのか?　なぜ現状の対面式調査だけではいけないのでしょうか?

　有効なマーケティング活動のための消費者理解には、「**早く、安く、正確なデータを収集して、有効なインサイトを生み出す**」ことが求められます。これらが調査方法の評価基準であり、存在価値でもあります。

　オンラインによるデータ収集は、対面式よりも早く、安く、より正確にデータが収集できると考えられます。アジャイル（迅速な）・リサーチは、迅速なマーケティング意思決定をもたらします。

　「購買行動」が起こったタイミングで、その意識や実態を尋ねたり観察するほうが、より正確な情報が得られると考えられます。いわゆる「**調査のリアリズム**」が求められているゆえんです。たとえば、店頭での商品の選択理由について知りたい時、テスト会場やグルイン・ルームよりは、実際のスーパーの棚の前で買った瞬間に聞いたほうが、より正確なデータが得られるでしょう。**リコールデータ**よりもリアルタイムデータです。

　アンケートやグルインでの回答の多くは、過去の記憶に基づくリコールデータです。記憶違いや覚えていない場合があります。特に、行動を起こした時にどのように感じたかの「感情」は、時が経つと変化したり、正確に覚えていないものです。オンラインツールは、「いつでも」「どこでも」データ収集を行ない、文字だけでなく、より正確で説得力がある画像や動画の収集も可能にしてくれます。

　課題解決のための分析を行なう「データ収集」を効率よく実施すれば、より分析に時間をかけることができます。作業の効率化や生産性の向上は、価値の向上や新たな価値の創造につながります。

❯ 消費者とマーケティングのデジタル化

　学生時代からインターネットやパソコンのある生活環境の中で育ってきた1980年前後生まれの**デジタル・ネイティブ世代**が、2020年には全人口の40％を超えました。またそれ以前に生まれた40代や50代の人々のスマホやソーシャルメディアの利用率もそれぞれスマホが88％と86％、SNSが78％と70％と高くなっています（総務省「通信利用動向調査」2019年）。

　またオンライン・ショッピングやオンライン決済など消費者の購買行動が、急速にデジタル化しています。ネット広告費が、2019年にテレビ広告費を抜いたことに象徴されるように、企業のマーケティング活動も当然、デジタル・シフトをせざるを得ない状況です。

　デジタル消費者とデジタル・マーケティングの大きな流れのなかで、有効なマーケティング活動のための消費者理解をミッションとする「マーケティング・リサーチ」のデジタル化も不可避です。

❯ 新型コロナウイルス禍の影響

　データ収集の効率化や有効化の要請や、社会のデジタル化の動向にかかわらず、対面にこだわっていた定性調査も、新型コロナウイルス禍には抗せず、オンライン化が進んでいきました。理由はどうであれ、オンライン化に舵が取られたことは歓迎すべきことです。「必要は発明の母」といわれるように、まさに**「必要は適応の母」**といえるでしょう。欧米では、コロナ禍は、調査のオンライン化をさらに加速させています。

　時を同じくして、新型コロナウイルスの感染拡大により、改めて日本のデジタル化の遅れの事実があらわになりました。仕事の効率化や生産性向上に向けて、企業の競争優位性の確立を目的として、ITの活用を通じて、ビジネスモデルや組織を変革する**DX（デジタルトランスフォーメーション）**の推進が叫ばれています。コロナによって背中を押された日本社会のデジタル化の波に乗って、**リサーチ変革（RX：リサーチトランスフォーメーション）**を進めていくためにも、本書を参考にしてオンライン調査にチャレンジしていただきたいと思います。

6 ▶ マーケティング課題と オンライン・リサーチ

「調査（手法）」によって、「マーケティング課題」をどのように解決するかを表わす「調査企画書」の重要性

▶ マーケティング課題の理解には、「マーケティング」の理解が必須

マーケティング・リサーチは、消費者理解を通して、マーケティング課題を解決して、より有効なマーケティング活動のための意思決定をサポートする活動です。それゆえに、「マーケティング課題」の正しい理解なくして有効な調査は困難です。

このことは、オンライン調査においても当てはまります。オンライン調査とは、調査過程の中の「データ収集」の部分がオンライン化したものだからです。

データ収集が、オンライン化により、より正確、早く、安く、有効になったとしても、マーケティング課題を正確に理解し、その有効な解決のためには、どのような調査を実施しなければいけないかを考え出すのは、リサーチャーの仕事です。そのためには、リサーチャーは、調査の知識や経験以外に、企業の「マーケティング」活動の理解が必須です。リサーチの本と並行して、マーケティングの教科書や、製品開発や販売促進、広告、顧客体験等のマーケティング活動の事例の本を読んで学ぶことを強くおすすめします。

▶ 調査の成功の可否を決める「調査企画書」の精度

マーケティング課題の理解を具体的な調査の実施に導くものが、「調査企画書」（設計書）です。この調査企画を作成できなければ、リサーチ力が不十分だということになります。

企画書作成には、ある程度の知識と経験が必要で、調査を学び始めてすぐに書くことは困難です。まずは既存の調査の企画書から、書き方を学ぶ（真似る）ことから始めてください。

調査企画書には、①マーケティング課題や、②調査課題、③調査デザイン（対象者条件〈人数、リクルートの方法、調査エリア〉、調査方法〈データ収集の方法〉、調査期間、調査項目等）、④分析案や報告書内容例等の項目が含まれています。

調査は、企画書から始まり、企画書で終わる、とよくいわれます。まさにそのとおりで、データ収集（実査）やデータ分析、報告書作成中に参照し、「調査目的」を常に念頭において調査作業を進めることが重要です。それゆえに、調査を始める前に、正確で精度の高い「調査企画書」を作成しておくことが、調査の成功の可否を決める1つの要因になります。

❯ オンライン調査手法のツール・ボックスを多く持つこと

まず、どのような情報（データ）が、課題解決のためには必要であるかを考えます。次に、誰に、何をどのように聞けば、そのようなデータを正しく集めることができるかを考えます。この**データ収集の方法にオンラインを使うのがオンライン調査**になります。

予算と時間の制約の中で、課題解決のための最善のオンラインのデータ収集方法を選択することが重要です。調査方法には絶対の正解はありません。時間とコストの制約条件下で、効率よく、より有効な解を出せるベターな方法の選択になります。調査設計（調査企画）は、リサーチャーの腕の見せどころの1つです。

有効なデータ収集方法の選択は、データの品質を上げ、正しく、早く、安く、効果的かつ効率的なデータ収集をもたらします。そのためには、多くのオンラインの方法を理解し、それぞれのメリットとデメリット、有効な活用事例等を理解しておくことが大切です。

リサーチャーとして、多くの**調査方法のツールボックス（引き出し）**を持つことは、リサーチャーにとって大きな強味です。本書はその手助けをするガイドブックです。

7 ▶ オンライン・リサーチの データ収集と分析

アクセスパネルとリサーチ・プラットフォームによって、「早く安く」が実現

＞ 調査対象者の選定（誰に）

　誰に調査を実施するかは、調査実施において非常に重要です。マーケティング課題を解決するには、誰の意見を聞く必要があるのか、「調査目的」に応じて、適切な対象者を選定する必要があります。

　既存の顧客に聞くのか、新規の顧客に尋ねるのか、あるいは対象商品やブランドの製品やサービス・カテゴリー以外の消費者に調査を行なうのか。また男女比や年齢構成をどのようにするのか。それぞれの対象者グループの対象者数の確保も重要です。たとえば、「30代の女性」の意見を調べたい場合、十分な対象者数が不足して、分析ができなくなる場合もあります。

　調査企画書を作成する時に、マーケティング課題を解決するために明確にした「調査目的」に照らして、適切な「調査方法」を決める必要があります。調査方法が決まれば、調査予算や期間等を考慮して、どのような人に何人ぐらい聞く必要があるかを決めることになります。「調査対象者の条件と対象者数、条件による内訳」の決定です。

　実際の選定にあたっては、自前の調査対象者のリストを持たない場合、専門のリクルート会社に依頼することになります。通常のビジネス調査では、この方法が最も多く用いられています。

　対象者の選定には、通常「**スクリーニング調査票（スクリーナー)**」を用い、「**オンライン・リサーチパネル（アクセスパネル)**」で行なわれます。

　アクセスパネルの存在が、オンライン定量調査の発展に大きく貢献しました。条件に合った「調査対象者」を迅速かつ広域にわたって選定することが可能です。対象者条件の厳しい出現率の低い回答者も選定することができる、費用対効果の高い選定方法です。

＞ 調査票の作成（何を聞くか）

　「調査目的」を達成する、すなわち「マーケティング課題／調査課題」を解決するための最適な「調査方法」と「調査対象者」が決まれば、続いて「何を聞くか、尋ねるか」を決めることになります。課題解決のためには、何を知る必要があるのか。何を知らなければ、課題の解を導き出すことができないのかを考えなければいけません。別の言い方をすれば、「クライアントが知りたいこと」を質問として入れておくということです。そして通常の場合、解決すべき課題は、複雑で、1つの質問で解決できるものではありません。

　質問数自体も重要です。通常、質問数は、報告書の分量にも影響します。せっかく費用をかけるのだからと質問数が多くなり、質問した以上、その結果を知りたいということで、報告書の頁数も多くなります。リサーチャーの作業量にも影響します。

　定量調査の場合では、複数の質問文からなる**調査票**、グルインや詳細面接調査では、**ディスカッションガイド**（ディスカッションフローともいう。欧米では「モデレーターズガイド」。面接の質問のインタビューガイドは「プロトコル」と呼称）が用いられます。

　オンライン調査の場合、定量調査でも定性調査でも、調査対象者は、直接の対面ではなく、「オンライン」を通じてのみ接触します。自記式のオンラインアンケートでは、対象者に質問を行なう面接調査員はいません。したがって対象者が面接員に、質問のわからない箇所を尋ねたりすることはできません。逆に面接員は、参加者に、回答の不明なところを再度尋ねたりすることもできません。オンラインの場合、面接員を介さない「調査票」の重要性が指摘されるゆえんです。

　オンラインアンケートの調査票では、通常の質問文作成の注意点に加えて、特に、①誤解を生まないわかりやすい質問文の作成や、②質問数を少なく（対象者から見て、似たような内容の質問を繰り返さない）、③回答しやすい形式等が望まれます。

　実際の調査をオンライン上で可能にした**「オンライン・リサーチツール」**

の存在は、アクセスパネルとともに、オンライン調査の発展に大きく貢献しました。調査対象者集団に迅速にアクセスできても、調査票を作成しサーベイを行なうツールがなければ、調査はできません。同時に、調査ツールがあっても、回答者がいなければ、調査はできません。

　一方、オンライン定性調査の場合、対面ではなく**ビデオ（ウェブ）カメラ**を通して対象者と調査実施者が面接や議論を行なう場合と、カメラではなく**オンライン掲示板**を通して、両者が調査に参加する場合に分かれます。

　定性調査のさまざまな手法のオンライン上での実施を可能にする**インサイト・プラットフォーム**が、テクノロジーの進化により、2010年代に数多く開発され、定性データのオンライン収集に大きく貢献しました。

＞ 分析と報告書

　マーケティング／調査課題を解決するための「企画調査」（調査デザイン）ができあがると、具体的なデータ収集のための準備として、「調査票作成」と「調査対象者の選定」が行なわれます。調査期間に、対象者に回答してもらえば、調査実施は完了です。この後、収集したデータのクリーニング作業を行ない、「分析」します。データ分析の結果から「調査結果」と、調査目的に照らした調査の「結論」を導き出します。マーケティング活動への示唆や改善点等の提言を行なうことによって、マーケティング課題に対する解を探します。

　最近のアンケートツールでは、データの単純集計やクロス集計の提供以外にも、SPSS等の分析ソフトにデータを移行しなくても、**価格分析**や、**コンジョイント分析**、**MaxDiff**、**Turf分析**等※の分析ができるツールが標準で装備されているものもあります。さらに、結果をビジュアル的に表示するダッシュボード機能やレポート機能が充実しているものもあります。

　最近では、AIを活用して、対象者選定から調査票作成、データ収集、分析、レポーティングの一連の作業を自動化するオートメーション機能搭載のプラットフォームが、欧米では続々と登場してきています。

※製品開発調査のデータ分析手法についてはマクロミル「データ分析・解析」サイト参照。https://www.macromill.com/service/data_analysis/

8 DIYセルフ型調査を実施する具体的手順

企業のマーケティング担当者がオンラインDIYセルフ型調査を実施する際の具体的手順を解説

＞ 調査実施の3つの方法

　企業でマーケティングなどを担当する方が、実際にオンライン・リサーチを実施する場合、次の3つの方法があります。1つ目は**フルサービス型**です。調査の企画から調査票の作成、データの収集、分析、報告書の作成までの調査の実施プロセスのすべてを調査会社に委託する方法です。マーケティング課題を調査会社の担当者に説明し、課題解決の解をインサイトや提言として「報告書」や「プレゼンテーション」の形で受け取ります。

　2つ目は**ハーフサービス型**です。調査プロセスの一部を調査会社に依頼する方法です。たとえば、データ収集作業を調査会社に任せて、データ分析やレポート作成を自社で行なうといった形です。最後は、**DIYセルフ型**です。調査のすべてのプロセスを自社（あるいは個人）で実施する方法です。本書では、DIY調査が単独でできる情報の提供を目指しています。ちなみに欧米では、コロナ禍によって調査のオンライン化が進み、さらにDIY化が進んだといわれています。

＞ DIY セルフ型調査の手順

　以下の手順で調査を実施します。

（1）課題の明確化と調査デザイン

　まず、マーケティング課題あるいは調査課題、調査目的を明らかにします。次に課題を解決するためには、何を知りたいか、つまり何を調べる必要があるかを特定します。目的とするデータが、定量的か定性的かのどちらなのかにより、大きく**定量調査**と**定性調査**とのいずれかの調査方法を選択します。この作業内容を調査目的や調査方法（方法、対象者条件や人数）、

調査期間等を含んだ「調査企画書」としてまとめます。企画書に基づいて、以下の具体的な調査実施の作業を進めます。

（２）データ収集作業

【定量調査の場合】

セルフ型アンケートツールの選択：まず目的や予算に応じてアンケートツールを選択します。基本的に、回答数（対象者数）と質問数によって、料金が異なります。たとえば、リサーチ業界で代表的なマクロミル社の「**クエスタント**」の場合、回答数が100件以下で、質問数が10問までは「**無料プラン**」となり、回答数が１日当たり１万（配信数１万通）、質問数が無制限の「通常プラン」は年間料金５万円です。質問数も対象者数も少ない簡単なアンケートであれば無料プランでも可能※です。

　質問分岐等のいろいろなアンケート作成機能やレポート機能が必要な場合は、通常プラン以上（上位のプランとして、ビジネスプランやプレミアムプランを提供）を選択したほうが便利です。「通常プラン」以上では、パネルの追加料金が必要ですが、調査会社モニター（たとえば**GMO**リサーチが運営する国内最大級のインターネットリサーチ用パネル「Japan Cloud Panel」）に対してアンケートを配信・回収できるサービスが利用できるので、調査対象者の選定に困ることはありません。パネルの追加料金は、対象者の属性条件によって異なりますので、プロジェクトごとにパネル会社に問い合わせる必要があります。収集が難しい出現率が低い対象者ほど、リクルート単価は高くなります。このほか、ツールには、**クリエイティブサーベイ**や**サーベイモンキー**、**Fastask**、**サーベロイド**等があります。サーベロイドの料金体系は、月額費用はなしで、プロジェクトごとの１問１人で10円になっています。たとえば300人に10問の調査を行なった場合、300×10×10で３万円になります。また、**Google**フォーム／**Workspace**等の無料ツールもあります。

　さらに「ウェブアンケート作成システム」や「セルフ型アンケート（ネットリサーチ）ツール」等のキーワードで検索すると、数多くのサービスを見つけることができます。「最短３分で誰でも簡単に作れる」と謳って

いるものもあります。それらには、アンケート作成の手順やコツ、アンケート／質問文のテンプレートなど豊富な資料が付いていますので、**アンケートツールの使い方を学ぶことによって、オンライン定量調査をマスターすることが可能です。**もちろん、これらは「スマホ」での回答にも対応しています。

調査票の作成と配信：アンケートツールを使って、質問文を作成し、事前に選定した調査対象者にアンケートを配信することによって回答を収集します。

※本書で示す料金はすべて2021年3月現在のものです。

【定性調査の場合】

セルフ型インタビューツールの選択：ウェブ会議システムZoomやMicrosoft Teams等を使って実施することができます。また本書で説明するオンラインインタビュー専門ツール（マインディア社やアスマーク社、定性調査維新の会等が提供しているツール）を利用することもできます。Zoomの場合、1ラインセンス年間20,100円から可能です。

インタビュー参加者の事前リクルート：パネル会社に参加者条件に合う対象者の選定を有料で依頼したり、自社のユーザーに調査協力を依頼するなどの方法があります。

ディスカッションガイド（インタビューフロー）の作成：インタビューで聞く内容について事前にガイドを作成します。

インタビューのモデレーション（司会進行と発言のプロービング）：インタビューも自分たちで実施すれば費用はかかりません。

発言録の整理：同期のインタビューでは、自動文字起こしが必要になりますが、非同期の掲示板グルインでは、データをそのままワードやエクセルにダウンロードすることが可能です。

（3）分析と報告書の作成

データ収集が完了すると、報告書作成のためにデータの集計、分析作業が必要です。**定量調査**の場合、セルフ型アンケートツールに付いている自動集計やグラフ作成、クロス表作成機能等で簡単にデータの集計が可能で

第1章 オンライン・リサーチの基本

31

す。**定性調査**の場合、「発言録」が分析対象の「データ」になります。質問内容の参加者別の発言と、各参加者の質問別発言内容の両方の角度から、調査目的に照らして参加者の発言の解釈を行ない、原因／理由を探りながら、課題解決の解を特定します。

　フルサービスやハーフサービス型で、調査を外部の専門調査会社に依頼する場合は、**日本マーケティング・リサーチ協会（JMRA）**の会員社リストから調査会社を選択するのが便利です。調査会社によって、費用は異なりますので、必ず複数社の相見積もりを取ることをおすすめします。協会に加盟していない小規模の調査会社やフリーランスのリサーチャーに依頼するのも調査費用を抑えるうえでは有用です。

＞ DIY セルフ型調査の利点

　「リサーチは高価で時間がかかる」というイメージをお持ちの方も多いと思います。外部の調査会社への委託の割合が減る分、DIY調査によって調査費用の負担は小さくなります。1プロジェクト当たりの調査単価を下げることによって、より多くの調査を行なうことが可能になり、調査のビジネスへの影響度を高めることができます。

　たとえば、オンラインによる実施によって、オフラインのグルインの場合、「グルイン会場」費や旅費、交通費、その他雑費や、物理的準備作業も不要になります。極論すると、**ツールの使用料と、対象者のリクルート費用と謝礼だけで調査は可能**になります。

　またマーケティング課題をよく理解した社内の担当者が自ら調査を行なうことによって、課題解決力がアップしたり、調査会社へ外注するよりは、早く結果を出すことによって、**迅速な意思決定につながるメリット**があります。マーケティング活動の失敗のリスクを低減する、いわゆる**アジャイル・リサーチ**が可能になります。DIY調査は、正しく実施をすれば、早く、安く、有効なインサイトの発見を可能してくれる調査であるといえます。

　現在のリサーチの多くは、デジタルツールに頼るところが大です。それゆえに、本書でもツールを提供する企業のサービス紹介を避けて通れません。中立的立場でそれらの紹介を行ない、本書で紹介していきます。

オンライン定量調査

AI活用によるオートメーション化が進む「セルフ型アンケートツール」＋「調査対象者パネル」サービスと、先進的な「顧客体験管理」プラットフォームの自動リサーチ機能を学ぶ。

1 進化するオンライン定量調査

まずはアンケートツールを使い慣れることからスタート

❯ アンケートツールの進化

オンライン定量調査は、調査を実施する**アンケートツール（オンライン・サーベイツール／調査ソフトウエア）**と、調査対象者を提供する**アクセスパネル**の提供によって、過去10年間に飛躍的に進化、普及拡大しました。

欧米では、2008年のリーマンショックによる不況下で、調査予算の削減と社員の有効活用の観点から、事業会社内での**DIYセルフ型調査**が拡大しました。これに対応して、DIYの調査ツールが多く開発され、普及しました。その代表的ツールが、米国の**Survey Monkey（サーベイモンキー）**です。日本でもその影響で、マクロミルの**クエスタント**や、**クリエイティブ・サーベイ**などの**セルフ・アンケートツール**が2014年前後に開発されました。

現在では、アンケート調査ツールは数多く存在しています。国内では、セルフ型ネットリサーチツールをうたい、300万人を超える消費者パネルへのアンケート配信が可能な**Fastask（ファスト・アスク）**や**Surveroid（サーベロイド）**等、海外では、**Alchemer（旧SurveyGizmo）**や、**Zohoサーベイ**、**Google Forms**、**SmartSurvey（英国）**等、数多くあります。

国内でサービスを受けられる**クアルトリクスCoreXM**は、世界中で広く利用されているツールです。自動化された消費者インサイト・プラットフォームである**Toluna Quick Surveys**は、大手の調査パネル会社の１つであるトルーナ社の回答者パネルとリンクしている点にメリットがあります。これらのサービスにより、DIY型セルフ調査が可能になりました。

米国の**QuestionPro**は、質問テンプレートが豊富で、高度な分析機能が付いたアンケート機能以外に、他のデータとの**API統合**※が容易なことや、コミュニティ機能がリンクしているため、第３章で述べる「定性調査」の

掲示板グルインを同時に安価で実施できるという大きな利点を持っています。これらのサービスは予算や目的に応じて選択してください。料金によって、質問数や結果表示数等に機能制限はありますが、**要は使い慣れることが重要**です。

オンライン定量調査を自力で理解、実践するには、まず「アンケートツール」の使用方法をマスターすることが重要です。初心者でも使いやすくなっているうえに、調査課題別の質問文のテンプレートや、クロス集計やデータ分析が可能な機能が提供されています。ツールの使用説明を学ぶことによって、同時にオンライン定量調査の方法をマスターできるようになっています。このあたりについては、本章の「3 オンライン定量調査の実際」（40ページ以降）で詳述します。

※APIは、Application Programming Interfaceの頭字語。2つのアプリケーションが相互に通信できるようにするソフトウェア仲介機能。

❯ 調査対象者パネルの進化

アクセスパネルは、カスタム・オンラインパネルや、インターネット・アクセスパネル、オンライン調査（リサーチ）パネル、顧客アドバイザリーパネル（Customer advisory panel）、占有パネル（Proprietary panel）、オプトイン・パネルとも呼ばれます。アクセスパネルは、調査に参加する意向を表明し、パネルに登録した人々によって構成されています。事前のプロフィール・アンケートに回答することによって、パネルに参加することができます。参加者は、アンケートモニター、オーディエンス、サンプルと呼ばれます。

このように、マーケティング・リサーチにオンラインパネルを使用することで迅速かつ低コストでデータ収集が可能になりました。さらに、**出現率の低い対象者**も効率よくリクルートすることができるようになりました。

スウェーデンの**シント**という会社が、各国の多くのパネル企業と提携して、130か国以上で1億3,000万人以上の調査パネルを提供しています。**AIを活用**したアルゴリズムを使用して、オンライン調査の実現可能性と価格設定をリアルタイムで実施しています。

▶ オンライン定量調査の課題

　非確率的な標本抽出であるオンライン・アクセスパネルは、**参加率の低下**や、**回答の品質の低下、プライバシー保護の問題**などに直面しています。安価な謝礼で、長い退屈な質問をする調査実施側にも問題があります。また、調査対象者側の問題として、一部のパネリストが複数のパネルに登録して多くの調査に参加していたり、対象者に選ばれる可能性を最大化するように、スクリーナーの質問に回答しているなど、いわゆる**参加者の「プロ」化の問題**があります。

　対応策として、過去10年間に、1つの調査の質問数を少なくして、繰り返し聞く**マイクロ・サーベイ**や、質問と回答にゲーム的要素を入れて、参加者のエンゲージメントを高めようとする**ゲーミフィケーション**などの試行錯誤がなされてきました。

　参加基準をあまり厳格にすると参加者が減少して、パネルが成立しない可能性もありますが、データ品質を最適化し、**消費者エンゲージメント**を強化することは重要です。

　本章では、オンライン定量調査の歴史を概観した後、具体的なオンライン定量調査の方法について説明します。**AIを活用**して、オンライン定量調査のデータ収集から集計、レポーティングまでの作業を自動化した次世代インサイト・プラットフォームの**レスポンスAI社**（response AI）の**最新のオンライン定量調査の方法**についても紹介します。

　さらに、製品開発と並んで、マーケティングの重要な課題である**「顧客体験」（CX）調査**を取り上げて、オンライン定量調査の実践例を説明します。その際、米国メダリア社（Medallia）のメダリア・エクスペリエンス・クラウドという**顧客体験管理プラットフォーム**による**最新の顧客体験調査方法**を紹介します。最後に、オンライン調査の課題と今後の展望について議論します。

　なお、レスポンスAI社とメダリア社は、いずれも日本支社が開設されており、日本語でサービスが受けられます。

2 オンライン調査の勃興
──なぜこれほど普及したのか

コストやスピードの改善からインサイトの提供へ

＞ 脅威から機会へ

　オンライン調査が普及する2000年以前のマーケティング・リサーチは、戦後から半世紀の間、引き継がれてきた技術の継承を重視し、大きな変化に対しては慎重でした。90年代半ばにビジネスでのインターネット活用が始まり、ウェブを介したアンケート調査の試みが出た時にも、新手法開拓の機会ではなく品質低下を招く脅威としてとらえられていました。それが今では、日本は世界で最もオンライン調査が普及している国の1つになっています。なぜでしょうか。

　かつての定量調査は、無作為抽出による対象者への面接や留置などの訪問法が主流であり、家庭を訪問する調査員ネットワークが市場調査にとって最も重要なリソースでした。1990年時点でも手法別シェアで訪問法が50％以上を占めていましたが、都市部を中心に協力率の低下が深刻となります。そのニーズを代替したのが電話法と郵送法で、90年代後半にはシェアが急拡大しました。リサーチユーザーがコストやスピードを重視する傾向はそのころから顕著になったといえます。

　大きな転換点となったのが、**2003年の住民基本台帳法の改正**です。これによって、市場調査を目的とした閲覧や無作為抽出による対象者名簿が作成できなくなり、代表性や誤差の推定にこだわらず、役立つ対象者の選び方について向き合う必要が出てきました。実際、2000年代前半の多くのリサーチユーザーの関心は従来手法との比較でした。オンライン調査を否定せず、メリットを生かしながら何ができるのかという前向きにとらえる空気が広まったのです。

▶ スタートアップ企業の戦略

　マクロミルなどの2000年代前半の新興ネットリサーチ企業の創業者はマーケティング・リサーチ業界に詳しかったわけではありません。インターネットという新技術で変革できるものを考えた時、何十年も革新がない調査業界ならルールを変えられると考えました。マーケティング・リサーチのユーザーが抱えるコストやスピードについての潜在的な不満の解決からスタートしたのです。

　そのために新興企業が目指したのが、**フィールドワークの自動化、効率化**でした。職人的な調査実務者の個別対応は、デジタルとネットワーク技術を使ったプラットフォームを活用する形に変化しました。**調査協力者モニター（アクセスパネル）**という存在も必然的に生まれました。厳格なモニター管理、明快な料金表、不正回答を排除するための工夫、従来手法との比較、補正手法開発など積み重ねが、現在のオンライン調査のシステムにつながっています。

　既存調査会社も、インテージがヤフーと組んで**インテージ・インタラクティブ社**を設立するなど、先見性のある経営者による買収や提携が進みました。マクロミルが創業時に大手広告代理店での調査ニーズにフォーカスをしたことは、電通リサーチの買収などにもつながっていきます。またオンライン調査のプラットフォームやモニターを他の調査会社に提供する**クロス・マーケティング社**などの登場で、業界内での分業化も進みました。

　2010年以降は、**サーベイモンキー**や**クエスタント**（マクロミル）などリサーチユーザーが自分で調査票を設計するセルフリサーチ手法の浸透により、顧客の声を聞くことの「民主化」も進みました。研究者の定量調査での活用や、レストランが顧客からのフィードバックを気軽に得るなど「顧客の声を収集する」という広大な裾野が生まれたのです。

▶ 顧客理解への貢献

　日本マーケティング・リサーチ協会は、2017年に発表した産業ビジョンの中で、**「市場の計測者からイノベーションエンジンへ」**という業界が目

指すべき姿を定義しました。市場を正確に測るためには対象者の無作為抽出が前提であり、オンライン調査は不向きだったといえます。しかし成熟化、低成長の時代には、顧客の心理を理解すること、そのインサイトをアイデアや開発や改善などのイノベーションにつなげることが重要になりました。

　アクセスパネルの細かいスクリーニングが可能なネットリサーチの自由度はきわめて高く、代表性の呪縛から離れたネットリサーチは、**消費者インサイト**という本来のマーケティング・リサーチの目的に適していたことが普及への推進力となりました。無作為抽出による3,000人より、過去3か月にブランドスイッチした100人から得られる知見のほうが価値を持つことも多いのです。

　オンライン調査の勃興と市場の受容プロセスは、クレイトン・クリステンセンがその著『イノベーションのジレンマ』（翔泳社刊）で提示したモデルをなぞっているように思えます。顧客によりよい品質を提供することに注力する真面目な企業が結果的に市場のニーズから乖離し、イノベーションに遅れてしまいます。市場を一変させるような新技術（破壊的イノベーション）は、初期には低品質、低コストのものとして現われますが、それを受容する顧客の拡大と技術の進化によって主流になるのです。

3 オンライン定量調査の実際

対象者選定や調査票作成、データの品質がポイント

❯ オンライン定量調査における対象者選定

　現在のオンライン定量調査の主流は、**インターネット調査**です。インターネット調査は、調査会社が保有する**アンケートモニター（アクセスパネル）**と呼ばれる対象者に実施することが一般的です。主な調査会社のアンケートモニターは数十万人から数百万人の規模で、性別、年齢、未既婚、居住地、職業などのさまざまな属性を持っており、これらを利用して調査対象者を絞り込み、調査を実施することができます。

　アンケートモニターを利用する場合には、オンラインパネルであることの特性を理解し、対象者選定を行なうことが大切です。また近年では、特に若年層では**スマートフォン**（以下、スマホと表記）での回答が多数を占めており、その特性も理解しておく必要があります。

（1）インターネット調査のアンケートモニターの特性

　確率標本に基づいて実施された世論調査と比較すると、インターネット調査は、「学歴が高い」「非正規従業員が多い」「技能労務職が少ない」といった差異が指摘されてきました。こうした差異が生じる要因としては、インターネット調査の回答者が「ネット利用者に限られること」や「応募型のパネルであること」が指摘されています。また、調査会社が保有するアンケートモニターは、特定のネットサービスのユーザーを母体としているケースもあるため、たとえばネット系のサービス利用実態を把握する調査の場合には、実際の利用率と調査結果に差異が生じることがあります。

　この例のような実態把握型の調査にインターネット調査を用いる際は、その解釈に注意が必要です。しかし、特定のサービスや商品ユーザーを対象として改善点を探る仮説検証型の調査や、継続的に調査をして時系列で

その変化を追うトラッキング調査であれば、オンラインパネルの特性の影響は限定的ですので、コストや期間を短縮できるインターネット調査のメリットを十分に活かすことができます。このように、調査設計を行なっていく際には、アンケートモニターの特性に留意したうえで、調査課題に応じた調査方法を検討する必要があります。

（2）スマホの普及とスマホ回答者の特性

　スマホの普及に伴い、インターネット調査の回答環境は近年、急速に変化しています。アンケートモニターにおいても、スマホの回答者が多く含まれるようになっています。**図表2-1**のとおり、年代別に見ると、若いほどスマホの回答者が高く、逆に50代以上ではまだPCでの回答が多数を占めています（インテージ調べ）。

　特に若年層では、PCでの回答者が少数派になりつつありますが、ここで1つ興味深い結果があります。10代から30代までのアンケートモニターに対し、ふだん「PCで回答する人」と「スマホで回答する人」に分け、両群で特性の比較を行なったところ、商品に対する認知率、情報入手経路、対人関係に関する意識などが「PCで回答する人」と「スマホで回答する人」

図表2-1　主要調査会社のモニターにおける年代別アンケート回答デバイス

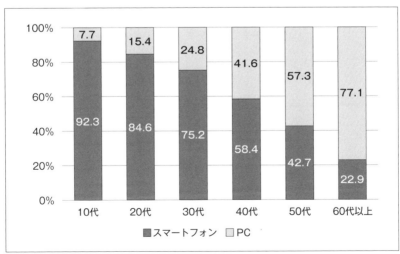

で異なっていたのです。若年層でPCを使って回答している層がやや特殊な性質を持った層になってきているということかもしれません。

この結果を踏まえると、調査対象者をPCの回答者に限定することは避けたほうが無難です。得られた調査結果が、特殊な性質を持った層に限定された結果かもしれず、市場全体を反映していない可能性があるからです。インターネット調査では、特別な事情がない限りはPCに限定せず、PC／スマホのマルチデバイスで回答を求めることが望ましいでしょう。

（3）スクリーニング調査のコツ

インターネット調査の対象者を選定する際には、アンケートモニターの属性で調査対象者を絞ることができますが、調査目的に応じてより明確なターゲットを調査対象としたい場合、**スクリーニング調査**を行なって調査対象者を絞り込んだうえで、本調査を行なうことが一般的です。

スクリーニング調査では、特定の条件に絞り込むための質問を行ない、対象者を絞り込みますが、調査目的に合わせて対象者条件を明確に定義することが重要です。たとえば、「コーヒーの飲用者」をターゲットとしたい調査において、スクリーニング調査で、「あなたはコーヒーを飲みますか？」という設問に「はい」と回答した人を対象者にしたとします（**図表2-2**）。

図表2-2　スクリーニング調査の例

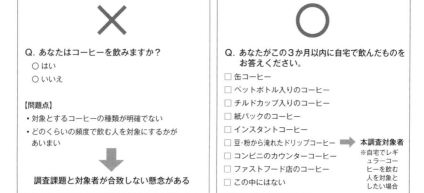

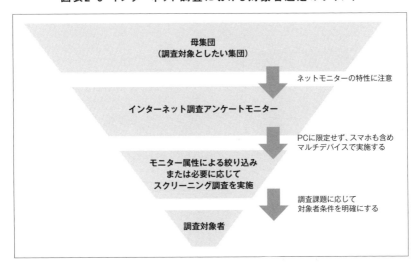

図表2-3 インターネット調査における対象者選定のポイント

母集団
（調査対象としたい集団）

ネットモニターの特性に注意

インターネット調査アンケートモニター

PCに限定せず、スマホも含め
マルチデバイスで実施する

モニター属性による絞り込み
または必要に応じて
スクリーニング調査を実施

調査課題に応じて
対象者条件を明確にする

調査対象者

　この場合、「どの種類のコーヒーか」「コーヒーを飲む頻度」などの定義がバラバラのまま、対象者を絞り込むことになりますので、調査課題に合わない対象者が含まれる可能性が生じます。**調査課題に応じた対象者条件を明確にし、その内容をしっかりと質問に反映させることが大切**です。

　また、スクリーニング調査では、調査対象者を絞り込む目的以外の設問を入れることも避けなければなりません。スクリーニング調査は謝礼ポイントが低く設定されていることが多く、聴取可能な設問数にも上限があります。アンケートモニターの疲弊を招くだけでなく、アンケートの離脱率が上がる恐れもあるため、対象者を絞るための設問設計を工夫し、できるだけ簡潔な質問で対象者を絞ることも重要です。

（4）オンラインパネルの品質管理

　アンケートモニターを抱える調査会社では、回答データの品質を維持するため、さまざまな品質管理を実施しています。各調査会社で行なわれている一般的な品質管理について以下にまとめます。

① モニター登録者のなりすましや重複登録の防止

　モニター登録時にメールアドレスを仮登録させ、メールを経由して本登

録をさせることで本人確認を行なう方法が一般的です。また、回答された属性情報をもとにして同一人物であることを特定し、なりすましや重複登録を防止します。

② 品質管理のためのアンケート

定期的に行なわれる属性確認のアンケートなどで、矛盾がある回答や、不正と思われる回答がなされた場合に、以降のアンケート依頼がかからないように制御を行ないます。また、回収率を維持するために、長期間アンケートの回答がない人をアンケートの依頼対象者から外す制御を行なっていることもあります。

❯ オンライン定量調査の調査票作成のコツ

インターネット調査では、質問の分岐や選択肢の出し分け、回答必須の設定、質問や選択肢の並び順のランダマイズ、商品画像の掲載など、紙の調査票では実現できなかったことが、容易に実現でき、こうしたメリットを活かすことで、得られるデータの品質を高めることができます。

しかし、得られたデータは一見きれいであっても、答えにくく、回答負担の高い調査では、後述するような要因によってデータの歪みが生じる可能性が高くなるため、注意が必要です。品質の高いデータを得るためには、**回答者の視点から、回答しやすい調査票になっているかを確認し、回答者の負担を下げることが重要です。**

（1）適切な調査票ボリュームを意識する

オンライン定量調査では、調査の質問数が多くなればなるほど、回答の中止率が上がります。回答の中止者が多い、ということは、目標とする回収数に達しない可能性だけでなく、「忙しい人が答えられなかった」「面倒くさがりの人が答えなかった」といった無回答バイアスが生じている可能性があり、データ品質への影響が懸念されます。

また、アンケートモニターへの調査結果では、**許容できるアンケートの所要時間は「10分まで」**という意見が多数を占めています。1分間に3問程度の回答を想定したシンプルな調査票だとしても30問以内に抑えること

図表2-4 回答してもよいと思うアンケート所要時間

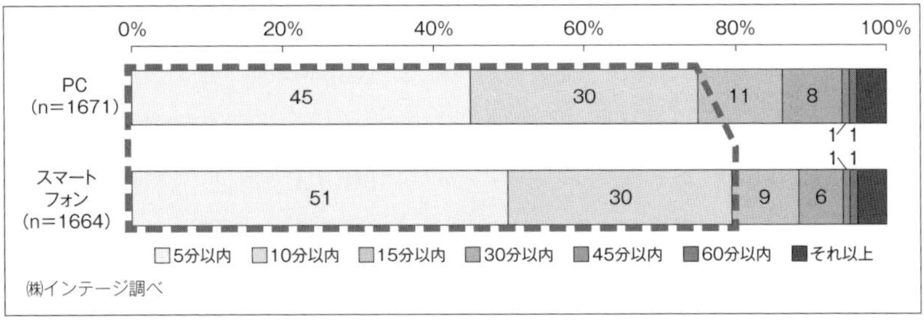

㈱インテージ調べ

が望ましいということです。

　質問ボリュームを抑えるためには、まずは改めて**調査課題・仮説を確認
し、必要な質問に絞り込むことが重要**です。どうしても質問ボリュームが
大きくなりそうな場合は、複数の調査に分割することも検討すべきでしょ
う。

（２）回答負担を上げないために

　質問ボリュームだけでなく、質問のタイプによっても回答の中止率が上
がることがあります。特に注意したいのが、マトリクス形式の設問と自由
回答形式の設問です。

　マトリクス形式の設問は、各項目（行）ごとに、単一回答（シングルア
ンサー、SA）や複数回答（マルチアンサー、MA）として選択させる形

図表2-5 回答負荷の高い設問形式

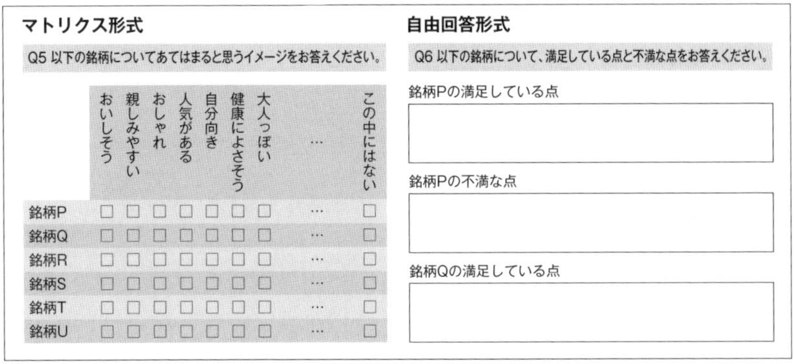

式ですが、単独のSAやMAと比較すると回答に時間がかかり、回答負担の高い形式です。特に項目数や選択肢数が多くなると、回答負担が上がり、回答中止が増えますので、項目や選択肢を可能な限り絞ることを検討すべきです。また、**自由回答形式の設問**は、あらかじめ選択肢を想定しきれない場合や探索的に意見を収集したい場合に有用な設問形式ですが、回答者に思考を強いる面があり、負担が高い設問形式でもあるため、多用は避けたほうがよいでしょう。特に自由回答形式の設問が連続すると、負担感が上がり、回答中止が増える原因になりますので、設問の配置にも気を配る必要があります。

（3）スマホを意識した画面レイアウト

　前述のとおり、近年はスマホからの回答が主流であるため、調査票についても、スマホでの回答を前提とする必要があります。スマホはPCと比べて画面サイズが小さく、一度に表示できる情報量に限界があります。そ

図表2-6　横スクロールの発生を防ぐ工夫

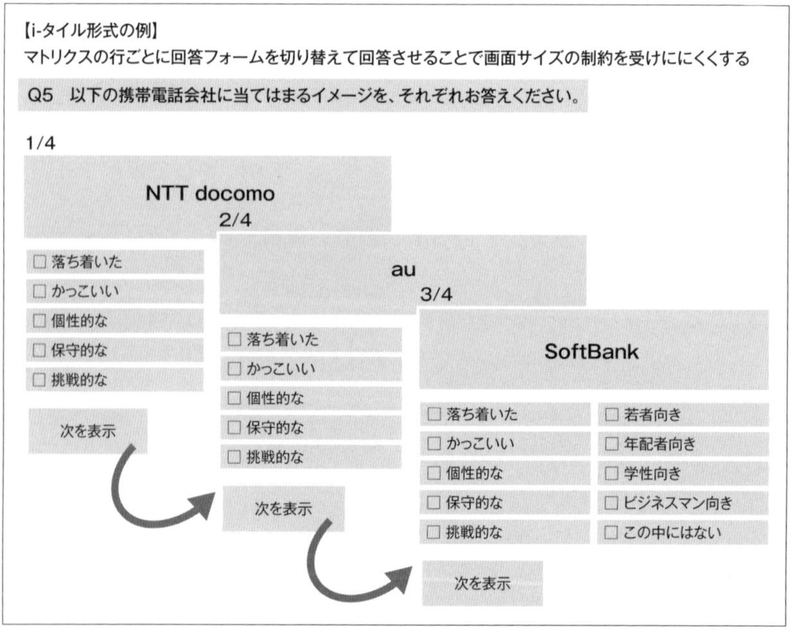

【i-タイル形式の例】
マトリクスの行ごとに回答フォームを切り替えて回答させることで画面サイズの制約を受けにくくする

Q5　以下の携帯電話会社に当てはまるイメージを、それぞれお答えください。

1/4
NTT docomo
2/4

□ 落ち着いた
□ かっこいい
□ 個性的な
□ 保守的な
□ 挑戦的な

次を表示

au
3/4

□ 落ち着いた
□ かっこいい
□ 個性的な
□ 保守的な
□ 挑戦的な

次を表示

SoftBank

□ 落ち着いた　　□ 若者向き
□ かっこいい　　□ 年配者向き
□ 個性的な　　　□ 学性向き
□ 保守的な　　　□ ビジネスマン向き
□ 挑戦的な　　　□ この中にはない

次を表示

のため、スマホの画面サイズ制約に配慮した画面レイアウトを意識することが重要です。

● 横スクロールの発生を防ぐ

　スマホでの回答者はほとんどの方が縦向きにスマホを持ち、回答を行なっています。PCと比べると、縦向きにスマホを持った場合の横の画面サイズは小さいため、回答フォームの配置に注意が必要です。特に、横スクロールを伴う操作は回答負担が高いため、選択肢数が多いマトリクス形式の設問や、横並びのテキストボックスの配置は避けなければなりません。本番の調査を始める前に、実際にスマホでの回答を行ない、横幅がスマホの画面内に収まっていることを確認しておくとよいでしょう。

　マトリクス形式の設問において、どうしても選択肢数が多くなってしまう場合は、項目（マトリクスの行）ごとに質問をばらし、1問ずつ聴取することも有用です。この方法については、インテージ社のi-タイル形式（前ページ**図表2-6**）やアコーディオン形式（項目ごとにタップすると選択肢が開き回答できるようになる形式）など、調査会社ごとに聴取方法を工夫しています。

図表2-7　スマホ回答を前提とした調査票作成のポイント

スマホの制約	対応方法のポイント
横スクロール操作しにくい	・選択肢数が多いマトリクス形式の設問を用いない 　→ 必要に応じて設問を分けるなどの工夫が必要 ・横並びのテキストボックスの配置をしない ・選択肢の列数は2列まで
画面サイズが限られる	・選択肢の個数は20個までを目安に 　→ 意識面を聴取する場合は、選択肢にランダマイズをかける ・質問文をできるだけ簡潔な表現で短くする

● 適切な選択肢の個数と列数

　スマホでの縦スクロール操作は比較的容易であるため、縦の方向については、1つの画面に収めることをさほど意識する必要はありません。ただし、質問の選択肢が多くなればなるほど、回答者の負担が増えるとともに、選択肢の見落としが増え、選択率は下がります。また、選択肢の列数を3列以上にすると、選択肢の見落としにつながるため、注意が必要です。選

択肢の数は20個以下、列数は1列もしくは2列とするのが理想です。

　また、過去の研究では、PCにおいてもスマホにおいても**初頭効果（Primacy effect）**と呼ばれる、先頭の選択肢が選ばれやすくなる現象が確認されています。特に商品やサービスに対する「イメージ」や「満足点」など、意識面を聴取する場合は、選択肢にランダマイズをかけることで初頭効果の影響を分散させ、データの偏りを防ぐことが必要です。

● **質問文は短く簡潔に**

　質問のニュアンスを正確に伝えたいと思うあまり、質問文そのものが長くなったり、多くの注釈をつけたりしてしまいがちですが、スマホでの表示を考慮すると、長い質問文が画面いっぱいに表示されることで、回答者が回答意欲をなくしてしまい、逆に正確な回答が得られない懸念があります。正確な表現と誤認を防ぐことのバランスが大切です。特に、必要以上に丁寧な言い回しや回答指示は、回答データに影響しないため避けるようにし、できるだけ簡潔な表現を行なうことを意識しましょう。

＞ オンライン定量調査を成功させるコツ

　インターネット調査を成功させるためには、ここまで述べたとおり、**対象者選定と調査票設計を適切に行なうことが最も重要**です。成功のポイントを以下にまとめます。

（1）適切な対象者選定と回収設計

　対象者条件をどのように設定すべきか、スクリーニング調査を実施すべきかを迷った際は、調査目的を再確認し、調査課題を明確にすることが重要です。調査課題が明確になれば、設定すべき対象者条件の定義も自ずと明確になり、回収設計も迷わず設定できます。

図表2-8 インターネット調査の流れと成功ポイント

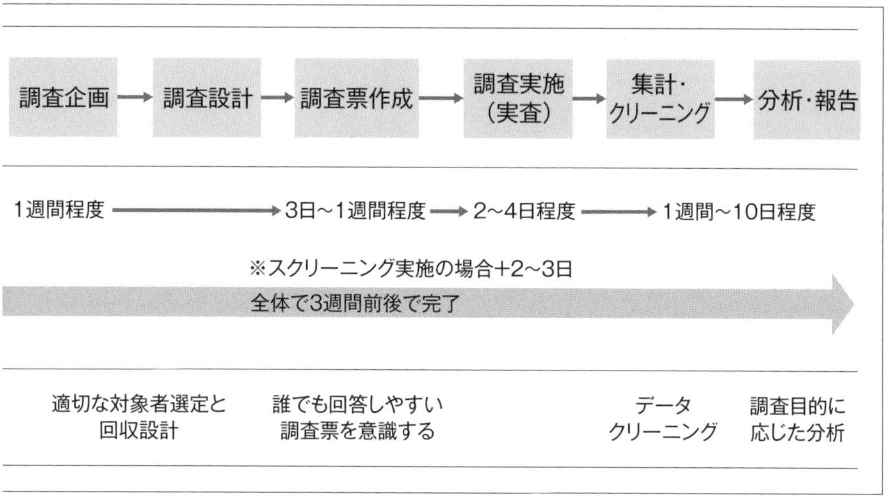

（2）誰でも回答しやすい調査票を意識する

　近年はスマホの普及が進んでおり、回答するデバイスとしてスマホを意識しなくてはなりません。調査票を確認する際にはPCでの回答を前提として確認してしまいがちですが、実際のスマホ画面での表示の見た目も確認しておくほうが望ましいでしょう。回答者視点で回答しやすい調査票になっていることが、品質の高いデータを得るためのポイントです。

（3）データクリーニング

　インターネット調査では、あらかじめモニターの品質管理が行なわれており、調査票についても、回答必須の設定や回答の矛盾を防止する設定ができるため、郵送調査など他の手法で行なわれるデータクリーニングの大部分は基本的に不要です。しかし、アンケートモニターではない人を調査対象者とした場合やアンケートフォーム上の制御だけでは対応しきれない場合もあり、調査後の集計工程でデータクリーニングを行なうことがあります。以下に、一般的に行なわれるデータクリーニングの例を挙げます。

・短時間回答者：極端に回答時間が短い回答者を分析対象から除外
・自由回答（OA）の不正回答：記述内容が不適切な回答者を除外

- ストレートライン：マトリクス設問で縦1列に同じ選択をした人を除外
- IPアドレスやCookieを利用した重複回答者の除外

（5）インターネット調査の実際の流れ

　調査会社においてインターネット調査を実施する場合の流れを図示したものが前ページ**図表2-8**です。調査の受注後、**調査企画・設計、調査票作成・実査を行ない、集計・分析**へと進みます。クライアントの要望に応じて、レポート納品や報告会を実施することもあります。調査のボリュームや難易度にもよりますが、1つの調査はおおむね3週間程度で、全体の工程が完了します。

　調査実施（実査）や集計・分析の工程では、各調査会社が独自に開発したシステムが用いられることが一般的で、**単純集計やクロス集計**に対応しています。基本的な多変量解析の機能を備えている場合もあります。近年では**TableauやPower BIといったBIツール**（ビジネスインテリジェンスツール）への取り込みに対応したデータ加工を行なうことも増えてきています。

（6）インターネット調査の課題

　近年、特に**若年層**のアンケート協力率が低く、モニターとしても定着しにくいことが調査業界全体の大きな課題となっています。**日本マーケティング・リサーチ協会（JMRA）のインターネット調査品質委員会**においては、インターネット調査に関わる主要各社が参加して、2017年に「**インターネット調査品質ガイドライン[※]**」を出しました。このガイドラインでは、本稿で述べた内容も含め、モニターを維持していくために調査業界やそのクライアントが意識すべきことがまとめられています。

　品質の高いデータとモニターの維持を両立させ、今後もインターネット調査が持続できる環境を守っていくため、調査会社自身の努力はもちろん、調査依頼する側のクライアントも含め、意識を高めていくことが必要です。

※インターネット調査品質ガイドライン

4 レスポンスAI社の 次世代インサイト・プラットフォーム

オンライン定量調査のAIによるオートメーション化

❯ 現在の定量調査の潮流

　コロナ禍によって世界中で経済が行き詰まる前、日本は記録的な失業率と労働力不足に陥っていました。2020年以降、「働き方改革」という言葉が新たな意味を持つようになり、コロナ禍で増加した在宅勤務が、頑強な労働環境の変化を加速させる可能性も高まっています。そのような環境下、マーケティング・リサーチは、世界中の企業や人々が、新しい現実に適応するための重要な役割を担っているといえます。

　マーケティング・リサーチ業界は、クリップボードと鉛筆と紙の調査票を使ったショッピングモールでのインターセプト調査の時代から長い道のりを歩んできました。インターネットによるデジタル化はすべてを一新させるような出来事でした。そして今では**自動化（オートメーション）**によって大量の情報を処理できるようになりました。今こそ、最先端のテクノロジーを活用して、次世代のマーケティング・リサーチに力を注ぐ時といえます。

　マーケティング・リサーチには多くの方法論がありますが、企業がプロのマーケティング・リサーチャーと一緒に仕事をするには、時間とお金の両方が必要です。そしてマーケティング・リサーチャー自身が成長するにも、時間と経験が必要で、1日のうちに使える時間は限られています。

　事業開発側とプロジェクト側の両方で、多くの人が限られた社内リソースとキャパシティの中で、ワークフローやプロセス、自動化について考えるようになりました。

　非効率的なプロセスが解消され、リサーチャーがより多くのプロジェクトに取り組む時間が増えていけば、より多くのプロジェクトに携わることが可能になるでしょう。

❯定量調査のオートメーション：第二の波

　世界的に見て、マーケティング・リサーチ業界は現在、そのような自動化の第二の波の真っ只中にあり、これは業界を根本的に変えるものです。

　過去5年間のビッグニュースは、**自動化されたDIYツールの出現**です。Zappi[※1]やAYTM[※2]のようなソフトウェアソリューションは、リサーチャーが全国的にターゲットグループに対して、標準化されたアンケートを迅速かつ効率的に実施することを可能にしました。時には当日中に結果が出ます。

　これらのツールは日常的な使用には強力ですが、リサーチのプロが、より広範なプロジェクトをサポートするために必要とする機能は提供されていません。

　要するに、**第一世代のDIYツール**は、ポイントソリューションであり、事前にパッケージ化されたマーケティング・リサーチのニーズの最も狭いセットに対応しています。プロのリサーチャーが探しているソリューションを提供することはめったにありません。

　結局、リサーチャーは、あるアプリケーションでグラフを作成するためにスプレッドシートに数字を入力し、別のアプリケーションに貼り付けるという作業に多くの時間を費やしています。仮説や作成、スクリプト、データ収集、データクリーニング、集計、報告など、調査を実行するための構成要素をリサーチャーの視点で見ると、リソース（時間やお金、エネルギー）の量が増えてきます。

※1　Zappi（ザッピー）：英国のリサーチ・オートメーションのリーディング・カンパニー。
※2　AYTM（Ask Your Target Market）：2009年からマーケティング・リサーチの自動化プラットフォームを提供する米国の調査会社。

❯リサーチャーのニーズに応じるresponse：AIの誕生

　レスポンスAI社が提供するresponse：AIのような次世代の自動化されたマーケティング・リサーチソリューションは、エンドツーエンド[※1]のプロジェクトサポートを提供し、複数のベンダーやシステム（アンケート設計や回答者へのアクセス、データクリーニング、レポート作成など）の

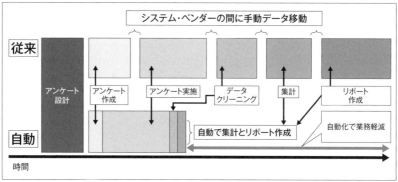

図表2-9　従来と自動のプロセス比較

システム・ベンダーの間に手動データ移動

従来

アンケート設計

アンケート作成

アンケート実施

データクリーニング

集計

リポート作成

自動

自動で集計とリポート作成

自動化で業務軽減

時間

必要性を単一の統合されたツールセットに置き換えることができます。

　レスポンスAI社は、マーケティング・リサーチ会社やリサーチャー、戦略コンサルティング会社、ベンチャーやスタートアップ企業、広告会社やデジタルマーケティング会社、さらにはエンドクライアントなど、さまざまなクライアントと単発でも継続的にでも、多様なツールセットを使って仕事をしています。また、プロジェクトのスコープやクライアントの能力、難易度に応じて、DIYやDo It Together（一緒に）、Do it for you（委託業務）ソリューションを提供することができます。

　米国のある広告代理店では、毎月同じ広告テストアンケートを実施しています。彼らは、アンケートを開始する前に動画の内容を変更するだけで済みます。調査プロセスを自動化することで、コストを削減し利益を向上させて、競争力を高めることができます。あるコンサルティング会社では、シンジケート調査リポートを競争的な価格で実施し、売上を2倍以上増やすことができました。

　通常の定量調査の質問に加えて、response：AIプラットフォームは、より複雑なグリッドやマトリックスの質問、価格やコンジョイント分析[※2]、MaxDiff法[※3]などの高度な分析手法をサポートすることができます。

　フロントエンドでの最初の作業は、あらかじめ作成された多数の調査票テンプレートから、質問文をドラッグ＆ドロップすることです。リサーチャーは、質問文にクライアントや競合他社のブランド名や製品特徴、属性

などを追加して、アンケートを作成します。次に、正確なターゲットグループを特定するためのスクリーニング調査票を作成します。続いて、APIを介して複数の回答者パネルへのアクセスを自動化し、調査の価格をリアルタイムで設定し、作成済みのアンケートを即座に配信します。

　調査は、既存のパネルプロバイダーやQRコード、ソーシャルメディアのプラットフォームを介して、単一または複数の国で実施することができます。フィールドワークが完了すると、自動化ツールとデータクリーニングツールを備えたバックエンドシステムが、見直しや除外が必要な回答をハイライト表示します。これが完了すると、システムは、エクセルのテーブルを埋め込んだ完全なパワーポイントのデッキを作成します。

　リサーチャーは、調査デザインや調査票のワーディングを微調整したり、データを掘り下げて重要なインサイトを引き出すなど、私たちが「知的付加価値」と呼んでいることに集中することができます。これは非常に重要なことです。オートメーションによってリサーチャーが自分の得意なことに集中し、反復可能な作業をマシーンに任せることが可能になります。

※1　エンドツーエンド（End to end）：システムやサービスを最初から最後まですべてをカバーして実行し、サードパーティーから何も取得することなく、完全な機能ソリューションを提供するプロセスを表わす。

※2、※3　コンジョイント分析やMaxDiffは、製品開発において、製品やサービス要素の組み合わせを最適化するための分析手法。どの要素が購買意思決定に最も影響を与え、ブランド間のシェアの変動にどの程度影響を与えるかと明らかにする選択モデル手法。マクロミルの「データ分析・解析」サイトを参照。
https：//www.macromill.com/service/data_analysis/

＊レスポンスAI社の日本での問い合わせ先：

　アンドリュー・エドサル　andrew.edsall@response-ai.com　（日本語対応可）

5 顧客体験調査

顧客ファースト実行のための重要な顧客体験調査

＞ 顧客体験調査とは

「顧客体験」（CX：Customer eXperience）は、マーケティング活動の中で、「製品開発」や「ブランド／コミュニケーション開発」、「ショッパーインサイト」等と並んで重要な課題です。

本節では、オンライン・リサーチが企業の「顧客体験」改善に、どのように役立つかを見ていきたいと思います。課題は、1980年から90年代にかけては、**顧客満足度**として分析され、その後は、**顧客ロイヤルティ**として、2000年代からは、**顧客体験**として分析されています。

これらの概念は、**企業の売上やシェアに影響する重要な要因**であるがゆえに重要視され、さまざまな議論が行なわれてきました。

経営陣にとって、顧客体験はトップ・プライオリティです。アマゾンの前CEOである**ジェフ・ベゾス**は次のように語っています。

「私たちは、お客様をパーティーへの招待客と思っています。私たちはホストです。だからアマゾンでのお買い物におけるお客様のすべての体験を少しでもよりよいものにすることが、私たちの毎日の仕事です」

現在では、単に顧客満足度等の顧客評価の指標を単独に測定し、対策を講じていくのではなく、NPS（ネットプロモータースコア）等の定量的指標と、顧客体験の定性的データを継続的に分析しながら、さまざまなタッチポイントにおけるリアルタイムの顧客フィードバックを収集することによって、改善すべき点を特定し、アクション方向を明確にしていく**「顧客体験マネジメント（CXM）」** プラットフォームの活用が行なわれています。

次の節では、その例として、顧客ロイヤルティを上げ、ブランド価値を向上させ、収益をアップさせる企業の顧客体験活動を総合的かつ戦略的に管理するツールの最新AI活用プラットフォームで、日本でもサービスを

展開している米国メダリア社のMedallia Experience Cloudを紹介します。

＞さまざまな顧客体験指標

（1）顧客満足度調査

　商品やサービスにどの程度、満足しているかを尋ねます。**全体的満足度（CSAT）**（「非常に満足している」から「まったく満足していない」までの５点評価や７点評価）や、そのように思う理由、全体の満足度を上げるための改善点を発見するための各項目評価（５点評価）を測定します。ターゲット別に分析できるように、対象者の属性を尋ねます。満足している人の割合％で表示されます。オリコン顧客満足度ランキングや、サービス産業生産性協議会のJCSI（日本版顧客満足度指数）、J.D.パワーのCS（顧客満足度）調査等が有名です。

（2）顧客ロイヤルティ調査

　満足度の代わりに、その商品やサービス、ブランドをどの程度「支持するかどうか」を尋ねます。**顧客ロイヤルティ・インデックス（CLI）**として、全体的満足度や推奨の可能性、リピート購入の可能性（トップボックス）の複数の指標を組み合わせた「多重指標」が使われます。

　その他は、満足度調査と同様で、各項目の評価を尋ねます。分析方法として、全体的ロイヤル度と、各評価項目のパーセンテージを比較したり、両者の関連性を調べます。さらに、**重回帰分析や数量化理論、構造方程式モデル等の多変量解析**※を用いて、全体的ロイヤル度と各評価項目との因果関係を調べます。因果関係モデルより、全体的ロイヤル度に最も影響を与えている「要因」を探り出します。

　さまざまな要因を集約した**「合理的要因」**（機能面の評価等）と**「情緒的要因」**（全体的好意度や親しみやすさ等）では、常に「情緒的要因」のほうがロイヤル度に影響を与えていることが明らかになっています。

※重回帰分析や数量化理論、構造方程式モデル等の多変量解析については、マクロミルの「データ分析解析」サイトを参照。
　https：//www.macromill.com/service/data_analysis/

（3）NPS調査

　顧客ロイヤルティを測るための指標の１つです。**ネットプロモータースコア（NPS®）**は、会社や製品、サービスを友人や同僚に推薦する可能性を０から10のスケールにおいて、９または10（「推奨者／プロモーター」）と評価した顧客の割合から、６以下（「批判者」）と評価した割合を引いた割合で表わします。推奨者が増えるほど数値が高くなります。７または８のスコアを提供する回答者は「中立者／パッシブ」と呼ばれます。

　顧客満足度やロイヤルティ指標の代わりに、ベイン・アンド・カンパニーのコンサルタントの**フレッド・ライクヘルド**によって、2003年に提唱された指標です。この指標の信頼性や妥当性については、世界中で多くの議論がなされています。しかし、測定が簡単で、かつ企業活動の目標である「売上」と相関性が高いという理由で、世界中の多くの企業で経営指標の１つとして積極的に使用されています。

　これらの指標以外にも、顧客からタイムリーなフィードバックを取得し、そのデータを使用して継続的な改善を推進するために、サービスを受けた直後（30日以内）にユーザーに評価を尋ねる「**イベント・サーベイ**」があります。

　さらに、顧客がサービスを利用するときに、どの程度努力が必要だったのかを表わす**カスタマー・エフォート・スコア（CES：Customer Effort Score、顧客努力指標）**というカスタマーエクスペリエンス（CX）の比較的新しい指標があります。「サービスを利用する時にはどれくらいストレスを感じましたか？」や「サービスを利用する時にどの程度、負担感がありましたか？」といった質問を５点や７点評価尺度で回答してもらうケースが一般的です。顧客努力が低いと、リテンション率（顧客を維持できる割合）が高く、ロイヤルティが大きく向上すると考えられています。

　顧客体験を完全に理解するには、エンドツーエンドの顧客体験をコンパクトに視覚化する「**カスタマー・ジャーニーマッピング**」が必要です。ブランド／企業と顧客間のすべてのタッチポイントが分析され、成功するには会社全体の取り組みが必要です。

　従来、これらの指標を測定するために、企画から結果の報告まで時間が

第2章 オンライン定量調査

かかるアドホックのオンライン定量調査が長年実施されてきました。しかし、近年はビジネスにおけるその重要性から、ほとんどのリサーチツールには、質問文や分析方法のテンプレートが標準装備されています。

❯ 顧客体験調査のサービス

　以下、日本における主な「顧客体験リサーチ」のサービスを紹介します。企業の重要な経営指標である顧客体験のデータを早く、安く収集し、有効な結果を迅速、簡便に社内共有し、タイムリーな改善活動に役立てたいという企業ニーズに合致するサービスです。

（1）クアルトリクス（Qualtrics）調査

　米国クアルトリクス社が、日本市場において、**NPS®（ネット・プロモーター・スコア）ツールとCustomerXM™**を提供しています。NPSの測定や分析、改善を効率よく行ない、顧客体験を可視化するプラットフォームです。ダッシュボードやレポート機能が充実しています。クアルトリクス社は、オンラインアンケートツールやパネルも提供しています。

（2）「見える化エンジン」によるCX向上支援サービス

　（株）プラスアルファ・コンサルティングが、テキストマイニング・ツールである「見える化エンジン」にアンケート機能を搭載して、「顧客体験フィードバック・プラットフォーム」として提供しています。NPSアンケートを実施し、「自由回答」の結果をテキストマイニングすることによって、改善点を明確にすることができます。

（3）EmotionTech CX

　（株）Emotion Techが提供しているNPS測定・分析のクラウドサービスです。AIや統計解析を用いて顧客の感情データを分析し、体験価値向上における強み・弱みを明確化するソリューションです。

6 顧客体験管理の メダリア・エクスペリエンス・クラウド

独自のAIテクノロジーを適用して、顧客体験を向上させるソフトウェアプラットフォーム

＞メダリア（Medallia）とは

　メダリア（Medallia）は顧客体験（CX）管理の市場におけるパイオニアであり、リーディング企業です。20年前にホスピタリティ業界の顧客体験管理サービスからスタートし、これまで多数の分析機能、SaaSやAI機能を拡張しながらエンタープライズとミッド向けマーケットで確固たる実績を築いてきました。

　メダリアのSaaSプラットフォームであるMedallia Experience Cloudは、顧客、従業員、そして市民の体験の理解と管理において市場をリードしています。メダリアでは顧客体験、従業員体験、そして市民体験を日々のジャーニーから理解するため各組織の役割に合わせてパーソナライズされたダッシュボードと情報を提供し、日常的にブランドを利用する際の店舗内、コールセンターの会話、旅行体験などのリアル体験やモバイルアプリ、ウェブサイト、Eコマースなどのデジタル体験にまたがる**カスタマージャーニー**で発生する体験シグナルを統合的に把握しています。また、独自の**AIテクノロジー**を応用して収益に影響を与えるビジネス上の意思決定を促す"深いインサイト"を提供しています。

（1）カスタマージャーニー全体から「顧客の声」を分析

　従来はブランド全体のロイヤリティを図るために定期的にリレーションシップNPSを取得して分析を行なう顧客体験管理が主流でしたが、昨今では、より包括的にカスタマージャーニーの顧客接点毎に体験のロイヤリティを評価するために、トランザクション（購入や注文）ごとに常に顧客の声に耳を傾ける**トランザクショナルNPS**やOSAT（Overall Satisfaction）の評価を顧客接点全体で細かく取得していく方法が増えています。

図表2-10 メダリアが収集するデータ種別

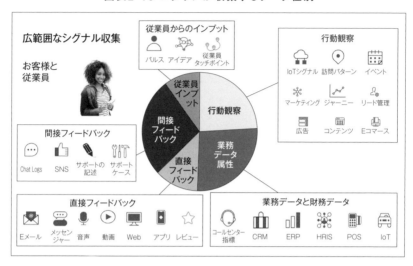

また、サーベイのフィードバックだけではなく、SMSやメッセンジャーツールでのやりとりやソーシャルネットワークからのデータ、その顧客の契約内容、購買内容や家族構成などの**属性・業務・財務データ**、デジタルやリアルでどのような行動をしてきたのかの**行動データ**を組み合わせて分析して、顧客の人となりを包括的にとらえていきます。

（2）第3世代の顧客体験管理

メダリアの提供する**第3世代顧客体験管理**として以下の特徴が挙げられます。

- デジタル／リアルチャネルをまたいだジャーニー全体で顧客の声やシグナルをとらえるための網羅的なチャネルをカバーする。
- 収集したテキスト、**音声、動画のデータからAIを活用して感情分析や定量化**を行ない、推奨されるアクションを自動抽出したりインパクトスコアを算出する。
- 多数の**外部デジタルツール**（Salesforce、Adobe、ServiceNow、Workdayなど）と標準コネクタやAPIで連携し、デジタルサービスをシームレスに提供する。

- 企業の組織構造を連携させ、組織の役割ごとに体系化されたKPIに紐付きパーソナライズされたレポートをウェブやアプリで提供。全社で顧客体験のゴールとベクトルを合わせながら各従業員が体系化されたKPIに沿ってアクションを実施するための仕組みを提供する。
- アクションにより得られる経済的な効果（ROI）を、全社─部門─担当ごとに可視化し、取り組み状況をCX KPIと財務のリターンに紐付ける。

　これらにより、顧客は解約率を下げ、批判者を推奨者や購買者に変え、クロスセル（他の商品を併せて購入してもらう）およびアップセル（より高いものを買ってもらう）の機会を生み出し、明確で強力な投資利益率を獲得することが可能となります。

　メダリアの特徴の1つといえますが、現在、エアビーアンドビー、バンクオブアメリカ、メルセデス・ベンツ、ペイパル、ソフトバンク、マリオット・インターナショナル、ティー・モバイル、その他、顧客体験をリードするグローバルブランドの多くがメダリアを活用しています。これらの企業では、リアル／デジタルから大量の顧客シグナルをリアルタイムに処理して、複雑な組織の役割ごとにアクションを促すパーソナライズされた情報を提供する必要があるため、大規模ユーザーと複雑な組織構造に対応したシステムの拡張性が求められ、メダリアが支持される1つの強い理由

図表2-11　メダリアが注力する分野

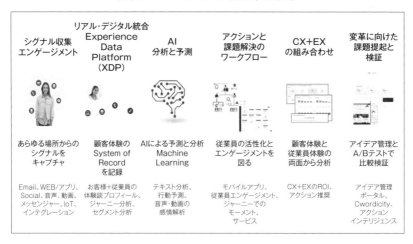

となっています。

　今、世界の多くのブランドは、**デジタルトランスフォーメーション（DX）**に総計百兆円以上の資金を投入しています。

　経済産業省DXレポートでは、DXを「企業が外部エコシステム（顧客、市場）の破壊的な変化に対応しつつ、内部エコシステム（組織、文化、従業員）の変革を牽引しながら、第3のプラットフォーム（クラウド、モビリティ、ビッグデータ／アナリティクス、ソーシャル技術）を利用して、新しい製品やサービス、新しいビジネスモデルを通して、ネットとリアルの両面での"顧客エクスペリエンスの変革"を図ることで価値を創出し、競争上の優位性を確立すること」と定義しています。

　まさにデジタルトランスフォーメーションの目的は顧客と従業員の体験変革を中心とした企業変革であり、それは言い換えれば、**企業が顧客や従業員の声から潜在ニーズの変化を先取りし、いかにして素晴らしい顧客エクスペリエンスを提供し顧客を幸福にできるかを競い、競争優位性を確立していくことです。**

　そのため、グローバルで顧客体験管理をリードする企業は「**顧客の声**」や「**顧客が発するシグナル**」を網羅的な顧客接点から収集し分析・予測を行ない、不満を持つ顧客への対応を即座に行なうだけでなく、顧客の期待を超える先回りした提案をテクノロジーを活用しリアルとデジタルの両面で行なっています。まさにこれらをテクノロジーとコンサルティングサービスの両面から支援する企業がメダリアであるといえるでしょう。

❯ メダリアのテキスト分析

　メダリアは、日本語を含めた**AI自然言語処理**による強力なテキスト分析を活用することで、サーベイ（アンケート）、LINEのメッセージ、コールセンターの会話、Zoomの動画データなどから得られる大量のテキスト化されたデータを分析します。主なテキスト分析の機能は以下の2つです。

（1）テーマ・エクスプローラ

　大量のテキストデータを解析し、顧客はどのようなテーマに関してポジ

ティブ・ネガティブな感情を抱いているのかを一目瞭然に知ることができます。この機能を用いてブランド、国や地域、部門で比較して見ることで新たなインサイトを得ることが可能となります。

（2）トピック

メダリアが有する業界別のトピック（≒ドライバー）のテンプレートをベースに各企業で可視化させたいトピックを追加して、階層化されたトピックに対してフィードバックされたテキスト内容がどれくらいポジティブかネガティブなのかをスコアリングします。

トピック機能とテーマ機能を組み合わせ、トピック機能でスコアインパクトの高い課題を特定し、テーマ機能から課題に関連するテーマとして何があるのかを深掘り分析をしていきます。たとえば、以下はあるスーパーマーケットのオンラインサービスの事例です。

① トピックの1つであった「果物」のインパクトスコアが低かった。その中で「果物―バナナ」のスコアが最低であることを発見します。

② トピック詳細で顧客を属性別で分析をしたところ、オンラインで購入した顧客が「果物―バナナ」のトピックについて一番不満を持っていました。

③ テーマ分析をしたところ、「熟したバナナ」と「まだ熟してないバナナ」のテーマにネガティブなコメントが多いことがわかり、それに関するコメントを読むと、オンラインでオーダーした際に、リクエストに書いたにもかかわらず考慮されていないことが原因でした。

これはシンプルな例ですが、**Eコマースの行動、指標を見ているだけではわからない、"WHY"をテキスト分析から知り、改善アクションにつながった1つの事例となります。**

＞「ジャーニー全体」と「顧客360°ビュー」の両面から理解

さらに顧客を理解するためには、①顧客のジャーニー全体の流れを理解する方法と、②特定の顧客（個人）を中心として、ブランドに対するインタラクション（反応や動作）から顧客がどのような体験や問題を抱えてい

たのか、感情の起伏があったのかを可視化する360度分析の両面を見ていく必要があります。

　別の言い方をすれば、従来のCRMでは顧客の属性、過去の取引が中心でしたが、メダリアの顧客体験管理（CXM）では、従来のCRMデータと顧客の声の分析を組み合わせることで、顧客体験メトリック（指標）を可視化、将来の期待値を予測し、デジタル上では内外のサービスと連携して自動化された施策を回し、リアル世界のヒューマン系では担当者に必要なアクションを促していきます。

　顧客中心主義を実現するために企業と各社員がどのように進むべきかを役割ごとにパーソナライズされた形で案内を行なう、まさに羅針盤となるのが、メダリアのプラットフォームといえます。

〉 動画解析はリサーチの運用にどのように役立つのか

　2012年、「キャズム理論」などのイノベーション戦略理論で知られるジェフリー・ムーアは「データがなければ、企業は盲目で耳が聞こえず、高速道路上の鹿のようにウェブ上を彷徨うことになる」とツイートしています。現在でも、この示唆は真実であり続けています。あらゆるビジネスが所有できる最も価値のある資産、それはデータです。

　フェイスブックやグーグルのような21世紀のビジネスの巨人は、データを基盤に帝国を築いてきました。多くの成長企業がデータを収集し、大規模に活用している、あるいは活用しようとしていることは理にかなっています。

　リサーチ業務の役割がより一般的になってきたことで、リサーチ・チームは、**ユーザー・リサーチ・プロジェクト**の重要性を確保し、納期と予算内での納品を確実にするだけでなく、エマ・ボールトンがMediumに寄稿した記事「ユーザー・リサーチの8つの柱」（The Eight Pillars of User Research）で指摘した「組織内でのスケールアップと成長を可能にすることで、リサーチの力を増幅させる」という役割も担っています。

　「ユーザー・リサーチの8つの柱」は、ユーザーリサーチを運用するためのフレームワークを示しており、考えさせられることが沢山あります。

最終的には、リサーチで利用できるツールは、ユーザー・リサーチの有効性に大きく影響を与えます。ユーザー・リサーチには、デザイナーやプロダクトマネージャーなど組織内の他の役割が関与していることも多く、また、必要な人員確保やデータの確保、プロジェクト自体に経営陣の賛同が得られるかどうかの課題があることを考えると、リサーチ・データを大規模に収集・分析しようとしている企業が、効果的な運用のための課題に直面することが多いのは無理のないことです。

さて、多くの企業は、消費者から生成されるエンゲージメントという観点で動画の力を理解していますが、インサイト生成のために動画を使用するということは新しい概念です。

動画リサーチは、ユーザーに近づくための企業の貴重なツールであり、人は本能的に定性的な方法論に惹かれて、インサイトを収集します。特に動画はデータの宝庫であり、話し言葉、行動、物、感情などあらゆるものを分析でき、定性・定量的なデータを作成することができます。ただし動画リサーチはナレッジ管理もアセット管理も非常に複雑で専門的なものになりがちで、特に動画データに関しては、テキストや数字などの従来の定量的なデータよりも管理が困難な場合があります。ただし、ボールトンが先の論文の中で述べているように、適切なツールを使用することで、リサーチ・チームは大量の動画データを効果的に管理することができます。

そこで、動画のインパクトと、それがユーザーリサーチの運用にどのように役立つのかを見てみましょう。

ユーザーインタビューズに掲載された記事「Building a User Research Practice for the Long Haul」で、マイクロソフトのジョー・マンコ氏とユーザーインタビューズのエリン・メイ氏が、「正しいリサーチを行なう」ということが何を意味するのかを概説しています。

彼らによると、**よいリサーチの実践**として以下が挙げられています。

- 明確なインサイトが得られ、次に何をすべきかを知ることができる
- 再現性があり、プロセスやメカニズムについて考える貴重なリサーチの時間を最小限に抑えることができる
- あなたの組織の人々が定期的に顧客やユーザーと習慣的に会話すること

ができる

- 長期的な顧客の知識を構築すること
- 楽しく、難しすぎず、効率的なこと
- マーケティング・リサーチの新しく、興味深い方法を含んだ特別なもの

　このような理由から、多くの企業は動画リサーチに魅力を感じています。リサーチから得られるインサイトは、アクションにつながるもので、効果的で、エキサイティングである必要があります。動画は、同等の自由形式のテキスト回答に比べて、少なくとも６倍以上の情報を引き出す可能性があります。動画が提供する豊富な定性・定量データのおかげで、改善の機会を特定し、データ・ドリブンの意思決定を行なって結果を出すためには、他に類を見ないリソースであるといっても過言ではありません。

　ユーザー・リサーチに動画を活用することは、多くの人が思っているよりも複雑なことではないことを理解することがポイントです。

　参考までに、よい動画リサーチのプロセスは以下を含みます。

（1）Medallia LivingLensによる動画リサーチのメリット

- 統合……自社の技術環境に合わせて、動画を統合するために適した仕組みを提供。
- キャプチャ……動画インテリジェンスツールを使用すると、どこからでも動画のリサーチコンテンツをキャプチャし、集中管理されたライブラリに保存して簡単に検索や参照することが可能になる。
- 分析……機械学習とビジネスインテリジェンスツールは、動画内の感情、感情、テーマ、オブジェクト、アクティビティを分析して、意味を明確にし、より多くのコンテキストを提供するのに役立つ。
- シェア……調査結果をレポートや人間的なフィードバックのショーリール（PR用のデモ）にまとめ、ユーザーの声に命を吹き込む。

（2）開始する際のコツ

- 動画、オーディオ、画像、および関連データをビデオインテリジェンスツールで接続し、検索可能にする。

- コンテンツパーミッションで誰が何を見るかをコントロール。
- 動画、オーディオ、画像キャプチャを既存のインサイトプロジェクト、システムに組み込む。
- 仮想リサーチ空間の活用を検討し、Zoomなどのツールでコンテンツを取り込む。
- 動画とインテリジェンスツールが感情、感情、テーマ、オブジェクト、アクティビティを分析できることを確認することで、調査結果の全体像をすばやく把握する。
- 動画をどのように共有するかを考え、他の調査方法にはないように、動画が紹介する本物のストーリーを伝えるためのショーリールの作成を検討する。

＞ クラウドソーシングの例：P&G

　P&Gは世界最大級の消費財メーカーです。同社は、デジタルマーケティングとコミュニケーション計画を作成し、それを検証するために、同社の、ヘアスプレーやシャンプーを扱うWella Shockwavesブランドのターゲット消費者をより深く理解したいと考えていました。従来のルームベースのフォーカスグループを使ってコミュニケーションプランを作成するには、消費者をルームに集め、定量的な調査を繰り返し、対面でのコンセプトテストを行なうなど、何か月もの時間と数十万ポンドもの費用がかかります。P&Gは、この伝統的なアプローチの枠を越え、消費者の自然な動向を捉えることができるソーシャルネットワークに手を伸ばしたいと考えていました。

　Wella ShockwavesブランドのCrowdicityコミュニティ「The Style Crowd」では、16歳から26歳までの数百人の消費者がフェイスブックやツイッターなどのソーシャルメディアを通じてコミュニティに参加し、以下のような、5つのステップの消費者の共同創造プロセスを経てスタートしました。

（1）インサイトの生成

　共創コミュニティに募集された500人の消費者には、ソーシャルメディアはどのようにして髪のことやこのブランドに関わることができるのか、また、消費者がどのようにしてオンラインでそれらについてアイデアやインスピレーションを得たいと思うかについて、いくつかの簡単な質問を冒頭に行ないました。これは、多様で斬新なアイデアを生み出すためにコミュニティを刺激し、高いレベルの議論とエンゲージメントを生み出しました。この意見は、10の詳細なインサイトに集約されました。

（2）アイデア

　10のインサイトを起点にさまざまな深い質問が投げられ、それらがCrowdicityに投稿されることで、コミュニティがそれらのインサイトに関連したマーケティングのアイデアを共同で作成する活動を促進しました。

（3）コンセプト作成

　この10のインサイトから生み出されたアイデアとコメントを用いて、プロジェクトチームは多くの創造的なコンセプトをまとめることに成功しました。

（4）検証

　これらのコンセプトは、Crowdicityコミュニティにフィードバックされ、ランク付けされ、コミュニティ内のコメントから検証が行なわれました。

（5）評価

　最初から最後までの共同創造プロセスはわずか5週間で完了し、コストも従来のフォーカスグループベースのプロセス費用の何分の1かで済みました。さらに重要なことは、何百人もの消費者が製品を実際に使用して評価を返してくれたことです。

＊メダリア社の日本での問い合わせ先：野田匡嗣　mnoda@medallia.com

7 オンライン定量調査の課題
——これからどう変化するのか

インサイト・プラットフォームとして進化するオンライン定量調査

＞ サスティナビリティ問題

　マーケティング・リサーチにイノベーションを起こしたオンライン調査は、**サスティナビリティ**（将来も機能を失わずに続けていける仕組みに変えること）が緊急の課題になっています。最も重要なリソースであるアクセスパネルの維持が難しくなってきたからです。パネル登録者数はネット人口の増加とともに増えてきましたが、その人口はすでに頭打ちです。また現在パネルに登録していても脱落する人が増加し、アクティブ率が下がっています。時間効率で考えた時にモチベーションとなっていたポイントの魅力が相対的に減少したのも一因でしょう。

　こうした強い危機意識のもとに、日本マーケティング・リサーチ協会では「**インターネット調査品質向上員会**」を設置し、精力的な研究、啓発を行なっています。ふだんは競合する調査会社が社内の管理データを共有し、解決策を考えるという例のない試みです。それは1つの会社だけでの解決は不可能であり、環境問題のように限られた資源をいかに大切に活用していくかという問題に似ています。

　最初の成果として報告された「**インターネット調査ガイドライン**」（2017年）では、回答者のストレスに関する実験調査やインタビューを通して、**①調査協力者あってのインターネット調査であることの理解、②答えてもらいやすい調査票の設計、③デバイス環境の変化に応じた対応**などを提言し、オンライン調査の提供者、利用者両方にとっての指針となっています。

＞ 品質の維持・向上のために

　オンライン調査の「変革」が必要なのは、回答者が快適に答えてもらうことが品質の担保に不可欠だからです。近年、企業戦略にとって**顧客体験**

（CX）が重視されるようになっていますが、調査を実施する側と答える側の関係においても重要です。30問、40問で構成されるボリュームの質問票や大きなマトリクス形式の弊害は以前からも指摘されていますが、改善できない状況が続いています。需要の高い20代、30代のモニターには1日に何十件もの依頼があり、答えたくても選択して協力せざるを得ません。調査頻度や調査量を減らすことがサスティナビリティの第一歩なのです。

　デバイス環境も変化しています。若い世代のみならず中高年でもPCではなくスマホが一般的ですが、そこには中高年のリサーチャーが思い浮かべる紙の調査票のイメージはありません。スマホの小さいタッチパネルで答えることを前提に、その制約の中で何ができるか、その特性をどう活かすかを考えることも必要でしょう。

　一方、ボランティアパネルへの過度な依存を軽減するために、新しいサンプリング方法も生まれています。アドネットワークを使った依頼や、LINEのような多くの人が日常使っているアプリでの依頼など、ユーザーのウェブ行動の合間に自然にアプローチする方法も浸透しつつあります。世論調査の分野では、RDD（Random Digit Dialing）によるショートメッセージからアンケートに誘導する手法が注目を集めています。

　日本学術会議社会学委員会による提言「ウェブ調査の活用について」（2020年）では、「**非観測誤差**」（代表性の問題）と「**観測誤差**」（測定技術の問題）を総合した「**総調査誤差**」**の低減**こそが調査の品質向上につながるという考え方が提示され、オンライン調査が学術研究にも耐えうる品質を得ることができるという心強い内容になっています。

❯ インサイト・プラットフォームへ

　オンライン調査は定量だけではありません。次章で説明するように、2020年のコロナ禍によって当初は対面でのフォーカスグループやデプスインタビューに制約が出ましたが、逆にオンライン化が急速に進みました。オンライン化によって実現したことや優位性も多く、定性調査は新しいチャレンジの機会を迎えているといえます。観察法についても、**AIによる画像・映像の認識技術**はアナログ世界を定量データ化するための眼の役割を

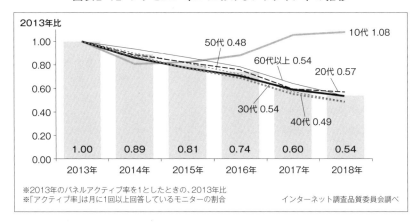

図表2-12 アクセスパネルにおけるアクティブ率の推移

2013年比

10代 1.08
50代 0.48
60代以上 0.54
20代 0.57
30代 0.54
40代 0.49

	2013年	2014年	2015年	2016年	2017年	2018年
	1.00	0.89	0.81	0.74	0.60	0.54

※2013年のパネルアクティブ率を1としたときの、2013年比
※「アクティブ率」は月に1回以上回答しているモニターの割合

インターネット調査品質委員会調べ

果たすことになり、オンラインで収集される会話や映像の活用が進んでいます。

　行動データと意識データの統合も期待されています。**ウェブのアクセスログや購買実績に基づく対象者のスクリーニングや「ABテスト」**のような実験的な調査、さらに特定の行動をとった対象者に解釈してもらうような手法はまだまだ工夫の余地があるはずです。

　将来的にはオンライン調査のプラットフォームが、データ収集だけではなく趣味関心のコミュニティや業界プラットフォームに発展する可能性もあります。医療情報専門サイトを運営する**エムスリー社**は、創業当初には医者や医療従事者をパネル化した調査が主力サービスでした。そこに情報交換や仲介などを組み込むことで医者や医療従事者にとって欠かせないプラットフォームになることで、時価総額数兆円にものぼる企業価値を生み出しました。こうした新しい動きは、2000年前後のネットリサーチ黎明期の活気に重なります。**オンライン調査は消費者理解に欠かせないインサイト・プラットフォームとして進化**を続けるでしょう。

《編者注》

　ここで「インサイト・プラットフォーム」について補足しておきます。企業や論者によって、いろいろな意味で使われています。たとえば、世界で最も影響力のある調査およびアドバイザリー会社の1つである米国のフ

ォレスター・リサーチ社（Forrester Research）のブライアン・ホプキンスは、「インサイト・プラットフォームは、テクノロジーを統合してデータを管理および分析し、得られたインサイトをテストしてビジネスアクションに統合し、継続的な改善のためにフィードバックを収集するマネジメントツール」と定義しています。

　また、調査分野で使われる「（カスタマー）インサイト・プラットフォーム」では、「企業が顧客と双方向のコミュニケーションを行なえるようにするために作成されたオンラインツールであり、企業はこのプラットフォームを使用して、顧客のニーズと期待を理解し、その結果に基づいて重要なビジネス上の意思決定を行ない、競争力のあるビジネスエッジを維持するための顧客との長期的な関係を構築するのに役立つシステム」とされています（https://www.questionpro.com/blog/customer-insight-platform/）。具体的には、本書第3章で説明する「インサイト・コミュニティ」がその実施ツールとして挙げられます。このように、インサイト・プラットフォームは、サーベイや定性調査、UX調査、行動分析、データアナリティクス、顧客体験、ナレッジ・シェアリング、パネルとデータソース等のさまざまなデジタルのリサーチ・ツール（ソフトウエア）として使われるケースが多くあります。本書でもリサーチ・ツールとしてのインサイト・プラットフォームとして使用しています（以下URLを参照。https://www.insightplatforms.com/categories/）。

　机上のPCから、定量調査と定性調査の両方を同時に「1つのプラットフォーム」によって、国内外の消費者を集め、調査を実施し、データ集計と分析を行ない、レポートを作成できれば便利だと思いませんか？　2020年代のリサーチは、調査対象者を別に集めたり、会場やグルインルームで調査を実施したり、集計や分析を別ソフトで行なったりする必要がなくなりました。訪問面接調査が盛んだった1990年代以前のリサーチの現場からは、まさに夢物語です。オンライン化、デジタル化によって、それが実行可能になりました。可能にしたのが、ツールとしての「インサイト・プラットフォーム」です。インサイト・プラットフォームの理解なくして、デジタル時代のリサーチは存在しないと言っても過言ではないでしょう。

第 **3** 章

オンライン定性調査（1）
——基本と進め方

消費者の360°理解のためのオンライン・インタビュー（オンライン・グルインとオンライン・デプス）や、掲示板グルイン、MROCのハイブリッド調査の基本と進め方を学ぶ。

1 オンライン定性調査

2020年代は、大容量高速ネット通信環境によってさらに進化するオンライン定性調査の時代

❯ オンライン化が遅れた日本の定性調査

　日本の定性調査は、欧米に比べてオンライン化が遅れています。定性調査全体の中の**オンライン定性調査**の割合は、日本ではわずか3％です。全体の調査に占める**オンライン定量調査**の割合が世界一であるのに対して、日本の定性調査は、圧倒的にオフライン対面（In-person）で行なわれてきました。

　この20年間、定量調査のオンライン化の大きな波にもかかわらず、ほとんど変化しなかった日本の対面式定性調査が、2020年、オンライン化の方向に舵を切りました。海外からの外圧や海外動向の影響、クライアントニーズへの対応やサービス向上等が理由なのではなく、新型コロナウイルス感染症の脅威によりオンライン化せざるを得なかったのです。

　理由はどうであれ、海外動向から取り残される「ガラパゴス化」を回避できたことはよかったと思います。「コロナ以前には絶対に戻らないだろう」というのが、この業界の定性調査についての世界的な見方です。日本もそうあってほしいと願います。

❯ 日本と欧米で異なったコロナ禍での対応

　新型コロナウイルスの感染拡大は、世界中の調査に大きな影響を与えました。しかし、定性調査におけるコロナ禍への対応は、オンライン化が遅れていた日本と、すでに進んでいた欧米では異なりました。日本では、対面で実施できなくなったリアルのグルインや、詳細面接をいかにオンラインで実施できるかが大きな課題になりました。

　一方、欧米では、2010年代に経験した「**オンライン定性調査の変革**」の経験を生かして多様な対応が取られました。さまざまなマーケティング課

題を従来のグルインやデプスのオンライン化の方法だけで解決しようとするのではなく、テクノロジーの進化によって開発された**オンライン・インサイト・ツール**を活用して、さまざまな方法でチャレンジが行なわれました。たとえば、顧客体験を理解するために、スマホを使って、いつでも、どこで測定する「モバイル・エスノ」を実施したり、カスタマー・ジャーニーを描くために、消費者に毎日、買い物日記を作成してもらったりなど、**オンライン定性調査手法の戦術的開発**がさらに進みました。

　もちろん、コロナの影響で、欧米でもオフラインで行なわれていたグルインやデプスも、オンラインで実施されました。しかし、オンライン・グルインやオンライン・デプスは、すでにリサーチャーの間に浸透していたので、オンライン化の方法については、大きな混乱は起こりませんでした。オンライン・グルインに**オンライン・ダイアリー**を付加したりと、オンライン化によって不足する消費者理解を補うような工夫もなされました。

　さらに、それらのオフラインの定性プロジェクトは、同期（リアルタイム）のオンライン・グルインやデプスではなく、目的によって**非同期の「オンライン掲示板グルイン」**に変更になったケースも数多くあります。もともと欧米でのオンライン定性調査では、この方法がよく使用されているからです。

＞ オンライン定性調査の変革

　「オンライン定量調査」と「オンライン定性調査」は、インターネットの登場とともに1990年代に欧米で生まれました。前者は2000年代初めには、従来の訪問面接や電話などの主なデータ収集方法に取って代わった一方、後者は大きくは拡大しませんでした。2008年の世界の定性調査全体の85％が依然、1940年代から利用されている伝統的なグルインとデプスによって実施されていました。その理由は、技術レベルの問題で、定性は定量ほど、コスト面やスピード面での大きな利点がなかった点にあります。

　しかし、インターネットの利用が、一方向の検索から、掲示板やクチコミサイト、SNSなど、一般ユーザーが参加してコンテンツが作られるメディアである**CGM（Consumer Generated Media）**を通して、自由な情報

の発信ができる双方向の活用の**WEB2.0**へと変化した2005年ごろから、定性調査のオンライン化へのチャレンジが再び活発になりました。特に、**高速大容量通信**が可能になり、**スマートフォン**が普及した2010年代において、オンライン定性調査は、情報技術の発展によって、「**消費者360°理解**」に対応すべく進化を遂げ、多様な方法群に生まれ変わりました。

　オンライン定性調査はオンライン・インタビューだけではありません。オンライン定性調査は、**インサイト・テクノロジーの進化**により、2020年代はさらにその変革が進む10年になると予測されています。次の10年の変化が楽しみです。

＞ オンライン定性調査ランドスケープ

　オンライン定性調査は、実施時間によって、質問と回答が同タイミングで行なわれる**同期型**と、そうでない**非同期型**に分かれます（**図表3-1**）。

　オンライン・インタビューも、タイミングと参加人数によって、オンライン・インデプスやパラレル・インデプス、オンライン・グルイン、掲示板グルインに分類することができます（**図表3-2**）。

　消費者を理解するために分析する、メインに収集するデータの種類、つまりテキスト／文字データや、音声、画像、映像、数字データも異なります。最近のプラットフォームは、多機能になり、１つのプラットフォームで、複数の種類のデータ収集が可能になっています。

　さらに、複数の方法、たとえば、非同期の中で、掲示板グルインとモバイル・エスノを実施可能であったり、同期と非同期を１つのプラットフォームで実行可能な**オールインワン・タイプのプラットフォームが主流**になってきています。たとえば、**非同期のMROCの中で、同期のオンライン・グルインやインタビューも実施可能**になっています。

　このように、定性調査の方法のランドスケープが拡大するにつれ、テクノロジーの進化のお陰で、方法を実践する「**インサイト・プラットフォーム**」の機能が充実しています。コロナ禍がその傾向を加速させています。

　これまでは、プラットフォームの機能に合わせて、定性調査のデザインをする傾向がありました。つまり、プラットフォームに画像アップの機能

があるので、モバイル・エスノを実施するといったことです。

　しかし、今後は、消費者を理解するための有効なオンライン定性調査手法が存在すれば、それをいかにプラットフォームに組み込むかを考える必要があります。テクノロジーの進化がそれを可能にしてくれます。同期と非同期のオンライン定性調査、オンラインの定量と定性調査が統合されたインサイト・プラットフォームが続々と登場してきています。

図表3-1　オンライン定性調査ランドスケープ

図表3-2　オンライン・インタビューの分類

	同期	非同期
個人	オンライン・インデプス （ビデオカメラ）	パラレル・インデプス
グループ	オンライン・グルイン （ビデオカメラ）	掲示板グルイン

図表3-3 オンライン定性調査方法が収集するデータ

		テキスト	音声	画像	映像	数字
同期	オンライン・デプス	△	◎	△	△	△
	オンライン・グルイン	△	◎	△	△	△
	オンラインライブチャット	◎	×	○	○	△
	オンラインワークショップ	◎	○	○	○	△
	オンライン参与観察	○	○	◎	○	△
	モバイルRET	◎	○	○	○	△
非同期	パラレル・インデプス	◎	○	○	○	○
	掲示板グルイン	◎	○	○	○	○
	MROC	◎	○	○	○	○
	インサイト・コミュニティ	◎	○	○	○	○
	オンライン・ダイアリー	◎	○	○	○	○
	モバイル・エスノ	○	○	◎	○	○
	ソーシャルメディアリサーチ	◎	○	○	○	○
	定性アンケート	◎	○	○	○	○

◎メインで収集するデータ

❯ 活用へのチャレンジ：絶対的に正しい方法は存在しない

　調査手法は、それぞれ長所と短所があり、パーフェクトなものは存在しません。調査目的や予算、期間等を考慮して、プロジェクトごとに最善のものを選択することになります。その場合は、利用する調査手法の長所と短所に留意して使うことが重要です。

　長所と短所は、**トレードオフの関係**にあり、得るものがある一方、犠牲にせざるを得ない点も必ず生じます。両者のバランス、つまり、ある欠点があったとしても、それを上回る大きなメリットがある場合は、チャレンジする価値があります。たとえば、多くの対象者に、早く、安く、広く意見を聞ける情報量の多さのメリットがあれば、一人ひとりの表情やジェスチャーは、多少犠牲にしてもよい場合もあります。

　また、いくら有効な方法でも、使い方を誤るとよい結果を生み出すことはできません。現状の手法の欠点や限界を克服する手法として開発されたとしても、未だ多くの人が認める定番の手法となっていないとか、失敗するリスクを恐れるという理由で使用しないのも問題です。自ら使ってみて、

その有効性を判断したり、さらに有効に活用するにはどうすればよいかと改善点を探りながらチャレンジすることも必要です。

　以下の節では、まず「オンライン・インタビュー」の方法について、具体的に説明していきたいと思います。特に「オンライン・グルイン」の方法は、日本ではまだ確定していません。オフラインの対面では、日本の場合、「6人で2時間」が定石になっています。オンラインでは、参加人数や時間をどうするか、現在、業界内で試行錯誤が行なわれています。

　個人的には、調査目的や質問内容や質問数、予算等、プロジェクトごとに変化させてもよいと考えています。その都度、時間やそれに応じた謝礼を考えるのは面倒だから決めてほしいという人もいるでしょう。

　現に欧米では、実は参加人数もセッション時間もさまざまです。オフラインでも、欧米では日本のグルインよりも多人数の8人や10人で行なわれています。それゆえに、本書では、日本を代表するオンライン定性調査の有力会社の現状のオンライン・インタビューの方法をあえて複数紹介します。それらの方法を参考にして、最適な人数や所要時間、運営の方法等について、読者の皆さん自身で考えてみてください。正解はありませんので、パニックになる必要はありません。それぞれのいいところ取りも可能です。

　本章と次章では、まず**オンライン定性調査**を概観した後、次に現在、運営方法について日本で最も注目されている「**オンライン・グループインタビュー**」について詳しく説明するとともに、オンライン定性調査の変革から生まれたさまざまなオンライン定性調査手法——**掲示板グルイン**や**コミュニティ・リサーチ**等についても紹介します。社会全体を1つのコミュニティとみる「**ソーシャルメディア**」の**SNS解析事例**や、**オンラインワークショップ**の方法、**医療分野**における**オンライン定性調査**、インサイトからアイディエーションを行なうユニークなインサイト・リサーチを実施するデコム社の「**オンライン・インサイト調査**」について説明します。

第3章　オンライン定性調査（1）——基本と進め方

2 ▶ オンライン・グループインタビュー

小人数でグループダイナミクスを起こす工夫がいるオンライングルイン

▶ オンライン上でのグループインタビューとデプスインタビュー

　オンラインを使ったインタビュー手法には、従来、会場で実施されてきた対面式のインタビュー手法と同様に、グループインタビュー（グルイン）とデプスインタビューがあります。しかしながら、これまで主流であったグルインは、オンライン上であまり実施されておらず、その実施手法確立が定性調査関係者での課題となっています。

（1）コロナ禍におけるインタビュー調査

　新型コロナウイルスは定性調査業界にも大きな影響を及ぼしました。これまでの定性調査における主力手法であった、会場で実施する対面でのインタビュー調査、グループインタビューやデプスインタビューが実施できない状況になってしまいました。そこで多くの調査会社がZoomなどのオンライン会議ツールを利用したインタビュー手法──オンライン・インタビューに取り組み始めました。

　コロナ禍が収まらない現時点（2021年2月）において、対面グループインタビューやデプスインタビューはほとんど実施されておらず、そのほとんどがオンライン・インタビューに置き換わったといっても過言ではありません。

　では、グループインタビューとデプスインタビューの利用はどのように変化したのでしょうか。これまで業界的には会場でのグループインタビューとデプスインタビューの割合が5：5くらいでした。オンラインにおいて正確な統計データはありませんが、業界関係者の感触では、その割合が1：9か2：8くらいになっており、グループインタビューはあまり実施されていないというのが共通の認識です。定性調査関係者はどのようにオ

ンラインでグループインタビューを実施するか、試行錯誤をしている状況
といえましょう。

(2) グループインタビューをオンラインで実施する際の障壁

　グループインタビューに関して何がオンラインへの移行の障壁となって
いるのでしょうか。大きくは以下の2点に集約されます。

① （デプスインタビューと比べて）運営が複雑になりシステムトラブルが起きやすく、サプライヤー側が実施を敬遠しがち

　インタビュー時に対象者の映像や音声が映らない（聞こえない）、途中
で途切れてしまった等々のオンライン・インタビュー特有のシステムトラ
ブルが、デプスインタビューと比べてグループインタビューでは発生しが
ちで、運営者はそのリスクを避けるために実施を敬遠しがちです。

図表3-4　グループインタビューとデプスインタビューの実施割合

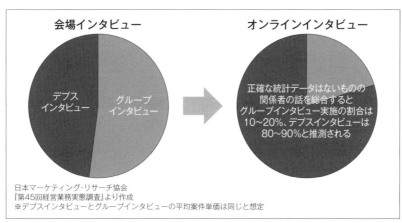

日本マーケティング・リサーチ協会
『第45回経営業務実態調査』より作成
※デプスインタビューとグループインタビューの平均案件単価は同じと想定

②グループインタビューで重要とされる「グループダイナミクス」がオンラインでは得にくい

　会場グループインタビューの手法上の強みは「ある対象者の発言に、他
の対象者が触発され、新たな発言が生まれ、議論が深まっていくといった
現象」、いわゆるグループダイナミクスが得られることです。しかしなが
らグループダイナミクスはグループインタビュー会場の同一空間で議論し

ている参加者間と比べて、パソコン／スマホの画面越しで参加しているオンライン上の対象者の間では生まれにくいというのが利用者の共通認識であり、どのようにオンラインでグループインタビューを実施していけばよいのかが、定性調査業界の課題となっています。

（3）オンラインにマッチしたデプスインタビュー

　デプスインタビューに関しては、オンラインへの置き換えが進み逆に活況になっている感もあります。オンラインでのデプスインタビューはグループインタビューで問題となるグループダイナミクスの問題が生じない一方で、「対象者の抽出に地理的制約を受けない」「会場でモニタリングする必要がない」「対象者の生活シーンを手軽に見ることができる」といったオンラインならではのメリットを享受できるために利用が急増しています。

　オンラインを使ったインタビュー手法には、従来、会場で実施されてきた対面式のインタビュー手法と同様にグループインタビューとデプスインタビューがあります。しかしながら、これまで主流であったグループインタビューはオンライン上であまり実施されておらず、その実施手法の確立が定性調査関係者での課題となっています。

❯ オンライン・グループインタビューでダイナミクスを起こす

　オフラインで主流だったグループインタビューが現在、オンラインであまり実施されていないのは、オンライン（ビデオ通話）では、グループインタビューに期待されるグループダイナミクスが得にくいというのが大きな理由です。そこで以下では、オンラインでグループインタビューを起こすテクニックを紹介します。

（1）参加者の人数は３〜４人に絞る

　わが国において会場グループインタビューの参加者は６名というのが定番になっていますが、オンライン・グループインタビューでグループダイナミクス発生を重視するのであれば、参加者は３〜４名のグループで構成したほうがよさそうです。パソコン／スマホの画面越しでのビデオ通話で

は、自分で話している際に他者の反応がわかりにくいので、「言葉が出てきにくい」「自分の話していることに自信が持てない」「自分が話し始めるタイミングがつかみにくい」という難しさがあります。インタビュー画面に映る参加者が多ければ多いほど、その傾向は強くなり、まったくディスカッションに参加しない人が発生してしまう可能性が大きくなり、そのケアに対するモデレーターの負担も大きくなります。

　また、人間は、グループの人数が4名を超えると「前頭葉の処理能力」範囲を超え、処理が間に合わなくなり極端に話しにくくなるので、3名か4名のグループのほうがダイナミクスが起きやすいという説もあります。参加者人数が多くなれば多くなるほどシステムトラブルが発生するリスクが上がるということもあるので、運営面の負担を考えてもオンライン・グループインタビューの参加者人数は3～4名に絞ったほうがよいと思います。

（2）モデレーターは2名体制

　パソコン／スマホの画面越しでのビデオ通話では他者の反応がわかりにくいため話しにくいという問題に対しては、メインとサブのモデレーター2名体制でグループを実施するというのが有効な解決策です。ここでのサブモデレーターの主な役割は2つです。1つ目は、参加者の発言に対して「うなずき」や「ジェスチャー」といったリアクションを大きくとることにより、他の参加者が話しやすい環境を作り出すことです。もう1つの役割は、多様な視点をもたらす存在として議論を深める役割を担うことです。

　たとえば、あるコンセプト評価で対象者全員が高評価な場合、このサブモデレーターが、そのコンセプトに対してのネガティブなポイントを指摘して、どのような参加者にどのような反応が起きるかを観察する機会をもたらします。このサブモデレーターは調査運営者（調査会社）の人間が担ってもよいですし、調査委託者（クライアント）がこの調査の委託先だと身分を明かしたうえで担うのもアリだと思います。

　もちろん、クライアントがグループに参加することによって発言にバイアスがかかるということも事実なので、誰がサクラになるかはトピック等

によって、うまく使い分ける必要があると思います。

（3）グループダイナミクスを期待しているという意識づけを行なう

　オンライン・グループインタビューでグループダイナミクスを生むためには、対象者に「対象者間でのインタラクティブな議論を期待している」ということを意識づけすることも有効です。

　会場で実施するグループインタビューのように自然発生的にダイナミクスが起きればよいのですが、そうでないならば対象者にこちらからの望む姿を明確に伝えることによって、その姿に近づけるということも重要でしょう。

▶ オンライン・グループインタビューのモデレーションテクニック

　オンライン・グループインタビューにおけるモデレーターの役割は、参加者が話しやすい雰囲気を作り、調査課題・目的を理解しつつ分析に必要な情報を得ることです。そのためのスキルや技術は会場で実施するグループインタビューのモデレーションと基本的には同じですが、各参加者がそれぞれのパソコン／スマホを見ながら話しているオンライン・グループインタビューにおいては、会場という同じ空間にいる参加者から話を引き出すのとは異なる特有のテクニックがあります。

（1）ホワイトボード／画面共有機能の有効活用

　オンライン・グループインタビューで使用されるシステムには通常、ホワイトボード（資料呈示）機能や画面共有の機能があります。この便利な機能をうまく使いこなせれば、ディスカッションの活発さやスムーズさは格段に向上します。

　たとえば、グループインタビューの最初は自己紹介セクションから始まりますが、この際、システム画面上に**図表3-5**のような画像を提示して進行すれば、このセクションがスムーズに進行します。各セクションごとにこのようにトピックやポイントとなる質問を画面に提示しておけば、そこからディスカッションが大きくそれることもないでしょう。

図表3-5 ホワイトボード呈示内容例

```
自己紹介

1. お名前
2. 家族構成
3. お住まいの最寄り駅
4. お仕事（業界と職種）
5. 最近はまっていること
```

```
先ほどご覧いただいた
製品説明文に関して…

・よいと思った点
・よくないと思った点
・よくわからなかった点
・信じられない点
　を話し合ってください
```

　そもそも対象者は思ったほどモデレーターの言ったことを聞いていませんし、聞いていても忘れてしまいます。また人間は複数の感覚に刺激を受けたほうが脳が活性化するという研究結果もあります。

　このように聴覚（モデレーターの質問）のみならず、ホワイトボードや画面共有機能を使って視覚にも刺激を与え、トピック（聞きたいこと）を意識づけすることにより、議論を活性化させたりスムーズにコントロールすることが可能になる効果が期待できます。ただし、画面共有やホワイトボードを使うと各対象者の画面が小さくなり、お互いが見えにくくなるので、使うタイミングには注意が必要です。

（2）順番ルールの活用

　パソコンやスマホの画面越しに会話をするオンライン・グループインタビューは、参加者からすると自分が話し始めるタイミングがつかみにくいという難しさがあり、それゆえに対象者が言いたいことがあったのに結局発言できずじまいということが起きがちです。

　このような状況を避けるために、モデレーターはオンライン・グループインタビューにおいては対象者に順番に発言させるというテクニックを会場でのグループインタビューよりも多用すべきです。また次は誰が話すべきなのかわかりやすいように「では次は△△さん、お願いします」と名前を呼びかけることも重要です。もちろん、すべての対象者の発言が必要な

いトピックであれば、このテクニックは必要ありません。その場合は、次に述べる挙手ルールを活用するのがよいと思います。

（3）挙手ルールの活用

　自分が話し始めるタイミングがつかみにくいという問題に対しては、発言したいことがある際には手を挙げるというルールを設けることも有効です。これは、モデレーターが質問を投げかけて、「どなたでも意見のある方は手を挙げてください」といった使い方もありですし、誰かが発言している最中に反論がある時や、付け加えたいことがある時、激しく同意する時に手を挙げるといったルールをあらかじめ設けておくのもよいでしょう。挙手ルールは会場では対象者が感じている空気感をオンライン上で補い、ディスカッションをスムーズに進めるための強力な武器となるでしょう。

❯ ポストコロナ時代のオンライン・インタビュー

　この原稿を書いている現時点では、コロナ第三波の真っただ中の状況でコロナ禍がいつ終息するのかの目途はまったく立っていません。しかしながらいつかは終息するという希望的観測を踏まえて、コロナ禍終息後の定性調査がどのようになっているかを予測してみました。

　コロナが終息したとしても、会場でのオフラインインタビュー（グループインタビューやデプスインタビュー）が主であったコロナ前の状態に戻るのではなく、オフラインとオンラインの併存が進み、定性調査は進化するのではないかと思います。

（1）ライブストリーミングでのモニタリングが主流に

　コロナ禍は、対象者とインタビュアー間のインタビュー方法を変えたと同時に、インタビューをモニタリングする方法も大きく変化させました。これまでクライアント、書記、分析者といったインタビュー視聴者はインタビュー会場に足を運んで、バックルームのミラー越しや、モニタリングルームのモニター越しにインタビューをモニタリングしていましたが、オンライン・インタビューの普及によって自分のパソコンやスマホで視聴す

ることがスタンダードになりました。

　この便利さに気づいたクライアントは、昔のように夜遅い時間や休日に会場まで足を運ぶといった行動に戻ることはできないのではないでしょうか。仮にコロナ禍の終息後、インタビュー自体が会場で実施する方式に戻ったとしても、モニタリングに関しては自分のパソコンやスマホで視聴したいというニーズは残るはずです。

　テレワークの導入によって、多くの人が必ずしもオフィスに出社する必要はないと気づいたのと同様に、多くのクライアントは必ずしもインタビュー会場に足を運ぶ必要はないということに気づいたようです。

（2）グループインタビューとデプスインタビューの棲み分けが進む

　グループインタビューの醍醐味は、「ある対象者の発言に、他の対象者が触発され、新たな発言が生まれ、議論が深まっていく現象」、いわゆる「グループダイナミクス」が起きることです。

　しかしながらグルイン会場のような同一空間で議論している参加者間と比べてパソコン／スマホの画面越しで参加している対象者の間では、グループダイナミクスが生まれにくいというのは紛れもない事実です。このグループダイナミクスを起こすために、現在オンラインでは参加者を３〜４名にして実施する方法が主流となっていますが、やはり従来の６名参加者のグループインタビューを希望され、オンラインのグループインタビューは実施を躊躇されるクライアントが多いのが現状です。

　したがって、コロナが禍が終息して会場でのグループインタビューが可能になった際には、やはり会場での６名参加者のグループインタビューが主流に戻るものと考えられます。一方でデプスインタビューに関しては、このグループダイナミクスの問題がなく、逆にインタビューのクオリティは会場と同等だという認識が持たれているようです。そうであればコロナ禍終息後にデプスインタビューを実施する際に、「リクルーティングに有利」「対象者の生活シーンが簡単に観察できる」等の会場にはないメリットを持ったオンラインの選択が主流になるものと思われます。

（3）オンラインとオフラインを同時に実施するハイブリッド案件が増加

　今般のコロナ禍によってオンライン（ビデオ通話システム）を使ったインタビュー調査は大きな注目を浴び、その活用が進みました。このオンライン・インタビュー、定性調査関係者は現在、オフライン・インタビューの代替手法という位置づけとして利用していますが、コロナ禍が終息しオフラインが再開可能になった際には、オフラインに加えてオンラインという新たなツールも自信を持って使えるようになったと考えるようになるのではないでしょうか。そこで、従来では**オフラインだけで完結していた定性調査にオンラインを加える**ことによって、さらに生活者のことを深く理解しようという発想が生まれるはずです。

　たとえば、これまで会場インタビュー調査はそのほとんどが首都圏対象者を対象者に実施され、首都圏以外の生活者を対象とした調査はほとんど実施されていないのが実情でした。しかしながらアフターコロナ時代には、首都圏対象者はオフラインで、首都圏以外の対象者はオンラインでインタビューするといったように**ハイブリッドで全国の生活者を調査する**時代に突入することでしょう。

　また食品や飲料、日用品等のテスト品の試食や使用が必要なテーマにおいては「会場インタビュー⇒ホームユース⇒オンラインでのフォローアップインタビュー」といった、ハイブリッドで生活者をより深く理解できるアプローチも盛んになるでしょう。コロナ禍をきっかけに広まったオンライン・インタビューは、コロナ禍終息後も定性調査の可能性を広げ、定性リサーチャーの新たな武器として広がっていくものと思われます。

＞ 事例：定性調査維新の会のオンライン・インタビューシステム

　オンライン・インタビューを円滑に実施するにはZoom等のビデオ通話システムさえ用意すれば大丈夫かといえば、もちろんそんな単純なものではありません。

　オンライン・インタビューは、基本的には参加者のデバイスや通信環境等を利用して実施するため、時に動作に不具合が生じること少なくありませんが、たった一人の参加者のインタビューがシステムの不具合によって

実施できなくても、「その対象者を獲得するためのリクルートコスト」「インタビューを実施するための運営者の準備」「モニタリングするクライアントの時間的拘束」を考えると、その損失は莫大なものになります。したがってオンライン・インタビューの実施にあたっては、100％失敗しない運営が求められます。

　一方で、ITリテラシーの低い参加者は使いこなせない、参加できるデバイスが限られるといったように、システムそのものが、せっかく苦労してリクルートした参加者を制限してしまうのも考えものです。オンライン・インタビューのシステムと運営においては、システムトラブルによってインタビューが成立しないという堅牢さと誰でも参加できる簡便さを両立させることが求められるのです。ここでは、わが国におけるオンライン・インタビューのリーディングカンパニー、定性調査維新の会がどのようにこの問題に取り組んでいるかを紹介します。

（1）参加者のアクセスのしやすさとトラブルフリーを両立させる工夫

　定性調査維新の会ではシステム面では主に３つの工夫を行なっています。

①音声に関しては電話回線を使用

　オンライン・インタビューで最も重要でありながら、最もトラブルが起こるのは音声です。参加者のデバイスやネット環境によっては声が聞こえない、ハウリングする、エコーが生じるといったことが起き、スムーズなインタビューが実施できないことも少なくありません。またそれを回避するための事前の設定には時に非常に労力を要します。音声のトラブルを避け、安定性を保つために定性調査維新の会のシステムでは音声に関しては電話回線を使用してインタビューを実施しています。

②アプリのインストールなしで入室できるシステム

　Zoomに代表される多くのビデオ通話システムでは使用するにはアプリをインストールする必要があります。しかしながらITリテラシーが低いシニア等では、ここで引っかかるケースが少なくありません。定性調査維新の会では、できるだけ開始までの操作をシンプルにするためにアプリの

インストールの必要がなくインターネットブラウザだけでビデオ通話ができるビデオ通話システム（v-cube）を使用しています。

　なお、v-cubeをスマートフォンで利用するにはアプリをインストールする必要がありますが、App Store/GooglePlayからダウンロードでき、開始までの操作も簡単です。

③パソコンとスマホ、どちらでも参加可能とし冗長化を図る

　たとえば、パソコンで事前テストを行ない、問題がなかったとしても、本番時にそのパソコンに何かトラブルが起こってインタビューができなくなる可能性はゼロではありません。そのような事態を避けるためにパソコンで参加する人はスマートフォンやタブレットでも参加できるよう、逆にスマートフォンで参加する人はパソコンでも参加できるようにといったデバイスの冗長化を行ない、急なデバイスのトラブルに対処できるようにしています。

（2）モニタリングのしやすさとバイアスを避けるための工夫

　クライアント、書記、分析者が使用するモニタリング機能に関しては、インタビューのシステムとモニタリングのシステムを完全分離し、事故やバイアスが起きない工夫を行なっています。

　現在、オンライン・インタビューに取り組んでいる調査会社の多くは、ビデオ通話システムのZoomを利用してインタビューを実施することが多いようですが、Zoomのみでインタビューを実施すると視聴者がインタビューを実施している部屋に同時に入室してモニタリングする必要があります。この場合、「対象者に多くの人に見られていることを意識させてしまう」「クライアントの映像やチャットが対象者に映ってしまう」といった事故やバイアスが起こりがちです。そこで、定性調査維新の会では、インタビューシステムとは別に、独自のライブストリーミングシステムを利用してインタビュー空間とモニタリング空間を完全分離し、従来の定性調査専用会場のミラールームをオンライン上に再現したシステムを利用者に提供しています。

**図表3-6 定性調査維新の会のオンラインインタビューシステム
　　　　概念図**

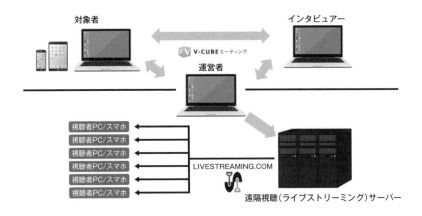

（3）ベテランスタッフによる運営サポート

　オンライン・インタビューは、どのようなシステムを準備したとしても、参加者のデバイスや通信環境等を利用して実施するため、時にはインタビューに支障が生じるレベルの動作不具合が生じることがあります。

　そこで失敗のないスムーズな運営を実現するためには、IT機器（パソコンやスマホ）やネットワークに対する深い知識、使用しているビデオ通話システムに対する深い知識と利用経験に基づく運営者のさまざまなトラブルに対するトラブルシューティング能力が非常に重要となります。

　定性調査維新の会は、わが国で最初にオンライン・インタビューを事業化した会社であり、オンライン・インタビューの運営歴は10年以上あります。世界でも有数の運営経験数を誇るベテランスタッフが運営を担当することにより、失敗しない（機材トラブルでインタビューが実施できないということがない）オンライン・インタビューの運営サービスを提供しています。

3 オンライン・グループインタビューの理論と実践

確実にグループダイナミクスを発生させ、オフライン以上の成果を上げる方法

＞オンライン・グループインタビューの問題点

　コロナ禍により業界はインタビュー調査のオンライン化を否応なく迫られました。その中で多数指摘されたのはオンライン・グループインタビューの困難さで、それらを要約すると、「**グループダイナミクスが発生しない**」と「**多人数・長時間では対象者の集中力が低下してインタビューの維持が困難**」という2点に集約されます。

　グループダイナミクスが発生しないのでは、グループインタビュー（以下GI）をする意味がありませんし、人数、時間を減らすと当然のことながら1グループ当たりの情報量が減ってしまいます。それはクライアント満足を低下させ、ひいては日本のマーケティングや経済成長にまで影響を与えてしまう重大事です。GIには他の手法にはない独自の長所、メリットが多々あるからです。

　オンラインGIを以前から何の困難もなく実施できていた経験を持つ筆者は、この業界の反応に大きな違和感を持ち、ステイホーム期間に理論研究と実験の両面からその原因と対策の解明に取り組みました。

＞グループダイナミクスが発生しない原因・理由

　筆者が感じない困難を他の多くの方々が感じた原因について、最初に思い浮かんだのは「インタビューのカタチ」の違いでした。

　一般に**FGI**（フォーカスグループインタビュー）と呼ばれているものの大半は、司会者と各対象者が個別に一問一答で質疑応答（アスキング）を行なうものです。対して、筆者が行なってきたGIはG・D（グループ・ディスカッション）やGDI（グループ・ダイナミックインタビュー、グループ・ディスカス・インタビューと呼ばれる、司会者が提示した話題につい

図表3-7 ホイール型と完全連結型

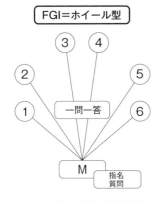

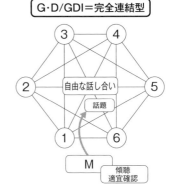

ての対象者同士の自由で自発的な話し合いのリスニングを行なうものです。この両者には**図表3-7**のような「カタチ」の違いがあるわけです。

　この図は「頂点」（"ノード"と呼ぶ）と「辺・対角線」（"エッジ"と呼ぶ）で構成されています。このような図を「**グラフ**」と呼びます。それを扱うのが「**グラフ理論**」で、一般的なFGIのグラフを「**ホイール型**」と呼び、G・DやGDIのグラフを「**完全連結型**」と呼びます。

　グラフ理論は社会科学においても組織や人的ネットワークの研究に応用され、小集団のグラフ形状による作業効率の研究もされています。それによると、**比較的単純な作業ではホイール型のほうがパフォーマンスは高いのですが、議論や文章を作ったりする複雑な作業においては完全連結型のほうがパフォーマンスは高くなる**ことがわかっています。ホイール型では負荷が「ハブ」となっている人物に集中し、「情報の飽和」と呼ばれるオーバーフローが起きるからです。

　すなわち、「**生活の文脈**」を紡いでいくことが求められる本来の生活者調査のGIは完全連結型でなければならない、という結論になります。グループダイナミクスを利用して情報量を増やしたり、葛藤などの複雑な潜

在心理や市場の集団心理のメカニズムを解き明かしたりすることは、ホイール型ではそもそも無理なのです。

またホイール型の指名・1問1答式では、対象者間と設問間それぞれにおいて、「文脈の分断」が起きてしまいます。対象者が相互に関係せず、調査主体が構成した設問に答えることで、生活の中に潜在している行間や余白が欠けたバラバラな情報になるということです。つまり、得られた発言からは本来の生活者のロジックが見えなくなっているのです。

また、グループダイナミクスとは人と人とが関係し合うことによって生じるものですが、そもそも、**個別指名によって対象者間を分断するわけですから、偶然以外にはグループダイナミクスは発生しない**のです。

これは、関係者にとってはショッキングな話だと思われますが、ネットを見るとFGIの説明として「グループダイナミクスの発生が"期待"できる」などという歯切れの悪い言い方がされていることが多く目につくのは、そのことを図らずも裏付けていると思います。

さらに、エッジの数と方向性(ホイール型では単方向、完全連結型では双方向)が「情報の種類数」を規定すると考えて理論値の試算をすると、同じ6人のGIでも完全連結型ではホイール型の5倍の情報量ポテンシャルがあることがわかります(ホイール型では単方向のエッジ6本、完全連結型では双方向のエッジ15本)。

また情報量と質の違いを検証した実験では、6名で120分のGIにおいて、完全連結型ではホイール型と比較してインタビュアーは2割弱の働きかけで1.6倍の情報量(種類ベース)が得られ、しかも、そのうち、相互に関係づけられた情報の割合が1割高かった(すなわち、文脈となっている情報が多かった)という結果になっており、上述した理論や考察を裏付けます。

まとめると、**そもそもホイール型ではグループダイナミクスは偶然以外には発生せず「文脈の分断」の効果も加わって、得られる情報の質、量共に完全連結型に劣ってしまう**というのが結論です。本来求められていることを達成するためには**GIは完全連結型であるべき**なのです。

❯ 集中力が維持されない原因・理由

　ホイール型では「質疑応答」が対象者のタスクになります。一方、完全連結型では「話し合い」がタスクです。何がタスクなのかを明らかにして共通目標を与えることは、その集団のパフォーマンス＝成果を規定すると考えられます。そのために、正しい完全連結型のメソッドでは冒頭で対象者に対して、「提示された話題についての自由で自発的な話し合い」であることや、「いろいろな話が多様に出ることがこの会の成果」であることなどを懇切丁寧に説明したうえで、「ウォーミングアップ」として実際に話し合いの「ドリル」を実施します。

　完全連結型をやってみたがうまくいかなかった、という事例を吟味すると、主要な原因の１つはこのような配慮が足りないことにあります。単なるお作法のように見えることが実は重要な意味を持っているのです。その背景にある固有の理論とスキルを理解、習得しなければ、形だけを真似てもうまくいくことはありません。

　さて、このタスクの違いはインタビュー中の対象者の集中力の維持に影響を及ぼすと考えられます。質疑応答では、自分の発言時以外は自分のタスクではないのですから集中力が大きく低下し、「話し合い」では、人の話を聞いていることもタスクですから、その低下は大きくないと考えられます。ホイール型では、特に人数が多くなるほど、「人の話を聞いていても聞いていなくても成果は同じ」ことによる手抜きが発生し、完全連結型では「人の話を聞いていない人間だと思われたくない」という防衛機制や「人の話をヒントに自分のことを考える」という努力が発生すると考えられます。

　前者を「社会的手抜き」と呼び、後者を「社会的促進」や「社会的努力」と呼びます。さらに、完全連結型は自由に多様な話が行なわれるわけですから対象者の興味・関心が維持されやすいと考えられます。つまり、**完全連結型ではホイール型よりも対象者の集中力が維持されやすい**のです。次ページ**図表3-8**は上記の仮説概念をイメージ化したものです。

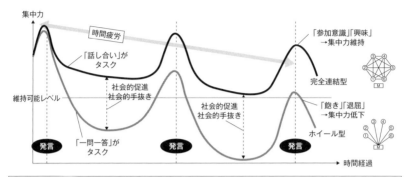

図表3-8 「ホイール型」vs「完全連結型」〜対象者の集中力仮説

【社会的促進】(注意逸脱理論)：作業時に他者がいることにより、覚醒水準を高め、パフォーマンスが上昇する現象。
【社会的手抜き】：個人が単独で作業を行なった場合に比べ、集団で作業を行なう場合のほうが一人当たりの努力の量が低下する現象。集団のパフォーマンスに対して個人の貢献がわかるようにすることや、課題に対しての興味を高めること、他者から観察されている状況や評価される状況を作ることで防ぐことができる。

＞ オンライン特有の問題

　上述したとおり、グループダイナミクスが発生しないことも、集中力が維持されないことも、実は「オンライン」であるからではなく「ホイール型」であるから生じているのだといえます。

　つまり、オンライン以前からそれらは潜在した「不都合な真実」であって「グループダイナミクスの発生が"期待"できる」という言い方にもなっていたわけです。

　しかし、オンラインではそれが表面化、顕在化してしまうのです。それはインタビュアーと対象者がそれぞれ個別の空間に存在していること＝「空間の分断」によって集中力や発言のしやすさが阻害されることに起因します。「空間の分断」により生じる問題をまとめると、以下のとおりです。

① 感覚の阻害

　ディスプレイを介するためお互いの様子がわかりづらく、服装などから共通の話題が判断できないし、喜ばれたり関心を持たれたりしている様子もわからない。すなわち話しづらい。

② 環境管理の阻害

　遠隔では管理ができず、画面からの死角もあるので逃げ場ができてしま

う。すなわち集中力が下がることで逃げ場に逃げられ、逃げ場があることで集中力はさらに下がる。ホイール型ではなおさらにそうなる。

③ 相互関係の阻害

座席の位置関係がなく対面者とのアイコンタクトや隣の人と偶然に会話を始めるといったことが起こりづらい。お互いに見たり見られたりしているという感覚も弱くなり、社会的手抜きが発生しやすい。

逆にいうと、これら①から③の問題に対して対策を施せばよいわけです。たとえば、参加のデバイスはスマホではなく、できるだけディスプレイの大きなデバイスにしてもらうといったことがあります。お互いの「見られている感」を高めるためには対象者はなるべくカメラ目線になってもらうほうが有利であり、そのためには、話し合いの話題をポストイットに転記してもらってパソコンの画面の横に貼っておいてもらうといった工夫もするとよいでしょう。これで本人はそのつもりがなくとも自然にカメラ目線が固定されます。

ただし、事の本質は「インタビューのカタチ」にあるので、これらの工夫は副次的なものでしかありません。

＞ その他の配慮点

対象者が集中力を持って話せるようにするためには、生活者観点での話題設定（インタビューフロー）と同時に、それについてより多くの話題を持っている人をリクルートすることが必要です。話題とする生活シーンや調査課題によってそれぞれのパラメータは適宜設定しますが、その目安としているのは「生活経験値」（Life Experience Level）、「生活意識レベル」（Life Conscious Level）、「生活ニーズ葛藤値」（ニーズに関する心理的葛藤の高さ）（Needs Conflict Level）です。

この観点でのリクルートを「NEC法」と命名しています（次ページ図表3-9）。すなわち、対象者の質もシステマティックにコントロールされており偶然には任せていないのです。

またNEC法によってリクルートされた対象者による、生活者観点でのインタビューフローにおける話し合いは、もっぱら生活に関する「ベタ」

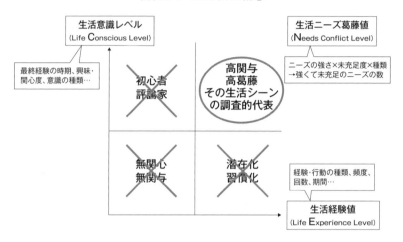

図表3-9 NEC法の概念

生活意識レベル
(Life Conscious Level)

最終経験の時期、興味・
関心度、意識の種類…

初心者
評論家

高関与
高葛藤
その生活シーン
の調査的代表

生活ニーズ葛藤値
(Needs Conflict Level)

ニーズの強さ×未充足度×種類
→強くて未充足のニーズの数

無関心
無関与

潜在化
習慣化

経験・行動の種類、頻度、
回数、期間…

生活経験値
(Life Experience Level)

な話題になるわけですから、分析ではそれを企業のマーケティング課題を解決する情報に「ホンヤク」する必要があります。そこにもさまざまな手法やノウハウがあります。

　完全連結型は「自由で自発的」な話し合いであるがゆえに、調査主体側が無意識であることによって質問ができない領域（C／S領域）に侵入することができます。これによって潜在している生活者情報が得られるのが最大のメリットであるといえます。

　対してアスキングでS／C領域に踏み込まれると対象者は一般論や通念を話すしかありませんが、それによってタテマエ意見や無意識の嘘が多くなり調査品質を決定的に下げてしまいます。この点でも完全連結型はホイール型に比べて圧倒的に優れているのです。本稿では詳しく触れられませんが、**図表3-10**はこの概念モデルです。

　紙幅が限られていますので理論とノウハウを端折りながら紹介しましたが、現在このダイジェストのフルバージョンはすでに執筆済みであり、改めてそれを公にできればと考えています。なお、筆者は現在何の問題もなくオンラインGIを業務として実施しています。

図表3-10 コミュニケーション領域における意識マトリクスマップ

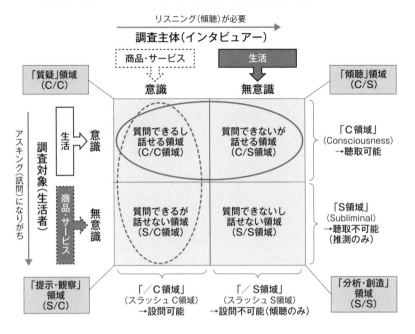

第3章 オンライン定性調査（1）——基本と進め方

4 インテージ社のオンライン・インタビュー

豊富な定性調査の経験をもとに独自開発をしたオンライン・インタビュー専用ソフト／アプリ、Remote-i（リモート・アイ）の活用

❯ オンライン・インタビュー実施の手順

　本セクションでは、オンライン会議用ソフト／アプリを使ったオンライン・インタビューの実施の手順と、そのメリットについて解説します。

　オンライン・インタビューは、ウェブカメラを使ったテレビ電話形式のインタビュー調査です。日本全国、どこにいる人にも、オンラインで手軽にインタビューが可能です。これまでも定性調査のツールとして存在していましたが、利用は拡がっていませんでした。しかし、新型コロナウイルス感染拡大で対面でのインタビュー実施が困難になったことにより、一気に利用が拡大しました。

　準備から実施までは、おおむね以下のように進めます。

① オンライン会議用ソフト／アプリのアカウントを準備、通知する

　インタビューに使用するオンライン会議用ソフト／アプリを用意します。インタビュー実施予定日時に合わせて使用予約をしておき、ログインに必要なURL、ID、パスワードなどの情報を、インタビュー参加者、調査関係者に実施数日前に通知しておきます。一般的なオンライン会議用ソフト／アプリが使用されるケースが多いですが、企業によってソフト／アプリが指定される場合があるため、確認が必要です。最近では、オンライン・インタビュー用に開発されたソフト／アプリを使う場合もあります。

② インタビュー視聴用の配信の準備をする

　調査依頼元であるお客様や調査関係者が、オンライン・インタビューを視聴できる環境を準備します。インタビュー参加者に、関係者が視聴していることがわからないようインタビュー画面の映像・音声をストリーミング配信して視聴していただく方法がよく利用されます。オンライン・イン

タビューに対応したソフト／アプリの中には参加者、お客様や関係者がお互いに見えないようにしているものもあります。

③ インタビュアーは、インタビューを行なう「場」を準備する

オフラインのインタビューと異なり、会場に集まる必要はありませんが、インタビュアーは調査参加者とオンラインで対話する際に音声や映像に影響がない場所を用意する必要があります。

④ 調査参加者には、事前に接続テストをしてもらう

インタビューの参加者がオンライン会議用ソフト／アプリを使用し、接続できるか、インタビューの数日前に、テスト用アカウントを使ってテストし、問題がないことを確認します。

⑤ インタビュー実施当日のミーティング

開始前のミーティング、インタビュー終了直後のデブリーフィングも、オンライン会議で行ないます。オンライン・インタビューで使用するアカウントとは別に、オンライン会議用ソフト／アプリを使用します。

⑥ インタビュー参加者の案内〜実施

インタビュー参加者には、オンライン・インタビューの開始20〜30分前くらいに、運営スタッフが電話で進め方を説明します。開始5分〜10分前にはオンラインの会議室に入ってもらい、インタビュアーに引き継いでインタビューを開始します。

▶ 主なメリット：参加しやすく、生活の様子がわかる

リモートワークがそうであるように、オンライン・インタビューも、参加者は在宅で参加でき、PC、スマートフォン、タブレットなどの画面と向き合って参加します。それによっていろいろな実施上のメリットがあります。

①会場に出向く必要がなく在宅でよいので、**調査に参加しやすい**

②自宅にいることで、参加者は**リラックスでき、気持ちを語りやすい**

③画面を通じて**表情・反応がわかりやすい**

④**居住地域を限定せず広範囲な地域を対象に**インタビューができる

⑤自宅の中や持ち物などを見せてもらうことで、参加者の**生活実態、使用**

実態などがよりリアルにわかる

⑥自宅内で実際に使用場面を見せてもらうことで、**行動観察もできる**

❯ オンラインで、さまざまな評価も可能

　オンラインの画面上で情報共有ができるため、さまざまな情報を画像や動画で呈示して評価を取ることもできます。

・開発中の新商品やサービスのコンセプト案
・製品・パッケージのデザイン案
・商品の機能や操作方法
・CM、イメージ動画　など

　そのほか、テスト品を事前に送付して、使用する様子を見たり、インタビュー時に試食・試飲をしてもらって感想を聴くこともできます。

　今後、さらにオンラインの通信環境やソフト／アプリの技術的な改良が進めば、活用の仕方はさらに広がると考えられます。

図表3-11　オンライン・インタビューの特徴

実施までの手順	① オンライン会議用ソフト／アプリのアカウントを準備、通知する ② インタビュー視聴用の配信の準備をする ③ インタビュアーは、インタビューを行なう「場」を準備する ④ 調査参加者には、事前に接続テストをしてもらう ⑤ インタビュー実施当日のミーティング ⑥ インタビュー参加者の案内～実施
メリット	① 調査に参加しやすい ② リラックスでき、気持ちを語りやすい ③ 表情・反応がわかりやすい ④ 居住地域を限定せず広範囲な地域を対象にできる ⑤ 生活実態、使用実態などがよりリアルにわかる ⑥ 行動観察もできる

❯ オンラインのみでは難しい一面も

　さまざまな活用が期待できるオンライン・インタビューですが、オンラインの画面上でのコミュニケーションであるため、対面で実際に素材を呈示して評価したほうが望ましいケースでは利用が難しいこともあります。

・質感が重視されるようなビジュアル素材、デザイン案の呈示評価

- サイズ、重量感、手触りなどが重視されるモックアップの呈示評価
- 高画質・高精細な動画・画像の呈示評価
- 事前に送付が難しいテスト品の香り・味覚などの官能評価など

　したがって、従来のオフラインのインタビューが、すべてオンライン・インタビューにスイッチできるとは限らず、調査目的、課題などに応じて、オフラインのインタビュー、オンライン・インタビュー、それぞれの特長を生かしながら使い分けていくことが望ましいと考えます。

＞ オンライン・インタビューソフト、Remote-i

　オンライン・インタビューでの使用を目的に、インテージとインテージクオリスが豊富な定性調査の経験をもとに独自開発をした専用ソフト／アプリ、Remote-i（リモート・アイ）の特長について解説します。

（1）Remote-iの特長
　通常のオンライン会議ソフトが、１つの会議室に参加者全員が入室するのに対して、Remote-iの大きな特長は、オフラインのインタビュールームの基本構造をベースに、「インタビュールーム」「ミラールーム」「ディスカッションルーム」という３つの部屋に分けていることです。この３つの部屋に分けることにより、インタビュー実施に適した機能を備えています。

図表3-12 Remote-iの構造

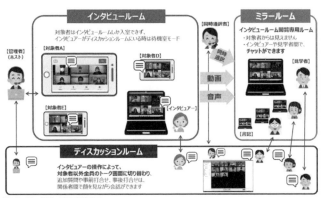

㈱インテージクオリスHPより

① 見学者はミラールームに入室して見学できる

- 調査を依頼されたお客様や、調査関係者など、見学者は自分の姿を対象者に見られずにインタビューを視聴できる仕組みです。
- 見学者は安心して閲覧に集中できますし、対象者も自分が見られていることを意識せず、リラックスして参加できます。
- ミラールームの中では、インタビュー中でも見学者同士または見学者個人を指定してチャットでコミュニケーションができます。
- ミラールームからインタビュールームにいるインタビュアーともチャットができるので、「その点を深掘りしたい！」というタイミングでチャットでインタビュアーに追加質問を送ることができます。

図表3-13 Remote-iのミラールーム

㈱インテージクオリスHPより

② ディスカッションルームで、関係者同士の打合せがスムーズに

- インタビュアーの操作により、インタビュアーとミラールームにいる見学者全員がトーク画面に移動できる仕組みです。
- インタビューの終了間際にいったんディスカッションモードに切り替えて、ミラールームの見学者と追加質問を確認したり、インタビュー開始前の打合せ、終了後のデブリーフィングなど、インタビュアーを含め関係者間で顔を見ながら会話ができます。

③ インタビュールームは、FGIの場合、スマートフォンの一画面上で6名
　までトーク可能、所定の順番に配置が可能

　複数の参加者が集まるFGI（フォーカスグループインタビュー）で使用
する場合、インタビュールームの画面上では、A～Fの最大6名までの参
加者を、参加者リストに基づき所定の順番で配置できます。これにより複
数の調査参加者がいても識別がしやすく、見学者は参加者リストの属性情
報を確認しながらインタビューを見学することができます。

（2）Remote-iの主な機能

　上記の特長のほかにも、インタビューに適した機能を複数備えています。
以下が主な機能です。今後開発を進めて搭載を予定している機能もありま
す。

図表3-14　Remote-iの主要な機能

機能	搭載可否	備考
インタビュールーム	○	トーク画面（入室者間で顔を見ながら会話ができる） 対象者とインタビュアー、管理者が入室可能
ミラールーム	○	インタビューを閲覧できる画面 チャット機能あり 見学者のみ入室可能
ディスカッションルーム	○	トーク画面（入室者間で顔を見ながら会話ができる） インタビュールームからは見えない 対象者以外の関係者全員が入室可能
PC/スマートフォン/タブレットから入室可能	○	各デバイスへのインストールが必要
チャット機能	○	
静止画共有	○	
動画共有	開発中	
録画機能	○	MP4の動画作成。管理者のみの機能
インタビュールームの対象者を事前に決めた画面配置順に対象者を固定	○	管理者のみの機能定
待機室機能	○	管理者のみの機能
参加者表示機能	○	
入室間違い防止機能	○	役割により入室するアクセスキーが違う
同時通訳の音声2チャンネル化	開発中	

第3章　オンライン定性調査（1）──基本と進め方

3つのルームの入室可否、ルーム間のチャット可否についても、以下のように決めており、誤って他のルームに入室したり、違う人にチャットを送ってしまうトラブルを防止するようにしています。

図表3-15　Remote-iのルーム入室、チャットの可否

【各ルームの入室可否】　視聴のみ/●…入室可/×…入室不可

	見学者	インタビュアー	調査対象者	通訳	管理者
インタビュールーム	視聴のみ	●	●	視聴のみ	●
ミラールーム	●	×	×	×	×
ディスカッションルーム	●	●	×	●	●

【関係者間のチャット可否】　●…チャット可能/×…チャット不可/－…役割として1名のみのため機能なし

	見学者	インタビュアー	調査対象者	通訳	管理者
見学者	●	●	×	×	●
インタビュアー	●	－	●	●	●
調査対象者	×	●	×	×	●
通訳	×	●	×	－	●
管理者	●	●	●	●	－

（3）Remote-iの品質、セキュリティ

① 品質について

　通信にZoomのAPIを活用することで、以下の特長を備えました。

- 映像がクリア
- 音声が聞きやすい
- ネットワークが乱れにくく、安定している

② セキュリティについて

　以下の特長を備えています。

- 通信は暗号化され、インタビュー内容を保護しています。
- アクセスキーについては、案件単位で発行を行ない、暗号化された文字列を用いることで、外部からの侵入を防いでいます。
- 待機室を用意しており、管理者が入室をコントロールできます。
- 入室記録のログを取得し、入室管理を行なっています。

（4）Remote-iの利用環境

Remote-iは、以下の環境で利用できます。

図表3-16 Remote-iの利用環境

端末		対応OS	バージョン
パソコン		Windows	Windows10 （32bit/64bit）
		MAC	MacOS10.13 HighSierra以降
スマートフォン タブレット	iPhone iPad	iOS	最新バージョンを推奨
	iPhone以外	Android	8.0以上

　豊富な定性調査の経験に基づいて開発をした、独自機能を備えたオンライン・インタビュー専用ソフト／アプリのRemote-iで、オンライン・インタビューがさらに進化し、定着していくものと期待しています。

　なお、付録にて、（株）アスマークや（株）マインディアのオンライン・インタビューについても説明しています。ぜひご参照ください。

5 海外定性調査：オフラインvsオンライン

海外調査におけるオフラインとオンラインの定性インタビューの違い

＞コロナ禍で急増するオンライン定性調査

新型コロナウイルスのパンデミックにより、海外出張がほぼできなくなりました。従来、海外調査における定性調査はリサーチャーが現地に赴いて実施するオフライン手法が一般的でしたが、コロナ禍ではオンラインへのシフトが急速に進んでいます。

一見、オフラインとオンラインの定性インタビューにはさしたる違いはないように思いがちですが、実際にはそれぞれによい点、悪い点があると感じています。

コロナ以前に、ある商品カテゴリーでインドの3都市で**オフラインのデプス・インタビュー（DI）**を、その後コロナ禍のなか、ベトナムの3都市で**オンラインDI**を行なった体験をもとに違いをお話しします。

＞コンテクスト理解に優れるオフライン手法

オフラインでしか得られない点は、まさに「現地に赴く」点にあります。モニターを通して世界を見るのと、その世界の一部としてその場所に存在して身体で感じるのとでは、大きな違いがあるように思います。

定性インタビューの肝は「**なぜ（ＷＨＹ）**」の理解にあり、対象者の発言をどう"解釈"するかがリサーチャーの役割です。**コンテクスト理解**が深まるほどより優れた解釈が可能になりますが、コンテクスト理解についてはまだオフラインに一日の長があると思います。

たとえばインドでは、多くの対象者が調査対象の製品にやたらと「耐久性」や「保守サービス」を求めていましたが、現地に着いて感じたのは道路舗装の質が悪いことでした。ただ、現地に住む多くの人にとって舗装の悪さは日常生活の一部なので、直接聞いてもはっきりとした理由が出てき

ません。こうした場合、現地を実感できるオフラインのほうが、発言を解釈するための背景情報を得られやすいと思います。

＞ コスト効率に優れるオンライン手法

対して、オンラインのDIは**コスト効率や時間の有効活用**という面ではオフラインが太刀打ちできない強みがあります。インドではクライアントや現地スタッフと共に3都市間を飛行機で移動し、各都市では安全面を考慮し市内移動はほぼすべて運転手つきのバンでした。その費用と時間は調査コストのかなりの割合を占めます。一方、ベトナムではモデレーターと通訳はホーチミン市から移動せず、地方都市も現地リクルーターが対象者の自宅や近くのカフェに赴いて中継でインタビューを行ない、自分はそれを日本の自宅で観察しました（ただしライブ中継は欧米など時差がある地域で行なう場合、深夜労働など別の課題が生じます）。

もちろん中継機器のセットアップなど事前準備は容易ではなく、通信障害を含め実査管理にもかなりの負荷がかかるのが現状ですが、意思決定のスピードが早まるなか、アフターコロナにおいてもオンライン手法はさらに活用が進んでいくことと思います。

＞ オンラインならではの手法と期待される技術革新

コロナ・パンデミックの終息が見えない状況下、リサーチャーが現地に赴くことは当面困難です。**オフラインが長けている現地の肌感をオンラインで得るためには、インタビューだけでなく、日常生活の観察調査や写真・ビデオを活用する日記調査など、消費者のリアルな生活背景の理解に役立つ定性手法を組み合わせて運用**していくことが求められるでしょう。

また、現状では通信環境の制約から、たとえばモデレーターと対象者の会話がかぶった場合に一方の声がかき消されて聞き直しや言い直しが発生したり、対象者の発言に笑いで応えようとしても発言し終わるまで笑い声が聞こえづらいなど、オンライン特有の課題もありますが、これらの課題は、今後5Gが整備され、より高スペックなフルデュプレックス・スピーカーなどのデバイスが普及することで解消されることが期待されます。

6 ▶ 掲示板グルイン（BBFG）

代表的な非同期のオンライン定性調査方法

❯ 早く、安くできるオンライン定性調査方法

　リサーチにおける伝統的な方法であるグルインは、第2次大戦中に戦意高揚のためのあるラジオ番組の評価のために、コロンビア大学の社会学者ロバート・マートン（Robert Merton）が考えた「**焦点を絞ったインタビュー**」（Focused interview）方法に起源を持っています。後に心理学者で「**定性調査の父**」と呼ばれる**アーネスト・ディヒター**（Ernest Dichter）が、**フォーカス・グループ**（Focus groups）と命名しました。

　2005年に、カナダのジャーナリストで、ベストセラー『Blink』の著者である**マルコム・グラッドウエル**（Malcolm Gladwell）が、米国広告業協会の会議で、グルインはイノベーションには役立たないとして「**グルインは死んだ**」と述べました。また、ソーシャルメディアが拡散した2010年前後には、「**ソーシャルメディアによって、グルインは取って代わられるだろう**」と真剣に議論されました。このように、「**グルインによって、革新的な製品は生まれない**」「**グルインは、すばらしいアイデアを殺す**」と定期的に批判が繰り返されています。たとえば、アップル創業者のスティーブ・ジョブズは「多くの場合、人々はそれを実際に見ない限り、自分が何を望んでいるのかわからない」と語り、「**調査不要論**」の根拠にもなっています。

　また、調査会社自らもグルインを否定しています。世界を代表する調査会社の1つであるイプソスのルイ・レージェは、その企業ブログ「みんながグルインを嫌うことが好きな理由」（2017年）の中で、「グルインは軽蔑する用語になっています。（中略）イプソスは伝統的なグルインには興味がありません。クライアントがマジックミラー越しに見ている人工的に設定されたグルインルームの中で聞かれる、○○を好きかどうかや○○を覚

えているか等の質問主導のグルインは、表面的で役に立たない回答を生み出しているだけです」と指摘しています。そして、ビッグデータの背後に存在する生活者の動機を深く掘り下げることによって、ビッグデータを有効な意思決定に導く「スマートデータ」に置き換えることが定性調査の重要な役割だと言っています。そのためには、観察やリスニング、ゲーミフィケーション、バーチャルリアリティなどのさまざまな手法を用いて、消費者の生の生活に没入し、彼らが経験する喜びや恐れ、欲求、緊張等を共有して、人々に共感できるような「ホットなグルイン」が必要だと主張しています（https://www.ipsos.com/en/why-everyone-loves-hate-focus-groups）。

　最近も、元USJの森岡毅氏は、「今マーケターたちが頼っているほとんどの質的調査（＝定性調査）は、『ショー』に過ぎないと言わざるを得ません。クライアントが喜びそうな落としどころを考えて、モデレーターと調査会場の空気感の中で“小さな談合”が行われる——そんなショーのような調査ならば、少なくとも私は信じていません。質的調査は、明確な仮説があって、その仮説を検証する場としては有効です。しかし、フォーカスグループインタビューや1 on 1インタビューを普通にやっていたら、本当の答えは出てこない。なぜなら消費者は、自分がなぜその行動をとるのか自分では説明することができないからです」と語っています（「マーケティングアジェンダ2020 #01刀・森岡毅氏が語る、どんな戦略でも使える“武器”とは」より　https://agenda-note.com/conference/detail/id=3473）。

　グルインによる対面の会話は、消費者の思考や創造性を刺激し、グループダイナミクスの効果で素晴らしいアイデアにつながる可能性があります。しかし同時に、①コスト面（参加者1人当たりの調査単価が高い）や、②対面での意見表明や少数の支配的な参加者の問題、③実施地域の限定、④多忙な人のグルインルームへの不参加問題、⑤参加者の偏り、⑥先入観のある質問やディスカッションガイドによってもたらされるバイアスや主観性、⑦実施上のグループバイアス（他の参加者の意見に影響される）、⑧熟練したモデレーターの採用困難、⑨限定された時間と質問数、⑩グルインルームという限定された場所の質問、⑪コンセプトや広告コピーの事前

調査には向いているけれどもイノベーションの製品開発には向いていない、などの問題点が指摘されています。

　リアルのグルインをオンライン化することによって、前節で見たように、コストや時間を節約し、地理的に分散した個人を対象に、グルインを実施できるようになりました。ビデオの使用によって、非言語的手がかり（顔の表情や、アイコンタクト、ボディランゲージ等）も得ることができます。しかし、**残念ながら、グルインのオンライン化は、グルインが抱える問題点のすべてを解決したわけではありません。オンライン・グルインも、オンラインを通した「グルイン」に変わりはありません。**

　このようなグルインの参加人数や参加タイミング、実施時間の制限の問題等を改善したのが、「**掲示板グルイン**」（BBFG：Bulletin Board Focus Groups。Bulletin Board＝電子掲示板、オンライン・ディスカッションボード）です。これは、1990年代から始まった互いに面識のない利用者同士が会話を楽しむインターネット上の電子掲示板（BBS、Bulletin Board System、日本では2チャンネル／5チャンネル、ミクシィ、口コミ掲示板など）を調査に応用した方法です。1992年にAOL（米国オンライン）のチャットルームを使用して最初のオンラインフォーカスグループが実施されたといわれています。

　2時間のグルインと、1か月以上のリサーチ・コミュニティの両方のマイナス面——スピードとコスト——をカバーした方法として、また従来のグルインに変わる手法として、欧米では広く利用されているオンライン定性調査方法です。コロナ禍を受けて、海外からの実施依頼も多くなっています。

　BBFGは、**長期多人数のMROCを短期小人数で行なう方法**です（MROCについては本章9節を参照）。2〜3日、長くて1週間くらい、10人〜50人くらいを対象に調査を行ないます。グルインをオンライン上で数日、数グループ行なうイメージです。

　参加人数や実施期間は、予算に左右されるでしょうが、聞きたい質問（トピック）の数や、ターゲット数によって変わってきます。聞きたい質問数が多い場合は、参加者の1人当たりの負担を減らし、参加へのエンゲージ

メントを維持し、回答の質を高めるために調査期間を長くする必要があります。一方、たとえば、性別や年代グループの区分を増やせば、参加者人数も多くなります。

＞ BBFG が多用されている理由

多用されている理由は、利便性と柔軟性、コスト削減にあります。

〈全般的なメリット〉

①MROCよりは調査期間が短いので結果が早くわかる（**早く**）

②人数も少ないので、手ごろな価格で実施が可能（**安く**）

③同じ費用であれば、グルインよりも**多くの参加者**に聞くことができる

④グルインのように２時間の**時間限定はない**ので、調査期間の間、何度でも繰り返し、参加者に聞くことができる

⑤オンラインなので、**いつでも、どこでも実施**が可能

⑥参加者も会場に出向く必要がないので、**広い地域の人の参加**が可能。実施者側も地方都市への出張が不要

⑦グルイン会場ではなく、参加者の**日常の生活の場**から回答が可能

⑧掲示板上での回答や議論の文字の回答だけでなく、**画像や動画**もアップロードが可能

⑨調査期間中の**食生活やお買い物日記**の実施も可能

⑩適切にモデレーションを行なえば**プローブを効率的に行なう**ことが可能

⑪**スマホを利用**して回答が可能——自宅の外や、買い物をしている瞬間からも回答が可能——「いつでも、どこでもグルイン」のイメージ

⑫プラットフォームの中で、**１対１の詳細面接**（オンライン・デプスもパラレル・デプス）も可能（掲示板グルインのプラットフォーム機能については次ページ**図表3-17**を参照）

⑬定量のアンケート機能が付いているので**定量調査も可能**

⑭**自動翻訳機能**を装備したプラットフォームを使用すれば、海外調査の場合も、発言をフォローすることが可能

⑮ビデオカメラ使用のオンライン・グルイン機能がついたプラットフォームを利用すれば、**同期のオンライン・グルインやデプスの実施**も可能

図表3-17 掲示板グルインプラットフォームの機能

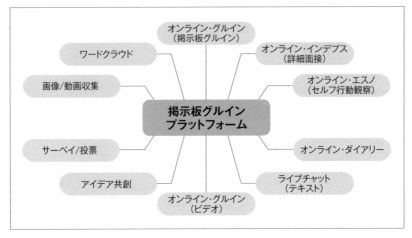

⑯オフラインのグルインのフォローアップ調査に利用が可能

⑰通常は**匿名参加**なので、対面よりはよりホンネを言いやすい利点がある。センシティブなテーマでも回答しやすい

⑱参加者にとって、オンライングルインに参加するためには、PCやスマホのカメラが必要だが、掲示板の場合は不要。また、顔は出ないので、カメラ撮影されるオンライン・グルインよりは、参加者にとっては精神的にも参加しやすい

⑲回答者にトピック（質問）について考えるのに十分な時間を与えることが可能。参加者も回答記入によって、自分の考えを整理することができる

〈運営上のメリット〉

①実施用の「プラットフォーム」を設定すれば、グルインのように**会場や当日の準備等が不要**

②クライアント側も、オフィスや自宅のパソコンやスマホから、調査の進捗状況をいつでも、どこからでも観察することが可能

③**発言録の速記作業が不要**——発言録は終了後、プラットフォームからエクセルやワードに即時ダウンロードが可能

一方、短所としては、グルインのように同タイミングで実施されないの

で、参加者の回答時の顔の表情やジェスチャー（ボディ・ランゲージ）は把握できないことが挙げられます。

　このように、掲示板グルインは、**消費者の360°理解に適した調査手法**といえます。MROCより歴史は古く、MROCの原型のような調査手法です。MROC登場後は、MROCのほうが、コミュニティメンバーからのリクルートが簡単であり、興味関心の共通の参加者のエンゲージメントが高いということで、MROCによって置き換えられるという懸念がありました。

　しかし、実際はMROCのほうが参加者のエンゲージメントの維持や長期運営がより難しいことから、掲示板グルインのほうが欧米ではよく利用されています。米国の定性調査専門のリクルート会社である**フォーカス・インサイト（Focus Insite）社**の「現在参加者募集中」のサイトのページを見ると、米国で多くの掲示板グルインが実施されていることがわかります。

　MROCの中で継続的に行なわれる「コンセプトの評価―改善―再評価」の作業を、「２～３日のコンセプト評価のための掲示板グルイン」で１回目の評価を行なった後、その結果からコンセプトを改善して、再び数日後や数週間後に、「再評価のための掲示板グルイン」を再び実施するという「**反復（継続）掲示板グルイン**」（Iterative BBFG）という代替え的な方法もあります。長期的MROCの代わりに、同じ参加者で、BBFGを繰り返す方法です。他の調査と組み合わせて、さまざまな**ハイブリッド調査**が可能な柔軟性も、この方法の利点の１つだといえます。

❯ 掲示板グルインの課題

　掲示板グルインが、日本で欧米ほど普及していない理由として、グルインのように**調査の方法が標準化されていない**ことが挙げられます。そのため、グルインのモデレーターが慣れていない（あるいは運営の方法をまったく知らない）、つまり実施経験のあるモデレーターが少ないことや、実施経験や方法について知識のある調査会社のリサーチャーや営業担当が少ない（クライアント企業のリサーチャーも同様）ことが挙げられます。

　データ収集の実査前後の企画や分析作業は、通常のオフラインのグルイ

ンとほとんど違いはありません。セッション終了後のデータ＝「発言録」分析の作業も基本的には同じです。「30人の掲示板グルインを３日間」行なう場合の発言録の分量は、参加者人数が同じになる「**６人２時間のグルインを５グループ**」を実施する場合のそれを大きく上回るものではありません。

　モデレーターの負荷の違いについては、上の例では、グルインは、２時間５グループですのでセッション10時間＋会場までの移動時間と当日の待ち時間で15〜20時間になる一方、掲示板グルインでは、１日当たり30人の回答の読解とプロービング（あいまいな回答の補完・深掘り）作業、質問（トピック）のアップ作業等で１日当たり５時間とすると15時間と大きくは異なりません。短期少人数ですので、MROCほどには負担は大きくはありません。

　大きく異なる部分は、データ収集＝**モデレーションの中身の作業**です。リアルのグルインは、直接対面でお互いの顔を見ながら同タイミングで、参加者に尋ね、聞き直したり、さらに深く聞いたり、他の参加者の意見も尋ねたり、参加者同士の議論を促したり等の作業になります。モデレーターは、集中して参加者の発言を理解し、瞬時にプローブの質問を返す必要があります。

　一方、掲示板グルインでは、モデレーターと参加者、参加者同士も直接顔や表情を見ることはありません。見るのは「掲示板」の画面です。それも同時ではなく、調査期間中の都合のよい時間に回答します。同じタイミングで「生の会話」をお互い共有する機会は少なくなります。未回答の参加者に参加を促したり、回答者にはお礼を述べたり、不明な回答について聞き直したり等の作業を実施します。すべての参加者が適切な回答をするように管理作業を行ないます。このような「**パネル・マネジメント**」と「**リサーチ・マネジメント**」の両方の作業が必要です。

　また、掲示板グルインでは、「掲示板」である以上、掲示板上での参加者同士の「議論／ディスカッション」が期待されています。他の参加者の意見についてどのように思うか等の議論を促すコメントを送ったりします。しかし、現状では、クライアント側のリクエストで、短期間で質問数が多

い場合は、参加者同士が会話をする余裕がありません。単に使用や購入実態などを知りたい場合は、BBFGでなく、質問がすべて自由回答形式である「定性アンケート」（次節で詳説します）の利用をおすすめします。

　アイディエーション（コンセプトやテーマに沿って発想されたアイデア出し）のような議論が望まれる課題の場合は、①事前に参加者に、他の参加者の発言を読んでコメントをすることを伝えたり、②リクルート時に参加条件として、作業内容として単に質問に回答するだけでなく、議論を行なうことを入れておいて、回答の中身の貢献度により、参加謝礼の金額の変動を通知しておく等の対応を行ないます。

❯ 掲示板グルインの例

　以下、事例を解決するチャレンジを行なった「課題」は何か？　その解決の「方法／ソリューション」は何か？　どのような「結果」や成果を得たのか？　の順で説明します。

（1）課題

　掲示板グルインが解決できる課題は、通常のグルインの課題のほとんどに対応が可能です。定量調査前のコンセプトや製品の評価やアイデア出し、広告コピーの評価、ブランド評価、特定の製品カテゴリーの使用や購入実態の定性的探索等が可能です。リアルタイムでの家庭や店頭での評価や数日間にわたる継続的な評価は、強味とするところです。製品の試食や試飲等の場合は、事前にそれらを送付することによって可能になります。

　たとえば、次のような課題のリサーチが過去にありました。

①３日間で10人に、国内や海外の旅行の実態を聞く（１日当たり１時間くらいの活動）

②オンライン・ショッピングのユーザー経験の評価（UX調査）──注文から、配達、開封、返品等の対応の評価（画像によるセルフ・エスノを含む）

③卓上オーブンについて、製品の使用方法や習慣を調査し、深い知識を得る（購入のきっかけと障壁、機能とブランドの重要性の評価、プロファ

イルとクラスターのターゲット消費者、製品コミュニケーションの重要
なメッセージの特定）ために、30人のオーブン所有者に5日間（毎日30
分程度の質問）実施

④2泊以上の国内旅行を6か月以内に予定、あるいは3か月以内に旅行の
検索をした人、予約はウェブ／アプリか電話で行なう人20人に3週間（1
日30分）実施

⑤ビジネス旅行者とレジャー旅行者40人に対して、ホテルの評価について
3日間（1日30分）実施

⑥コーヒー／紅茶／炭酸水を定期的に飲んでいる人、30人に2日間、飲料
実態について聞く

⑦米国や英国、ドイツ、フランス、オーストラリア、シンガポールの6か
国＋アジア5か国の計11か国で、各国各6人合計N＝66人に1週間（1
日当たり30分）、航空会社のブランドについて聞く

⑧3日間（毎日30分）10人のプレイステーション・ユーザーにユーザビリ
ティ評価を実施

⑨2か国・各国18人（計36人）で5日間（各20分）、腕時計のブランドに
ついて聞く

⑩25才以上の国内・地元サッカーチームの熱心なサポーターに2週間（毎
日15分）、サッカーについて聞く

⑪3日間15人の猫の飼い主に、新製品のコンセプトについて聞く

　特に、複数の国で調査を実施したい場合、この掲示板グルインの方法は
非常に効率がよいといえます。それぞれの国で対面のグルインを実施する
必要がありませんので、簡便に世界中でグルインが可能です。大幅に費用
を節約することができます。オンラインで不足する消費者情報は、画像や
日記等で十分補足が可能です。

（2）方法/ソリューション
〈実査の作業プロセス〉
①対象者条件の決定（対象者選定のための「スクリーナー」の作成—参加
者リクルート会社へ依頼）

- 1日当たりの参加者の調査への参加時間を特定―謝礼金額やモデレーターの費用に反映させます。通常は1日当たり30分程度が多い。

②ディスカッション・ガイドの作成

- 課題解決に必要なトピック／質問項目を決定：トピック／質問数は、参加者人数とともに、リサーチャーの作業（モデレーションと報告書作成）量を左右します。クライアント側はできる限り多くの質問を聞こうとします。参加者から見て重複しているような質問はできる限り削減するように心がけます。1日当たり30分程度とすると、質問内容にもよりますが、大きなトピックであれば、2〜3問、小さな質問であれば、10問程度が適切です。参加者が、他の参加者の発言を読む時間も考慮した場合は、さらに質問の数を減らしたほうが好ましい。
- トピック／質問項目の文章化
- 実施期間に応じて、トピック／質問項目を配分
- たとえば、3日間で製品コンセプトの評価を実施の場合：
  1日目：カテゴリー製品の購入・使用実態についての質問
  2日目：コンセプト案の評価
  3日目：追加質問やまとめ
- コンセプト案やパッケージ案等の使用マテリアルの準備（画面上に画像として掲示されます）

③掲示板グルイン用のプラットフォームの設定

- 参加者のメールアドレスのプラットフォームへの登録、参加者への招待メールの送信（調査テーマや調査目的、調査内容、参加注意事項、プラットフォーム入室のためのURLと登録方法、開始日時等の情報を含む）、調査概要のアップ、質問（トピック）のプラットフォームへのアップ作業。
- プラットフォームは、調査期間中はモデレーション作業に集中できるようにするためと、いろいろな機能をうまく使いこなせるようにするために、**使い慣れたものを利用する**ほうが望ましい。プラットフォームはMROCとの共用が可能です。

④調査期間中のモデレーション

　以下のような参加者の回答へのプロービング作業を実施します。

- １日の一定時間を割り当てます。たとえば30人の参加者の１つの質問への回答をすべて読み、読了の印として、「いいね」ボタンを押します。不明な点やそう思う理由等を尋ねるプローブのための入力作業を行なうと、１回当たり３〜４時間は必要になります。適切に回答されている場合は、スムーズに進みますが、そうでない場合は、参加者全員に、注意事項やお願い事項をメール機能を使って発信するか、掲示板に掲載します。

- 同時に、次の日のトピック／質問のスレッドを作成する（ほとんどのプラットフォームでは、スレッド掲示の予約タイマーシステムがありますので、その機能を利用）。注意点は、実査期間中は、問い合わせ等の参加者の管理とプロービング作業に集中するために、スレッドの作成は、実査が始まる前に完了しておくことが望ましい。

- 報告書作成時に、プロービングが抜けている箇所に気づくことがあります。リアルタイムのグルインの場合、プロービングのミスをした場合、通常は後で聞くことはできません。掲示板グルインでは、調査期間中であれば、再度聞くことができますが、できる限りプロービングもれがないように、日々のモデレーション作業に集中することが望ましい。

⑤発言録の分析／報告書作成

　エクセルやワードにデータのダウンロードを行ないます。

⑥参加者の謝礼とモデレーターの費用

　１日当たりの活動時間（回答時間）によって決定します。モデレーターの作業費は、調査期間や作業内容、質問数によって変動します。

（３）結果

　報告書の作成は、通常のグルインとほとんど変わりません。発言録をもとに報告書の作成が行なわれます。グルインのように、ワードで縦に質問項目、横に参加者のマトリクスの中の発言を読み込んで解釈、分析する方法もあります。しかし、発言録は、分析用にはエクセルで出力したほうが

図表3-18 エクセル上での整理例

質問順発言録の例

トピック/質問	性別	年齢	他の属性1	他の属性2	他の属性3	参加者	発言内容
Q1 ・・・・・・	男	20代	・・・	・・・	・・・	Aさん	・・・・・・・
Q1 ・・・・・・	男	30代	・・・	・・・	・・・	Bさん	・・・・・・・
Q1 ・・・・・・	女	40代	・・・	・・・	・・・	Cさん	・・・・・・・
Q1 ・・・・・・	女	50代	・・・	・・・	・・・	Dさん	・・・・・・・
Q2 ・・・・・・	男	20代	・・・	・・・	・・・	Aさん	・・・・・・・
Q2 ・・・・・・	男	30代	・・・	・・・	・・・	Bさん	・・・・・・・
Q2 ・・・・・・	女	40代	・・・	・・・	・・・	Cさん	・・・・・・・
Q2 ・・・・・・	女	50代	・・・	・・・	・・・	Dさん	・・・・・・・
Q3 ・・・・・・	男	20代	・・・	・・・	・・・	Aさん	・・・・・・・
Q3 ・・・・・・	男	30代	・・・	・・・	・・・	Bさん	・・・・・・・
Q3 ・・・・・・	女	40代	・・・	・・・	・・・	Cさん	・・・・・・・
Q3 ・・・・・・	女	50代	・・・	・・・	・・・	Dさん	・・・・・・・

発言者順発言録の例

トピック/質問	性別	年齢	他の属性1	他の属性2	他の属性3	参加者	発言内容
Q1 ・・・・・・	男	20代	・・・	・・・	・・・	Aさん	・・・・・・・
Q2 ・・・・・・	男	20代	・・・	・・・	・・・	Aさん	・・・・・・・
Q3 ・・・・・・	男	20代	・・・	・・・	・・・	Aさん	・・・・・・・
Q1 ・・・・・・	男	30代	・・・	・・・	・・・	Bさん	・・・・・・・
Q2 ・・・・・・	男	30代	・・・	・・・	・・・	Bさん	・・・・・・・
Q3 ・・・・・・	男	30代	・・・	・・・	・・・	Bさん	・・・・・・・
Q1 ・・・・・・	女	40代	・・・	・・・	・・・	Cさん	・・・・・・・
Q2 ・・・・・・	女	40代	・・・	・・・	・・・	Cさん	・・・・・・・
Q3 ・・・・・・	女	40代	・・・	・・・	・・・	Cさん	・・・・・・・
Q1 ・・・・・・	女	50代	・・・	・・・	・・・	Dさん	・・・・・・・
Q2 ・・・・・・	女	50代	・・・	・・・	・・・	Dさん	・・・・・・・
Q3 ・・・・・・	女	50代	・・・	・・・	・・・	Dさん	・・・・・・・

便利です。質問項目や参加者の属性、参加者順等に、データをソートすることができるからです。発言録は、①**トピック／質問別**と、②**参加者別**の**2軸**で読むことが理想的です。

　トピック別に読むと、課題への回答ストーリーが見えてきます。参加者別に読むと、回答の因果関係性がよりクリアになります。購買行動に至る「ストーリー」作りに役立ちます。さらにそれらの回答を性別や年代別にソートすることによって、グループ別の傾向や違いを見ることができます。6人のグルインのデータでは問題はないでしょうが、30人も40人もいる場合は、属性別の相違を発見するためには、このエクセルでの属性別ソート機能は役立ちます。しかし、近い将来は、AI自動分析によって、リサーチャーがこのようなマニュアル作業から解放されることが期待されます。

7 ▶ 定性アンケート

掲示板グルインの一部は「定性アンケート」で代替可能

≫ 実態についての自由回答質問が多い場合

　掲示板グルインでは、あるトピックについて議論を行ない、参加者同士が、意見を交換することが想定されています。しかし、クライアントによっては、多くの質問の「定性的回答」を求める場合があります。たとえば、ある製品についての全般的評価のような議論を期待する質問ではなく、いつ、どこで、いくらで、何個その商品を購入したか、その商品のよい点やよくなかった点、パッケージのデザインや色、大きさ、持ちやすさはどうか、再購入するかどうかなど、1つのトピックの中で、参加者同士の意見交換ではなく、商品やブランドの購入や使用実態についての多くの質問に回答することを求められます。

　その場合、**掲示板グルイン**の1つのスレッドの中に多くの質問を入れると、たとえ回答しやすいように順番に質問番号を入れたとしても、すべての質問には、ほとんどの参加者は回答してくれません。回答もれがないかどうかをチェックしたり、参加者全員や個別に、回答もれを指摘したり等、本来は回答のプローブ作業に専念したいモデレーターは、無駄なことに時間を割かれることになります。また、調査終了後も、1つのスレッドに多くの回答が表示されることによって、どれがどの質問の回答であるかなど、発言録が読みづらくなります。

　一方、1つの小さな質問ごとに、1つのスレッドを立ち上げていると、質問のスレッド数が膨大になります。時には100個以上の質問を3日間の掲示板グルインで要求してくるクライアントもいます。掲示板に100個以上の質問があると、参加者の作業負担も大きくなり、彼らの参加意欲を低減させ、脱落率を高めることにつながります。

❯ 定性アンケートの方法

　このような場合は、全体か一部に「定性アンケート」（Qualitative survey：あるいは「自由回答式サーベイ」）の方法を取るとよい場合があります。ネット・アンケートのように一問一問、自由回答方式で質問していきます。定量アンケートのような質問と選択肢付き回答ではなく、質問と（空白の）自由回答欄の質問形式です。

　具体的には、掲示板グルインのプラットフォームに付いている「アンケート」機能を使うか、あるいは外部のネット・アンケート用のプラットフォームを使って行ないます。ネット・アンケートのURLかQRコードを掲示板グルインのスレッドに添付することによって実施できます。回答完了後は、参加者に記入ミスがないかどうかのチェックの依頼をお願いすることが大切です。しかし現実には、参加者はさまざまですので、回答漏れや質問を誤解した回答の発生は避けることができません。将来はこのような不備もAIが自動対応してくれるかと思いますが、回答もれ等の修正依頼も現状、重要なモデレーターの作業です。

　また、1つの自由回答質問に複数のサブ質問を入れると、参加者は回答しやすくするために、回答欄に質問文をコピーして回答を記入する人が必ず現われます。大量の発言録を読み込む時に煩雑になりますので、事前に複写をしないように依頼しておくか、サブ質問を多くしない工夫をしたほうがよいでしょう。

　掲示板が多く並ぶよりは、ネット・アンケートの質問方式のほうが、回答者の抵抗感は多少、小さくなります。全自由回答にもれなく回答してもらうことを謝礼提供の条件にしたり、回答負担に応じて謝礼の金額をアップさせることも、回答の質を確保し、途中離脱を防ぐための重要な対策です。定性回答の分析において、掲示板グルインのように、エクセル上で、発言（自由回答）と回答者の属性との照合が可能で、質問順や回答者順にソートができるようにすることが重要です。エクセルのデータを読むことによって、質問に対する参加者別の違いや、1人の参加者の意識間、意識と行動間の関連性が見えてきます。

8 ▶ 定性アジャイル・トラッキング調査

「インフルエンサー・プラットフォーム」を使った製品やサービス評価調査

▶ 定性アジャイル・トラッキング調査に適した課題

　使用率や認知率の高い有名ブランドや商品、サービスなどの評価を安く継続的にトラッキングしたい場合に適しています。たとえば、オンラインショッピング・サービス評価のトラッキング調査です。ECサイトを運営している企業は、彼らの提供している商品やサービス評価を定期的に、定量だけなく、定性的に「お客様の生の声」として測定して、サービス改善に役立てたいと思っています。プレミアム会員とそうでない会員等の会員タイプや、ノンユーザー（他のECサイトの利用者）別に評価の違いを早く、安く知ることができます。

▶ 定性アジャイル・トラッキング調査の進め方

　掲示板グルインに、参加者パネルがリンクされている方法です。「出現率が高い回答者」を対象に行なう定性調査に適しています。たとえば、トルーナ（Toluna）社のトルーナインサイツ（TolunaInsights™）を使って、ユーザーの定性的評価を迅速に安価に定期的に収集することができます。エンドツーエンドの自動化プラットフォームであるトルーナインサイツは、68の市場にまたがる2,100万人以上のインフルエンサー（調査パネル）からなるトルーナのグローバルコミュニティのメンバーにリアルタイムでアクセスして、オンデマンドで調査を実行します。

　この課題に対して、以前はユーザーを集めて通常のオフラインの「グルイン」を定期的に実施する方法が考えられました。

　費用的には、企画から報告書までで、240万円以上（6グループ36人のグルイン）はかかりそうです。これを年間2回実施すると480万円以上になってしまいます。グルインの実施期間は2〜3日で可能ですが、毎回リ

クルートには1～2週間ほどかかってしまいそうです。グルイン会場の準備や当日のグルインの実施も大変です。参加者やモデレーター、書記の方の手配なども必要です。

これを掲示板グルインの機能に、参加者パネルがリンクされたトルーナのプラットフォームを使うと簡単に行なうことができます。これは、もともとオンライン定量アンケート用のプラットフォームに、定性の掲示板機能を付加したものです。

最も大きな特徴は、**事前に参加者をリクルートする必要がなく**、調査当日に参加者条件に合う人にメールやプラットフォーム上で調査の実施を知らせることによって、**参加意向のある人が即時に調査に参加**することができる点です。トルーナでは、彼らのパネル参加者をプラットフォーム内で、調査対象者としてコミュニティ化し、迅速な調査を可能にしています。過去の調査への参加活動がプラットフォーム内で記録されており、プラットフォームには定量アンケートと定性の掲示板グルインができる機能が付いています。定性調査においてリサーチツールとアクセスパネル機能が合体した形です。

ただし、出現率が低い条件の対象者の場合は、掲示板グルインの実施期間中（たとえば2、3日間）に分析に必要な参加者数が参加、回答しないリスクがあります。

以前、次のマーケティング・アクションの意思決定を行なう週明けの会議のためのデータ収集が目的で、フランスのミネラルウォーターの日本のユーザーに、金曜日から日曜日の週末限定の調査をこの方法で行なったことがありますが、ブランドの知名度に反して、ユーザーが必要数集まらなかった失敗体験があります。このような場合は、対象者の出現率を考慮し、事前に費用をかけて対象者をリクルートしておくか、参加者の回答状況に応じて、対象エリアを広げたり、調査期間を延長したり、謝礼のポイントをアップさせるなど、参加者数を増やす対応を同時にとる必要があります。

また、この方法は、詳細な対象者条件によって、参加者の事前スクリーニングを行なっていないので、該当／非該当の質問の場合、「無回答」が多くなる点も留意しておく必要があります。たとえば、「広告」の評価を

知りたい場合、視聴経験がなければ「無回答」になります。さらに、ユーザータイプ分けを行なう場合、事前に各グループの目標完了数の参加者のリクルートを行なっていないので、完了数に注意しながら、実査を進める必要があります。対象者条件を多くする＝出現率が低くなる＝高いリクルート費用とリクルート期間を削減できる「メリット」と、非該当質問の無回答「リスク」等のトレードオフを考慮して企画を進めることが重要です。

　回答者は、早く調査を完了してポイントを獲得しようとするため、すべての質問に一度に回答しようとします。一度に多数の参加者が複数の質問に回答しますので、残念ながら参加者間や、モデレーターと参加者間の会話を期待するのは困難です。参加者は、質問数とその内容、回答による付与ポイント数を見て、調査への参加を判断したり、途中棄権する人もいます。回答率は条件に合う人のだいたい10～20％くらいになります。

　モデレーションの方法として、参加者一人ずつに個別対応していると時間がかかるので、できる限り全員に一斉通知を行ない、お願いや指示をするほうが効率的です。掲示板グルインでもそうですが、質問どおりに回答してくれない参加者が必ず一定数存在します。モデレーターは、回答の意味を深く掘り下げるプロービング作業や回答促進作業以外にも、個々人に対して回答もれやミスの指摘作業に追われることもあります。

＞ 調査結果とまとめ方

　定性的に顧客の生の声を聞くのが目的の場合は、調査会社側が発言を要約したり、報告書にまとめるよりは、発言録をエクセルにダウンロードし、ユーザータイプ別にソートを行ない、納品するほうが好ましいでしょう。肯定的評価と否定的評価別に提示されているとよりわかりやすいと思います。

　この方法は、自社の商品やサービスについて、参加者のリクルートのコストをかけないで、迅速（2～3日間くらい）かつ安価に、30～50人くらいの評価を得たい場合に適した方法です。特に複数の国で海外展開しているブランドやサービスについての定性的サービス評価を収集するのに効率的な方法といえます。迅速な意思決定をサポートするリアルタイムのイン

サイトを提供するトルーナが標榜する「インサイト・オンデマンド」（Insights on Demand）に合致する方法です。

　なによりも、オンラインショッピングのユーザーはオンライン上に存在しています。彼らをわざわざオフラインのグルイン会場に集める必要はありません。オンラインのユーザー評価は、オンライン上で収集すればよいのです。

　オンラインショッピングサイトの評価の書き込みであるソーシャルメディア上の口コミのデータ利用は無料ですが、参加者の属性等が不明ですので、なかなか個別の課題解決に使いづらい場合があります。一方、特定の課題解決のための企画されるグルインによるユーザー評価には高い調査費用が必要です。このトルーナの方法は、この中間に位置づけることができます。属性が判明しているユーザーが、ソーシャルメディア感覚で、リサーチ・プラットフォーム上に、調査の回答として、サービス評価を書き込みます。「掲示板機能が付いた調査ツール」に、「参加者パネル」がリンクされているプラットフォームであれば、トルーナ以外でも実施が可能です。

図表3-19　トルーナのインフルエンサー・プラットフォーム画面

9 MROC（エムロック）：世界で定着した オンライン定性調査方法

リサーチのハブとしてのインサイト・コミュニティ

❯ 日本に導入されて10年が経過

　2008年4月、米国フォーレスター・リサーチ社（Forrester Research）のブラッド・ボトナー（Brad Bortner）が、2000年代後半に注目されていた新しい定性手法を**MROCs**（Maket research Online Communities）と名付けました（本書では、MROCと表記）。

　ボトナーは「**MROCは、従来の定性リサーチの世界に衝撃を与えた。なぜならMROCは、安くて、早くて、かつグルインなどの伝統的な定性リサーチの手法が現在提供できていない新しいタイプのインサイトを創出することができるからである**」と述べ、MROCが、定性調査を変える可能性があると指摘しました。早くて安く、有効なインサイトを得ることができる点において、それまでのグルインやデプスの伝統的な定性調査と異なる新しいオンライン定性調査の方法として紹介されました。

　欧米では、彼の指摘どおり、MROCの方法は2010年代に企業のマーケティング・リサーチの主要な調査方法になり、ビジネスに大きなインパクトを与えています。MROC専業の調査会社が大きく成長したり、MROCのプラットフォーム提供会社が数多く誕生しました。

　MROCは、従来のグルイン手法の次のような限界を乗り越えることを期待して生まれた調査手法です。

① グルインの限界として、1グループ、2時間6人（日本の場合の典型的グルインのケース）の**時間的、人数的限界**

② グルイン会場の設定の場所や手間、またグルイン実施時間や会場場所に参加可能な人に限定される**場所的限界**

③ 2時間内で聞ける内容および**質問量の限界**

④ リアルの生活空間でないグルイン・ルームでのインタビューでの記憶に

頼る**参加者の発言の限界**

　これらのグルインの限界＝データの信頼性や有効性の低下に対して、MROCでは、グルイン・ルームの制約に関係なく、デジタル手法ゆえに、**いつでも（Anytime）、どこでも（Anywhere）、その瞬間（In the moment）**で、24時間、担当者のPCやスマホから、参加者の意見を収集することが可能です。より具体的には、次のような利点を持っています。

①参加者人数の制限がないので、少数の偏った人の意見を聞いてしまうリスクがある定性調査の限界を超えて、多くの人に**「定量的定性調査」**を行なうことが可能

②共通の興味関心を持った参加者を「コミュニティ」化して、モデレーターから参加者への質問（Asking）だけでなく、参加者同士が会話（他の参加者の意見へのコメント）することによって、よりホンネが出やすい調査環境＝データの質の向上が期待される。定性調査の肝であるWhy（理由）の探求をより深く行なうことが可能

③2時間ではなく、1週間、1か月の運営も可能なので、**時系列の行動や態度の変化（行動履歴や態度変容）**を追跡することが可能。プロモーション・ミックスの立案や顧客体験管理に役立つ、より精度の高いカスタマージャーニーを描くことが可能

④聞き逃したことや、思い出せなかったこと、再考したこと、さらに詳しく聞きたいことなどを後日、再び聞くことも可能

⑤画像や動画のアップも可能。特に「スマホ」からの回答により、生活に密着した日々の迅速な調査**（モバイルによるアジャイル・リサーチ）**が可能

⑥コミュニティ参加者同士での製品や販促についてのアイデア出し＝**共創活動**が可能

⑦参加者を「調査対象者」ではなく、消費者や生活者として扱うことが可能。コミュニティへの参加を通して、当該商品やブランドへのエンゲージメントを高め、彼らを**ファン化、アンバサダー化**することも可能。それによって、口コミの発信者、**インフルエンサー**の育成も可能

⑧コミュニティ内で、**ネット・グルイン（掲示板グルイン）**や、**行動観察**

（エスノ）、詳細面接（デプス）、日記調査などの各種の定性調査だけでなく、ネット・アンケートも可能。定性と定量をミックスした「ハイブリッド調査」が可能

⑨オンラインのMROCの後に、特定の参加者を集めて、より深く聞く**オフラインのグルイン**の実施も可能

　このようにMROCは、さまざまなリサーチ、すなわち定量や定性、ビデオや文字、音声、画像、映像等のいろいろな定性調査をハイブリッドに行なうパネル付きのリサーチ・プラットフォームとして、**リサーチのハブ（中心地）**機能を持つ柔軟性が大きな特徴です。インサイト・コミュニティが、消費者360°理解に最適であるといわれるゆえんでもあります。

＞三菱総研の MROC 常設コミュニティ

　（株）三菱総合研究所は、「**生活者市場予測システム（mif）**」の定量のアンケートパネルサービスを補完するものとして、2012年4月から**女性パネル200人**、同年7月から**シニアパネル300人**を対象とした国内初の常設型MROC定性パネルを構築・運営しています。おそらく、規模と継続期間において、日本で唯一のMROCパネルです。幸いにも、筆者は2010年からこのサービスの立ち上げの際に、MROCコンサルタントとして参加させていただき、毎月のMROCの運営や、家電メーカーやたばこ会社等のアドホックのMROCプロジェクトを数多く実施しました。

　また三菱総研は同時に、**リスナー（Listnr）というMROCプラットフォーム**を構築し、販売提供を行なっています。ちなみに、国産の代表的なMROCプラットフォームである「リスナー」と、（株）インデックス・アイ社の「ドラゴンフライ」の両方は、国内で初めて利用された英国ダブ社のアイディアストリーム（Ideastream）というMROCプラットフォームを踏襲したもので、使いやすいプラットフォームになっています。

＞MROC の分類

　MROCが命名された時は、MROCs（Market Research Online Communities）でした。日本では、Marketing Research Online

Communityと表示する人も多くいます。オンライン・コミュニティ・リサーチ（OCR）やオンライン・リサーチ・コミュニティ（ORC）とも呼ばれます。

MROCは、オンライン・グルインやオンライン・デプスよりも早く2012年頃に日本市場で話題になったため、オンラインの定性調査をすべてMROCと分類する人もいます。欧米でもMROCが注目され始めた2010年後には、MROCの定義や方法をめぐって多くの議論がなされました。

現在では、**参加者人数と実施期間**によって、前述の「掲示板グルイン」から、「ポップアップ・コミュニティ（インスタントMROC、アドホックMROC）」「MROC」「インサイト・コミュニティ」に分類されます。

次節では、日本における数少ないMROCの優良実施会社であるアイディエーション社のMROCを紹介します。その後、MROCとオンライン・グルインとのハイブリッド・リサーチや、海外MROCの事例、海外におけるコミュニティ・リサーチの最新動向を説明します。

図表3-20 MROCの分類

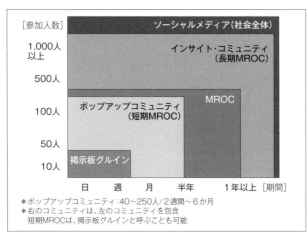

10 アイディエーション社のMROC事例

MROCの成功には、参加者の選定と、モデレーションが重要

> MROCの日本での展開

　まず本節の執筆者である私（白石）とMROCとの関わりについて説明しておきます。私は以前国内の大手調査会社に勤務していた時に、MROCの商品化を担当していました。

　2010年より商品化に向けて、市場調査を開始したのですが、当時日本ではまだMROCを本格的に実施している企業はほとんどなく、米国で注目されている手法という程度でした。参考にできる書籍もなかったので、ロサンゼルスの調査会社をいくつか訪問し、MROCの実施方法を学びました。

　当時の米国のMROCは、企業名を開示し、数千人のブランドコミュニティを構築したうえで、定量も定性も1つのコミュニティで完結させる「コミュニティパネル」という方法が主流でした。

　2011年に、米国企業の中で、我々が当時保有していたアンケートシステムとの連携に積極的であった1社と業務提携を結び、彼らが保有するMROCのプラットフォームの日本での独占販売権を得て、2012年に商品化を行ない、リリースをしました。この商品は米国で主流の「コミュニティパネル」という方式で販売をスタートしました。

　この「コミュニティパネル」は、当初思うように売れませんでした。ふだん調査を発注いただく企業にコンセプトを説明した時は、多くの企業に興味を示していただきましたが、コストが大きな障壁となりました。数千人規模のパネルをアクティブに維持する必要があることと、それを管理・運営するコストが肥大し、年間で数千万円を超える予算が必要になったからです。

　数千万円という費用はそう簡単に決裁がおりるものではなく、実施するとしても企業側は多くの承認ステップを乗り越えていく必要があるため、

受注が決定するまでにかなりの時間が必要となります。そこで、我々は小規模短期間の調査に特化したアンブランデッドのMROCに販売を注力する方針へ切り替えました。これにより実施コストは数百万円に抑えられ、グループインタビューと同等の金額となったため、「グループインタビューの代わりにまずはお試しください」といった説明で営業を繰り返していきました。その結果、コミュニティパネルについて説明して興味を持っていただいた企業に試しに発注いただけるというケースが増えました。

　本節では、この小規模短期間の調査に特化したアンブランデッドのMROCについて言及したいと思います。

　私個人でいうと、これまでにMROCのモデレーションを担当したプロジェクトは8年間で70件程度です。これがどれくらい多いのかはわかりませんが、トップクラスには入るのではないかと思っています。余談ですが、コロナ禍になり、以前よりもMROCの問い合わせが増え、ニーズは高まっているように思います。

　以下、私がこれまでに実施したMROCで、面白いと感じた事例、運営にあたっての注意点やMROCをうまく活用する方法などを紹介していきます。

❯ 新商品生活浸透度調査におけるMROCの活用事例

　ここでは、MROCを実施した事例を1つ紹介します。

　守秘義務の関係上、企業様のお名前や明確な商品をお伝えすることはできませんが、誰しもがご家庭で使う「家庭用洗剤」が対象商品です。

　まずなぜMROCが選ばれたのかという点について記します。

　当該商品の開発状況としては、グループインタビューによる生活者のニーズ把握、定量調査によるターゲットボリュームと受容性の把握までは終わっていました。その調査結果をもとにプロトタイプ品の完成が終わり、次はホームユーステストを実施するというところでした。

　コンセプト評価の時点では、かなり受容度は高く、出せば売れる可能性が高いという判断をしていましたが、一番気になっていたのは、「買っていただいた後に本当にリピート購入していただける商品になっているか？」

という点です。「家庭用洗剤」という商品特性上、1回買ってもらって終わりではなく、継続してリピート購入していただかないと意味がありません。

今までどおりの会場テストやホームユーステストだと、その場限りの評価なので、長期利用した時の離脱の可能性が読みづらいというのが課題でした。そこで、一定期間生活者に密着し、日々の生活者による使用状況を観察できるMROCであれば、離脱の瞬間とその理由を押さえることができるため、この課題に対して理解が深まるのではないかと期待され、採用に至りました。

この調査の調査概要は以下の図をご参照ください。

図表3-21 MROCの調査例

調査手法	MROC
対象者条件	当該カテゴリー商品を毎日使用する方
対象者属性	年齢　：20〜59歳 性別　：女性 居住地：全国
調査人数	40人 (各年代10人ずつ 有職者と専業主婦は均等)
実施期間	1か月
リクルート方法	ウェブアンケートによるリクルーティング

MROCの対象者としては、ふだんから当該カテゴリー商品を毎日使用する20〜59歳の女性とし、専業主婦と有職者を均等に配分しました。

その他工夫した設計としては、1か月のMROC期間中に、試用品を使い切った場合は、事務局に追加依頼をしていただくと翌日発送する運用としました。

離脱要因を特定する必要があるため、1本当たりの金額は伝えておき、追加で商品を欲しい場合は、謝礼からその金額を差し引くという形にし、無料提供というバイアスがかからないようにしました。また、途中でこの商品の利用を中止したとしても、謝礼は満額支払うということにし、謝礼欲しさに調査を継続するというバイアスも排除しました。

MROCでは、毎日使用日記をつけてもらうパートと、1週間に1回、こ

の商品について議論する「お題」というディスカッションセッションを設定しました（**図表3-22**）。

図表3-22 MROCの実施スケジュール

	1週目	2週目	3週目	4週目
お題	議論1	議論2	議論3	議論4
日記	**期間中"毎日投稿"** （使用時間、使用したもの、使用時に困ったこと、使用満足度［前後比較］）			
	今後の使用意向（中止する場合はその理由） ※使用中止しても謝礼は満額支払い			

　日記は所定フォーマットに基づき記入をしてもらいますが、こちらはテーマを2つに分けました。

　まず1つ目は単純に商品評価のパートで、書いてもらう内容は、使用時間、使用したもの、使用時に困ったこと、使用満足度としました。使用満足度については、洗う前後の対象物の写真も同時に投稿してもらい、それにより、汚れの落ち具合を分析者がビジュアルで確認できるため、洗浄力を感じない状況が明確に理解できるというメリットがありました。

　もう1つは、今後の使用意向を確認するパートで、そこで使用を中止すると回答した場合は、もう日記の投稿をしなくてもよいというルールです。週に1回のお題では、1週間使用した感想や、改善したほうがいい点、不満に感じている点、より便利に使える使い方等を全員で議論してもらいました。毎日日記をつけているので、議論が活発になるのは容易に想像ができると思います。なお、中止者にもこの議論に参加していただき、他の人の意見を聞くことで、もう一度復活したい場合は復活できるようにしました。これにより、中止者の態度変容のポイントが理解できるというメリットがあります。

　この調査でユニークだったポイントをお話しします。使用を中止すると回答したモニターに、理由を訪ねたところ、「コスパが悪いため」という回答をいただきました。このモニターは、1週間で試用品を使い切ってい

ましたが、１か月にこれを４本買うのはコストに見合わないという意見でした。本来、説明書どおりに使用すれば１か月以上は持つはずなので、おかしいと思い、使い方を動画で撮影していただきMROCに投稿していただきました。すると、通常の４倍以上の量を使用していたことが判明しました。

　原因としては、使用量を水60ℓに対して洗剤40㎖と書いていたためわかりづらく、さらにその洗剤の容器が、食器用洗剤のような形状であるため、どれくらい使えばよいのかよくわからなかったようです。そのため、通常の４倍の量を使ってしまい、すぐに使い切ってしまっていたのです。

　この内容についての解決策としては、「○○に対して○㎖」という直感的にわからない説明ではなく、「○○１回につき、ひと回し」など、どれくらい使えばいいか明確にわかる表現に改善する必要があると理解しました。

　また、○○に対して、３プッシュなど、容器の形状を変更することである程度改善が見込めるということがわかりました。

　MROCで１か月間生活に密着し、途中離脱をした人にそのタイミングで理由を確認することで、この問題が特定できました。通常のホームユーステストではわからなかったかもしれません。

　もう一点、このMROCで興味深い議論が行なわれていました。

　まず、この洗剤は当初から香りに対する評価が非常に高かったのです。そこに注目した一人の主婦が、新しい使用方法を生み出しました。この主婦には中学生で野球部に所属している息子さんがいるのですが、部活の汚れたユニフォームの臭いがひどく、息子さんが帰ってきた後、そのユニフォームが入った袋を渡される度に取り出したときの臭いが毎日ストレスだったそうです。そこで、小瓶にこの洗剤を少量入れて持たせて、部活が終わった後に汚れたユニフォームを袋に入れた後に、この洗剤を振りかけるように指示をしました。そうすることで、嫌なニオイが抑えられ、洗濯のストレスが減ったそうです。それを参加者の中で同じ悩みを持っていた主婦が真似して絶賛し、コミュニティ内で大きな話題となりました。この使用方法は、この商品を開発した企業としても想定外だったので、新たな価値として使用者に提案できるアイデアとなりました。

もちろんこれ以外にもコミュニティ内では多くの議論がなされ、商品の改善や新たな価値創出に役立つことができました。

❯ MROCを活用したアイディエーションの方法

このように、MROCを実施することで、生活者から非常に多くの情報量が得られます。

その情報量をいかにアイデアに昇華させるかが、ポイントとなります。私がおすすめするのは、MROC実施後にワークショップを行なうということです。しかし今までのワークショップと同じやり方ではありません。MROCの機能を大いに活用した方法があります。MROCのプラットフォームである「Dragonfly」にはバックルームという機能があります。これは、クライアントと運営だけが見られる掲示板なのですが、MROCで生活者同士が議論している内容をもとに、気づきポイントなどを裏で議論できる掲示板です。これを私は「もう1つのMROC」と呼んでいます。

ここで生活者のコメントから気づいたことをクライアントと運営側で議論し、その気づきについてさらにアイデアを上塗りしていきます。

もちろん、その掲示板で話し合われた内容はシステムでダウンロードできますので、MROCが終了した時にある程度話し合われたアイデアリストが作成されていることになります。

そのアイデアリストをもとに、後日ワークショップを実施すると非常に盛り上がります。ワークショップに参加する人間は全員MROCを長期間読み込んでいるため、共通の話題を持ちやすいという点も大きいといえます。

また、アイディエーションとは関係はないかもしれませんが、このバックルームで議論している間に、「この対象者のこの回答をもう少し深く聞きたい」という要望が上がります。ある程度はモニターへ聞き返しを行ない把握できますが、MROCも万能ではなく、何度も質問を繰り返すと、モニターが疲弊してしまうため、すべてを聞き返せるというわけではありません。

その場合、別途デプスインタビューを対面で実施することがあります。

長期間その対象者のことを観察し続けているため、アイデア発想のために何を聞くべきかが非常に設計しやすいのです。その状態で実施するデプスインタビューは非常に有意義なものとなります。MROCは単体で完結することもできますが、このように既存手法と組み合わせることでさらに価値が高まる手法なのです。

＞ MROC を成功させるために必要なこと

MROCを成功させるためには、２つ必要なことがあります。

1つは**対象者の選定方法**です。今回事例として挙げた検証系の調査であれば、この限りではないのですが、MROCはインサイトの発見のために使用されることが多いため、クライアントの気づきが多くなくてはなりません。その場合、参加者の発言量が薄いとあまり気づきを得ることはできません。

MROCの対象者リクルーティングはほぼネットリサーチモニターを使ったウェブアンケートを使用することが多いのですが、できるだけ情報感度が高い人や、積極的に発言してくれる人を選抜することが重要となります。これはバイアスがかかるという点で賛否両論ありますが、盛り上がらなければ意味がないので、私個人としてはアイディエーションのためのMROCを実施する時のこのバイアスは正しいと考えています。

適切な対象者を選定する最も簡単な選抜方法は、自由記入による選抜方法です。やり方は非常に簡単で、リクルーティングアンケートで3つくらいの自由記入を入れておくとよいでしょう。たとえばカスタマージャーニーを明らかにするためのMROCを実施したい場合は、アンケートの時点でその商品を知ってから買うまでのヒストリーをあらかじめ書いてもらい、どれくらい広く深く書けるのかを確認しておくといいと思います。ちなみにMROCの対象者の途中離脱率は平均20％です。50人で分析する予定なのであれば、バッファを考慮し60人は収集する必要があります。

2つめは、**MROCのモデレーション**です。ここではコミュニティマネジャーと称します。MROCはウェブ上のコミュニティで実施するため、基本的には、対象者と顔を合わせることがありません。文字だけのコミュニ

ケーションになるため、グループインタビューとは違う気の使い方が必要となります。

　MROCのコミュニティマネージャーは現役のグループインタビューのモデレーターが務めることが多いと思います。かくいう私もグループインタビューのモデレーションを数多く実施しています。しかしながらこの2つの手法において、必要スキルはまったく同じではないということを理解しておく必要があります。

　たとえば、グループインタビューでは、距離感を縮めるために対象者にタメ口をきくケースがあります（私はあまり好きではありません）。

　MROCではこれは非常に危険な方法です。まずMROCでは年齢というバイアスがほぼなくなります。顔も見たことがない相手からいきなりタメ口のメールが送られてきたらどうでしょう。不快に感じる人が大半なのではないでしょうか。

　世の中ではSNS上の誹謗中傷が問題になっていますが、MROCは参加者の個人情報をすべて押さえているため、炎上に対してそこまで怯える必要はありません。ただし、ある程度の礼儀を持って対象者と接しないと、対象者がへそを曲げる可能性があります。MROC上で、対象者には多くのタスクを長期間にわたり依頼しなければなりません。できる限り楽しく、気持ちよく参加できるように気を使う必要があります。

　その空気感を作るためにできることは、いくつかあります。代表的なものを数個紹介します。

① 差別を感じないように対象者の投稿にはすべて返信する。

② 礼儀を持ってすべて敬語で話をする。

③ 同じ質問を何度もしない。

④ 2日の聞き返し（プロービング）の数を2回程度にする。

⑤ 聞き返し（プロービング）が複数内容ある場合は番号を振るなど回答しやすいよう考慮する。

⑥ 暖かい雰囲気を作るために絵文字なども駆使する。

　正直なところ、MROCのモデレーションは、グループインタビューやデプスインタビューほど難易度は高くありません。というのも対象者の回

答に対して、瞬時に質問を考える必要がないからです。返答がリアルタイムではないため、聞き返しをじっくり考える時間があり、わからないことは調べることができます。そのため、MROCのモデレーションで大事なのは、みんなが唸る鋭い聞き返しではなく、参加者がストレスなく回答できる場作りだと感じています。この、場作りさえできれば、インタビュースキルというのはさほど必要ありません。現在グループインタビューのモデレーターを志している人には、その練習としてMROCのコミュニティマネージャーを体験することを強くおすすめします。

＞ MROC はなぜ日本で普及しないのか

　MROCは生活者に密着し、多くのインサイトを得られる手法としては非常に有効な調査手段といえます。しかしながら日本ではそれほど定着していません。2020年9月に日本マーケティング・リサーチ協会が発表した「第45回経営業務実態調査」によると、アドホック調査の質的調査内訳による売上高構成比において、MROCが占める割合は2.7%に過ぎません。

　MROCが日本でさほど普及しない理由として、私は大きく3つの理由を考えました。

　1つ目に、プロジェクトのスケジュールが長くなってしまうという点です。2003年頃からインターネットリサーチが急激に普及しはじめ、調査結果を得るだけならば数日で結果が出るというスケジュール感が当たり前になってきました。

　しかしながらMROCは実査期間が長いということと、そこで得られる情報量が多く、レポートを作成する期間もある程度必要になってきます。私の感覚では実査期間1か月のMROCを実施する場合、設計からレポートまで2〜3か月はかかります。事業会社サイドも今までの感覚で調査スケジュールを考えているため、MROCのスケジュールだと商品開発のスピード感に合わないということで頓挫するというケースが多々ありました。

　2つ目に、調査会社が積極的に販売しないという点が挙げられます。MROCを1か月実施する場合、スタッフは張り付きで土日も休みなくコミュニティを管理しなければなりません。調査会社はただでさえ業務時間

が長く、労務環境が問題視されているなかで、さらに労働環境が劣悪になる可能性があるMROCを積極的に販売できないという悩みがあります。

　当社では、この問題については、スタッフの能力を均一化させてシフトを組むことで乗り切っていますが、まだそこまでノウハウが蓄積されている調査会社が少ないのが現状なのかもしれません。

　3つ目にMROCの有効な活用方法を提案できる会社が少ないという点が挙げられます。2つ目に挙げたとおり、調査会社は積極的にMROCを販売していないので、ノウハウも構築されていません。そのため、顧客に対して適切なMROCを自信を持って提案できていないのが現状だと思います。

　わけのわからないものを販売するよりも、ノウハウと実績がしっかりと積まれたグループインタビューやデプスインタビューのほうがよい提案ができると考えるのは普通だと思います。

　これらの問題を解決するためには、調査会社はノウハウを持っている外部パートナーと協力をして、積極的に顧客へ能動的な提案を行なう必要があると思います。

　そもそも調査業務というものは、顧客起点でプロジェクトが始まることのほうが多いと思います。理由として調査は課題ありきで発生するものであって、売られてから買うというものではありません。顧客起点で発生した調査プロジェクトはMROCのスケジュール感とは合致しない可能性が高いのです。そのため、こういう手法があるということを、広く紹介することで顧客の頭の中にインプットしていただき、いざ課題が発生したときに、MROCを思い浮かべてもらうということが必要だと私は感じています。

MROCとオンライン・グルインの ハイブリッド調査

同期と非同期のオンライン・グルインと、掲示板グルイン、MROCが同時に1つ のプラットフォームで可能

❯1つのプラットフォームでできるハイブリッド調査

（1）課題

　MROCの参加者のグループに、特定のテーマについて、さらに深く生 の声を聞きたい、つまりMROC実施中や実施後に、その中の参加者に対 して、オンライン・グルインを行ないたい場合です。

（2）方法／ソリューション

　カナダのリコレクティブ社（Recollective）のプラットフォームを使って、 MROCとオンライン・グルインを1つのプラットフォーム内で実施する ことが可能です。

　これまでは、別々のプラットフォームで実施する必要がありました。 MROCの参加者に依頼をして、別のプラットフォームかZoomに参加して もらい、オンライン・グルインを実施するものでした。

　その場合、別のプラットフォームの使用料金が発生したり、プラットフ ォームへの再登録や設定を行なう必要がありましたので、実施は躊躇され ました。ただし、テキストベースのオンラインチャットや、1対1のオン ライン・デプス、パラレル・インデプスは、多くのMROCのプラットフ ォームの中でも実施されていましたが、MROC参加者の生の声を聞きた いというクライアントの要望は強いものでした。

　MROCの中では匿名で参加している場合が多いので、顔が見えるオン ライン・グルインに参加してもらうための承諾をもらう必要があります。 ほとんどの人は、グルインへの参加を快く承諾してくれます。

（3）結果

　グルインの１つの問題は、**参加者の偏りやハズレ**です。先行して実施するMROCでの発言から、ユーザーのグループ化を行ない、それぞれのユーザータイプのグループを代表するような参加者を選んだり、アイデアや発言力のある人を選択したり、ある条件を満たす人だけを確実にリクルートすることができます。MROCでペルソナを作り、それぞれのペルソナに該当する人に深掘りをする場合に最適です。いきなりグルイン参加者のリクルート段階で、特定のペルソナに該当する人を抽出することは困難です。

　一部のクライアントは、フレッシュ・サンプルによる調査を好む傾向があります。しかし、最初からリクルートを行なった場合、本当に条件に合う人が参加するか、適切に回答してくれるかどうかわかりません。また追加のリクルート費用もかかります。追加のリクルート費用がかからず、しかもより意見を聞きたい商品やブランドのまさに「ターゲット」となる消費者によるグルインを実施することが可能になります。これは確実に、グルインのデータの質を向上させることになります。

　これに関連して２つのことを思い出します。１つは昔、当時の花王の調査部長がセミナーで「代表性のある人にグルインを行なうために、定量調査をしてから定性調査ができればよい」と言われていました。当時は、現実的には費用的理由で、実行は物理的に難しいことでした。訪問面接調査を行なった人に、後日グルイン会場への出席をお願いすることになります。

　もう１つは、以前勤務していた**シノベイト（現イプソス）**という外資系調査会社のソリューションに、「**アキュポール**」（AcuPoll）というものがありました。コンセプト・スクリーニングテストを行なうために、大会場に100人の対象者を集めて、まず定量調査を行ないます。会場のスクリーンに製品コンセプトが映し出されて、参加者はアキュポール用に作られた専用の回答マシーンのボタンを押して回答します。会場で即座に集計を行ない有望なコンセプトを選択します。そして、購入意向を示した６人を回答者から選び出して、同じ会場の片隅で彼らを対象に直後にグルインを行ないます。まさに情報技術の進歩のお陰で、この作業をオンラインでやっ

ていることになります。

　また、このMROCとオンライン・グルインのハイブリッド手法は、次に説明する海外MROCのアウトバウンド調査で、特に威力を発揮します。オンラインですので、MROCも、その後のグルインも、事前調査としてわざわざ現地の国に行かなくても実施が可能で、当該国の市場や消費者の実態を把握することができるからです。

　MROCプラットフォーム内のオンライン・インタビュー機能を使えば、もちろんオンライン・グルインだけでなく、1人の対象者に対するオンライン・デプスインタビューも可能です。

＞ オンライン・グルイン機能付きのMROCプラットフォーム

　今般のコロナ禍がMROCプラットフォームの機能充実を加速させています。すでに本節で紹介した**同期と非同期の両方のオンライン定性調査を1つのプラットフォームで実施**を可能にするリコレクティブ社のような**オールインワン・プラットフォーム**が出現しています。多くの機能がついていても、それらを使わなければ、予算的にも、1つの機能のみのプラットフォームでもよいかもしれません。

　しかし、消費者を360°理解するためのさまざまな定性調査機能が付いているプラットフォームを使って、ハイブリッド調査のスキルを磨いておくことも重要です。最近の海外からの掲示板グルインの依頼においても、リコレクティブ社のプラットフォーム（QRコード参照）を事前に指定するクライアントが増えてきています。

12 海外MROC：国内でできる国際調査

インバウンドとアウトバウンド海外MROCの実例の紹介

❯ インバウンド：海外企業の日本市場でのMROC実施例

（1）課題

　まずインバウンドの例を記します。ある海外の食品メーカーが、日本の
コンビニ市場での、自社製品の販売を計画していました。しかし、クライ
アント企業は、日本のコンビニ市場や当該製品カテゴリーについての日本
の消費者の購買や食用実態について詳しくはありません。そこで、日本の
コンビニ市場や日本の消費者の理解を深めるために調査を企画しました。

　市場にある現行商品に対する満足点や不満点の理解や、定量アンケート
実施のための仮説作り、製品アイデア案への評価を調べることによって、
今後の製品開発の参考資料を得ることが調査目的です。日本市場の新製品
導入の可能性を探るための、有効で効率的な調査方法を探索していました。

（2）方法

　首都圏と近畿圏在住の若年と高年の男女4グループ（性別×年代）、各
グループ30人の合計120人のコンビニ・ユーザーを対象に、4週間の海外
MROC（インバウンド）を企画しました。

　通常のグルインだけでは、購買や食用の詳細な実態がわかりづらいとい
うことでMROCが選ばれました。短期の掲示板グルインではなく、MROC
が選択された理由は、ある程度の期間の購買行動や食用の実態を把握する
ためです。オフラインのグルインやデプスでは、人数的にコストパフォー
マンスが悪いということで除外されました。

　製品の購入や使用実態についての質問やトピックを含んだ「ディスカッ
ション・ガイド」を作成しました。

　4週間のMROCの運営は、**第1週**は、該当商品の購買や食用実態につ

いての質問。**第2週**は、コンビニでの購買についての質問。**第3週**は、第１週と第２週から出された「商品ニーズ」をもとに、新製品のアイデアをMROCの中で議論しながら参加者で考える共創作業、**第4週**は、第３週に出された新製品アイデアの評価とともに、クライアントが評価を得たい製品コンセプト案の評価を行なう。MROCの中で、「**共創**」と「**コンセプト・クリニック**」作業を実施しました。

（3）結果

　該当製品に対するニーズを特定するとともに、有望な新製品コンセプト案の特定を行ない、次の開発ステージに進む有益なデータを得ることができました。**モバイルエスノ**と**オンライン・ダイヤリー**機能を活用して、日本のコンビニ・ユーザーの購買実態を画像を通して把握しました。

　日本の消費者の発言録は日本語ですので、クライアントへの納品は、英語に翻訳する必要があります。幸い現在では、**Google翻訳**やAIを活用した**DeepL翻訳**を利用すると、効率よく翻訳を行なうことが可能です。

＞ アウトバウンド： 日本企業の海外市場での MROC 実施例

（1）課題

　続いて、インバウンドとは逆に、日本の企業が、海外の市場で自社商品をローンチ（立ち上げ）したい場合です。

　ある日本企業が、インドにおいて自社製品を販売することを計画しました。インドのその製品カテゴリー・ユーザーから、製品関連の生活実態や、商品に対するニーズを収集し、新製品開発の方向性や、製品案につながるアイデア等の情報収集および自社で検討した仮説の検証やそのブラッシュアップを行ないたいというのが**調査目的**でした。

（2）方法

　実際に現地でグルインを行なう前に、日本においてインド市場の実態を把握したいという意向がありましたので、実施可能な方法を探索した結果、**海外MROC**が選択されました。

デリーとムンバイの２都市に居住する該当製品カテゴリー・ユーザー100人のコミュニティを構築し、４週間のMROCを実施しました。参加者のリクルートは、現地の調査会社に委託。モデレーションは、英語で日本から実施しました。

- 現地に出向かなくても、日本から担当者のPCやスマホから、24時間、参加者の意見を収集することが可能。
- 使用している車の画像や動画のアップも可能。「スマホ」からも回答可能。

（3）結果

該当商品の購入や使用実態から、**ターゲット・ユーザーのペルソナ**を作成し、ペルソナ別の製品ニーズの抽出を行ないました。製品コンセプト案の評価から、コンセプトの改善案を提案しました。

その後、MROCの結果からブラッシュアップを行なったコンセプトについて、デリーとムンバイの２都市で、オフラインのグルインを実施しました。MROCの参加者の中で、各ペルソナを代表し、かつ発言力があるユーザーを選出し、再度コンセプト評価を得て、市場ローンチに向けて製品開発作業が次の段階に進みました。ペルソナ別のユーザーのニーズや、生活実態や使用実態、価値観等の情報は、特に製品デザインを担当するデザイナーに有益なインサイトを提供しました。

❯ インバウンド訪日客対象のJNTO（日本政府観光局）の海外MROC

海外の参加者を対象者とする意味ではアウトバウンドであり、対象とする市場は日本であるという意味でインバウンドでもあります。2018年には、欧米豪16か国131人のMROCを１か月、2019年にはオランダやスウェーデン、スイス、UAE、ニュージーランド、メキシコの６か国を対象に実施しています（企画・実査・分析はMROCジャパンが実施）。

「地方誘客に向けた欧米豪市場からの８つの訪日客タイプ　〜JNTO自主調査レポート〜」（https://action.jnto.go.jp/library/907）を参照してください。

13 コミュニティ・リサーチの未来

コロナ禍による変化によって、リサーチ・コミュニティのリサーチにおける重要
度がさらにアップ

＞ 変化への力

　「リサーチ・コミュニティ」は、マーケティング・リサーチに約20年間
使用されており、初期の利用者は、**コミュニスペース**（Communispace：
現C-Space）や**ジョイン・ザ・ドット**（Join the Dots）、**ビジョン・クリテ
ィカル**（Vision Critical、現Alida）でした。欧米では、2010年までに、コ
ミュニティ・リサーチが主流になり、そのベストプラクティスは、私の著
書『**オンライン・ソーシャルメディアリサーチ・ハンドブック（オンライ
ンおよびソーシャルメディア研究ハンドブック）**』で説明しました。過去
10年間（2010年代）で、リサーチ・コミュニティは、ますます一般的にな
り、ほとんどの国際企業では、複数のコミュニティを構築し、複数のサプ
ライヤーがその運営を行なっています。

　現在、マーケティング・リサーチの世界を再形成する４つの主要な力が
あります。

①新型コロナウイルスによるパンデミック

②データ品質に関する懸念

③リサーチの委譲（Devolution of research）

④人間中心へのシフト（People centricity）

　これらの４つの力は、調査会社や、リサーチのバイヤーでありユーザー
でもあるクライアントのコミュニティ・リサーチの利用に大きな影響を与
えています。

＞ コロナウイルスのパンデミック

　コロナウイルスは、市場調査に2つの破壊的な結果をもたらしました。
１つ目は、多くの国での対面リサーチ（おそらく短期間の）中止であり、

2つ目は、パンデミックによって引き起こされた経済的問題です。

　経済的問題（ヨーロッパ世論・市場調査協会＝ESOMAR〈エソマー〉は、2020年の市場調査の売上の世界的な減少は、約20％〜25％になると推定しています）により、企業はより少ない労力で、より多くのことを行なう必要が生じています。（ほとんどの調査会社の）売上は減少しましたが、受注プロジェクトの数は増加する傾向にあります。

　常設の長期的なコミュニティを持つクライアント企業は、より多くのリサーチ・プロジェクトをコミュニティ・リサーチで行ない、より少ないリソースでより多くのことを実行できるようにしています。なぜなら長期的なコミュニティでは、その主な利点から、同じ予算で、より多くのリサーチを実施できるからです。つまり、リサーチ・プラットフォームには、属性がわかっている参加メンバー（早く安くリクルートが可能）が登録されており、定量アンケートやオンライン定性調査を行なうためのリサーチツールやデータ分析ツールが標準装備（調査の実施が簡単）され、しかも謝礼の支払いが簡単に実施できます。

　対面リサーチの中止は、定性調査に大きな影響を及ぼしました。欧米では、多くの企業がオンライン定性調査（オンライン掲示板グルインやオンライン・フォーカスグループ）を長年実施していますが、対面調査を続けているクライアント企業も多くあります。2020年には、掲示板グルインなどの従来のオンライン手法と、スマートフォンを利用したモバイル・エスノなどのその他の方法を組み合わせて、ほとんどの定性調査が、オンラインで実施されました（訳者注：オフラインのグルインができなくなったので、その多くがオンライン・デプスに移行した日本とは対照的）。

　常設の長期的なコミュニティを使って定性調査を行なう主な利点は、コミュニティ・メンバーの属性や過去の回答履歴から、その調査目的に合った適切で、回答意欲の高い参加者を選定することができることです。また、地理的に分散しているコミュニティ・メンバーに対する調査は、オンライン調査に向いています。

　ポップアップ・コミュニティ（Pop-up communities）と呼ばれることもある数日から数週間、数か月続く**短期コミュニティ・リサーチ**（Short-term communities）（訳者注：通常は、オンライン掲示板グルインより、参加人数が多く、実施期間も多少長いけれども、同じ意味で用いられることもある）は、**従来のオフラインのグルインが実施できなくなって、欧米では2020年にブームになりました。**数千の長期的なコミュニティではなく、数十から数百の参加者で主に定性調査が行なわれました。

　2021年と2022年には、対面のデプスや、グルイン、買い物動向調査（Accompanied shopping）が再び実施されることが期待されています。しかし、欧米のクライアントは、それらのリサーチの一部だけが、対面に戻るだろうと述べています。コロナ禍において、クライアントは、オンライン技術が優れたソリューションを提供する可能性の大きさに気づきました。より早く、より安価で、有用な発言録やビデオを提供してくれるソリューションです。

＞データ品質に関する懸念

　オンラインデータの品質、特にオンライン・アクセスパネルの品質について、世界中で長年懸念がありました。パネル会社の最善の努力にもかかわらず、データ品質の問題は永続的に続いています。

　問題の核心は、詐欺行為と不注意な回答者です。最悪の場合、不正な回答者は、謝礼目当てのプログラムされたボットである可能性があります。不注意な回答者は、回答の指示を読まず、できるだけ早く調査を完了させようと回答ボタンをクリックしている人です。これらが原因で、オンライン・アクセスパネルの回答は、信頼できないことがよくあります。

　対照的に、長期的なコミュニティ・リサーチの参加者は、信頼できる情報源を提供します。調査の実施側は、参加メンバーが誰であるか、さらに彼らの過去の回答履歴を知っており、メンバーと興味関心を共有しています。参加者側も、彼らのコミュニティでの役割——企業のマーケティング活動に役立つための貢献活動に動機づけられています。

＞リサーチの委譲

　リサーチプロジェクトの多くは通常、クライアント側から、調査会社に

発注されます。しかし、状況は変化しています。2020年にESOMARが、日本マーケティング・リサーチ協会を含む世界の20の調査業界団体に対して行なった調査によると、調査プロジェクトのおよそ50%が、クライアントの社内で実施されていることがわかりました（訳者注：ESOMARが2020年9月に、69か国20団体640人に行なった**Users & Buyers Global Insights Study 2020**調査では、日本はクライアント企業内でのリサーチ内製化率は最も低かった。https：//pages.esomar.org/insights-in-times-of-covid-19からレポートを入手可能）。調査会社からクライアント側へ、あるいはクライアント社内のリサーチ部署から他の部署へのこのリサーチ業務の移行は、**民主化（Democratisation）**や**アジャイル・リサーチ**と呼ばれることはありますが、この現象の本質は、**リサーチの「権限委譲」**と言うことができます。これは戦略的ではなく戦術的なものです。

デザイナーは、アイデアをテストする必要があり、マーケターは、施策の実施を検証する必要があります。サービス部門は、顧客満足度や経験を評価する必要があります。

クライアント企業側での「リサーチ・コミュニティ」（リサーチを行なうためのユーザー・コミュニティ）の存在は、この権限委譲において重要な役割を果たします。

コミュニティは、各リサーチ・プロジェクトのコストを削減します。特に社内にリサーチのDIYチームがある場合は、調査会社に調査費用を支払う必要はありません。コミュニティ・プラットフォームには、属性のわかる参加意欲のあるユーザー・リストや、標準化されたリサーチ・ツールが含まれているので、迅速に調査を実施することができます。さらに、標準化されたリサーチ・ツールや方法が提供されるコミュニティ・リサーチシステムによって、たとえ社内のリサーチャーでないスタッフが調査を行なったとしても、失敗するリスクが軽減されます。

＞ 人間中心主義へのシフト

歴史的に、ブランドは、製品やサービスに焦点を合わせてきました。企業は、たとえばブランドの新しい車や金融サービス、新しいパスタの食事

第**3**章 オンライン定性調査（1）——基本と進め方

等を開発し、それらの顧客を拡大しようとします。これは**製品中心**（Product-centricity）の時代でした。よりよいネズミ捕りを作れば、人々はそれを買うために群がるという考えです。

過去20年間で、**顧客中心主義**（Customer-centricity）と**顧客体験**（CX：Customer experience）への移行がありました。顧客中心主義の拡大は、CX研究やNPS、コミュニティの利用増加に表われています。

最近の「**人間中心**」主義への変化は、**HX**（Human experience）と呼ばれます。顧客中心主義は、人々がブランドを中心に回転し、「購入するための経路」があることを前提としています。一方、人間中心主義は、ブランドが人々の周りを回転し、ブランドが人々に関連する方法と時期を見つける必要があることを認識しています。

この人々に焦点を合わせるためには、長期的なコミュニティの形成が不可欠です。人々が時間とともにどのように変化するかを理解するには、調査を長期的に行なう必要があります。顧客や視聴者、ブランドの製品やサービスのユーザーではない時に、人々が何をするかも調査する必要があります。米国のマーケティングのリーダーであるセス・ゴーディンはかつて「あなたの**製品のための顧客**を見つけないでください。**顧客のための製品**を見つけてください」と発言しています。

人間を理解するために開発されたツールの１つは、「T字型リサーチの概念」です。T字型リサーチは、幅広い指標（ブランド・トラッキングやソーシャルメディア・リスニング、CXリサーチ等）と、長期的なコミュニティの深さを組み合わせたものです。幅広い指標は、T字のクロスバーのようなものであり、コミュニティはTの垂直スティックであり、深さを与えます。幅広い指標は市場を代表し、KPIを提供します。コミュニティは、根底にあるニーズと動機を探求することを可能にし、幅広い指標に意味を与えます。

▶ コミュニティとリサーチの未来

この節の冒頭で述べたように、リサーチ・コミュニティは、20年前の導入以来かなり発展し、現在では広く普及しています。今後数年間は、リサ

ーチ・コミュニティ、とりわけ長期的なコミュニティは、特にクライアント側のリサーチにとって、さらに中心的な存在になるでしょう。

データ品質についての懸念から、より多くの人々は、アクセスパネルより、自社のリサーチ・コミュニティを信頼するようになっています。コロナ・パンデミックは、ほとんどのリサーチをオンラインにシフトさせています。パンデミックがなくなったとしても、欧米では、そのほとんどは、オンラインのままであると予想されています。

リサーチ業務の委譲は、ノン・リサーチャーが、安全で迅速な直感的リサーチ・ツールを使用する必要があることを意味します。これは、リサーチ・コミュニティの存在を示唆します。ブランドとサービスへの人間中心のアプローチへの移行は、企業が顧客とともに、未来を共創するために、長期的な関係を構築する必要があることを意味し、それはすなわち「コミュニティ」の存在を意味します。

これらの新しい動向はすべて、コミュニティのユーザーに新しいオプションを提供します。これには、より多くのオンライン定性調査のオプション（特にスマートフォンやビデオを使った）、長期的な情報のより多くの使用、より簡単なリサーチと分析ツール、そして最後にテキスト分析やコーディング、調査デザイン、レポーティングなどに適用される**人工知能（AI）**が含まれます。

▶ リサーチ・コミュニティのための5つのアクションポイント

今後数年間で、リサーチ・コミュニティのメリットを最大化するためにできることを5つ紹介します。

①長期的なアプローチの採用

関係性というのは、最初の出会いの繰り返しだけでなく、時間をかけて開発する必要があります。時間の経過とともに、人々を理解できるシステムを構築してください。

②オンライン・ツールの装備

　オンライン・フォーカスグループを含むオンラインの定性調査と定量調査のためのツールを充実させてください。

③リサーチ業務作業の80%シンプル/迅速化

　社内のより多くの人々が、リサーチから恩恵を得ることができるように、戦術的に作業の80%を標準化してください。

④人間を中心に考える

　参加者が、自社の製品やサービスを購入または消費していないときに何をするかを調べます。彼らの満たされていないニーズ（Unmet needs）が何であるかを見つけ、自社がそれらのニーズのどれを満たすことができるかを考えてください。

⑤ツールを統合して、T字型リサーチを実施するために自社のリサーチツールを統合する

　広範な調査によって把握された全体像を理解するために、深く掘り下げるためのリサーチ・コミュニティにおいて、ブランド・トラッカーやCXプログラムといった自社の幅広いリサーチツールを活用してください。

第4章

オンライン定性調査（2）
——実例と留意点

最大規模のオンライン定性調査ともいえる
SNSの分析や、オンライン・ワークショッ
プの活用、ヘルスケアリサーチやオンライン・
インサイト調査における実例など、オンライ
ン定性調査のチャレンジを学ぶ。

1 ソーシャルメディア・リスニング

マーケティング・リサーチとしてのソーシャル・リスニング

❯ ソーシャルメディア・リスニングとは

　ソーシャルメディアを活用したマーケティングに携わっている人にとってのバイブル書として知られる名著『グランズウェル』（シャーリーン・リーほか著、翔泳社）の中で、ソーシャルメディアを活用するうえでの5つの戦略の1番目に掲げられているのが、「**傾聴戦略（Listen）：顧客の理解を深める**」です。

　2000年後半より、日本においてもソーシャルメディア利用者の増加に伴い、企業のさまざまなマーケティング戦略において、ソーシャルメディア活用が活発に行なわれてきました。

　顧客の理解を深めるという視点で、ソーシャルメディア・リスニングはそもそもマーケティング・リサーチとして利用できるものなのでしょうか。同書においては、ソーシャルメディアをマーケティング・プラットフォームとして活用する戦略ステップとして紹介されていますが、企業によっては、リサーチを担当する部門や担当者などが、ソーシャルメディアそのものをマーケティング・リサーチとして代用できないか、活用を試みてきたのではないかと思います。

❯ ソーシャルメディアリスニングの活用

　マーケティング・リサーチとして活用するうえでは、2つの側面が想定されます。1つ目は定量的側面、特定ブランド名や商品カテゴリーなどの発言数を特定期間で数量的に把握するアプローチ。2つ目は定性的側面です。さまざまな書込み内容で特定のブランド名や商品カテゴリーについて発言している内容を発言記録として読み込み、定性的に分析するアプローチです。

これらの分析アプローチをするうえで、ソーシャルメディア上にある声＝書込み内容をローデータないしは発言記録としてとらえる場合は、以下のポイントに留意する必要があります。

（1）データを取得するプロセスとツールの特徴
　ここでは個別のツールやサービスについては触れませんが、ソーシャルメディア上にあるデータを収集するプロセスとしては、さまざまなツールを使った方法があり、それぞれ特徴があります。

①対象メディアの範囲
　まず考えるべき内容は、取得する対象のソーシャルメディアの取得範囲です。フェイスブックやツイッターを始めとする主要なSNS、AmebaやCocologなど一般個人や有名人のブログ、Q&Aサイト、Instagram、YouTubeやニコニコ動画などの動画投稿サイトのコメント、２ちゃんねるなどの電子掲示板型サイトといったさまざまな種類のソーシャルメディアに、たとえば特定ブランドや商品カテゴリーについての書き込みが存在します。無料のツールから有料のツールまで、データを取得できるサービスが存在しますが、収集するデータの取得範囲＝カバレッジがどこまでされているのかは、よく把握する必要があります。

②データの取得対象期間
　どれくらい過去に遡ってデータ取得ができるのか。ツールによっては数か月しか遡れないものもあるので、データ取得できる対象期間にも留意が必要です。

③その他メディアごとの特徴
　特殊な例としては、ツイッターなどは対象となる発言ワードのボリュームが多く、発言件数の全数が取得できるのかサンプリング取得なのか、ブログなども取得技術によっては全数取得できているかなどの検証も必要かもしれません。

（2）取得したデータには偏りがあることが大前提
　マーケティング・リサーチのフレームとして考えた場合は、サンプリン

グの方法やデータの性質についても理解しておく必要があります。

①ソーシャルメディアユーザー

　最近では、インターネットリサーチが主要な手段として普及してきていますが、インターネット利用者が対象者の前提となります。ソーシャルメディア・リスニングの場合は、インターネット利用者であると同時に対象メディア利用者が対象者の前提になり、対象メディアによっては利用者数も違い、メディアごとに利用する属性も異なります。また、ソーシャルメディアにアクセスはするが、書き込みをしない利用者も多く存在します。

②定量的視点と定性的視点

　定量的視点で、ある発言ワードを数量的に把握する場合は、そもそもソーシャルメディアユーザーでその対象ブランドや商品カテゴリーのマーケットサイズをサンプリングできる代表性はないことが前提です。特定ブランドの発言を数量的に把握する場合は、書き込むユーザーが特定ブランド名にまで有言するかどうかにも留意が必要です。

　たとえば、ツイッターでの発言を例にすると、"コーヒーブレイクなう"、"スタバなう"、"ネスプレッソなう"では、同じコーヒーを飲用している状況であることに違いはないですが、"コーヒーブレイクなう"は数量的にブランド発言数として特定できません。また定性的視点で発言内容を読み込んでいく場合は、そもそも分析したい対象ブランドのユーザーなのかそうでないのか。商品カテゴリーをふだんから購買している意思決定者なのかなどの特定をするには、かなりの工数が必要となります。

③書き込まれるメディア特性

　ツイッターや２ちゃんねるなど匿名性の高いメディアでの書込み内容と、フェイスブックや有名人ブログなど実名性の高いメディアでの書込み内容では、特定ブランドについての有言傾向や実態・事実を書き込んでいるのかホンネの意見や評価を書き込んでいるのか、書き込みをする文脈（コンテクスト）が異なります。メディアによって個々の特徴はありますが、総論的にはソーシャルメディアに書き込まれる内容は好意的な発言が多いことも考慮する必要があります（これは対象言語や対象国によって傾向が異なる）。

（3）分析をするうえでのデータの取り扱い

　取得したデータ量やデータの性質を理解したうえで、リサーチ目的に照らし合わせた分析アプローチの組み立てを行なう必要があります。

①データクリーニング

　定量的分析や定性的分析を行なう前に、取得したデータのメディア特性や分析対象の特定ブランド名、商品カテゴリーによってデータをある程度クリーニングする、もしくは取得精度に工夫が必要となります。

　たとえば、通販商品、健康食品、保険サービスなど、インターネット上で資料請求や購買などのコンバージョンをさせたい商品・サービスは、アフィリエイト広告やSEO対策で人為的あるいは機械的にブログや掲示板に発言を生成されているケースが多い。その場合は、分析対象としてこういった作為的な発言を含めるかどうかを考慮したうえで、取得するプロセスで作為的な発言を排除するなり、取得してから排除するなりのクリーニングが必要となります。

②定量的視点の発言数カウント

　前述したデータの取得プロセスとツールの特徴や取得したデータの偏りを考慮したうえで、特定ブランド名や商品カテゴリーを数量的に把握する際に、データをどうカウントしていくべきか。ツイッターのデータを含めるのか・含めないのか、リツイートや拡散されている拡張性データをどう取り扱うのか。トレンドで追う場合は、対象取得メディアに差異はないかなども、数量的にデータを読んでいくうえでは考慮する必要があります。

③定性的視点の発言内容

　グループインタビューなどの定性調査に携わったことのある人であれば理解しやすいと思いますが、通常のグループインタビューは1グループ6〜8名の対象者に司会者が2時間程度のインタビューを行ない、その発言内容が書記によって記録され、分析対象となる発言記録ができあがります。それを複数グループ分、性別、年代、購買実績などの対象者属性にフォーカスして発言記録を分析していきます。ソーシャルメディア上の発言内容は、性別や年代などはある程度特定はできますが、すべての内容の個別属性を把握することは難しいといえます。

第4章　オンライン定性調査（2）——実例と留意点

159

また、グループインタビューなどの定性調査は司会者が引き出したい発言をある程度コントロールしていますが、ソーシャルメディア上の発言はアフィリエイトやSEO対策などの作為的な発言を除き、コントロールされておらず、発言内容も書き込む人の文章スキルや対象メディアにより文脈（コンテクスト）が異なります。対象ブランド名や商品カテゴリーにより文脈（コンテクスト）の傾向が異なるかと思いますが、たとえばツイッターの場合、140文字以内の中で表現される感情的文脈やリツイートなどただ拡散されている文章は定性的視点では分析対象とするのか、発言数を全数読み込むのかサンプリングして読み込むのかなどのアプローチ方法も判断しなければなりません。

　では、ここまでの前提条件に留意したうえで、とらえられる視点について考えてみましょう。

図表4-1　マーケティング・リサーチとソーシャルメディア・リスニングの比較

	マーケティング・リサーチ		ソーシャルメディア・リスニング
	定量調査	定性調査	
解釈のポイント	定量的解釈	定性的解釈	探索的解釈
調査対象	サンプリング	ターゲットユーザー	不特定多数
調査方法	訪問/電話/ウェブ	インタビュー/MROC	ウェブクロール
データ収集	数値測定/計測	発言記録/録音/録画	発言観察/観測
調査サンプル数	数百〜	数十名	数千〜
データ取得時間	数分	60〜120分	過去数か月遡る
調査項目	1〜100問程度	10項目程度	分析者が定義づけ
データ構造	構造的	構造的/非構造的	非構造的

　ツールでの分析を行なう際は、今まで述べてきたような特徴をとらえたうえで、定量的視点の場合は、メディアのカバレッジやデータクリーニングの必要がないか。定性的視点の場合は対象メディアや発言のタイミング、発言者の前後の書き込み内容を踏まえた解釈が、マイニングツールでどこまで行なうのが現実的なのか、利用ツールの諸条件を前提とした分析アプローチを設計、考慮しておく必要があります。

❯ ソーシャルメディア・リスニングの可能性

　ここまで述べたように、ソーシャルメディア・リスニングは伝統的なマーケティング・リサーチ（アスキング）とは違い、ソーシャルメディア上に存在する**非構造のデータ**を実査コスト（対象者リクルート、パネル謝礼費用、実査費用など）をかけずに安く、早く、傾向をキャッチアップできるリサーチ手法といえるでしょう。

　データ収集・分析ツールが手元にあれば、わざわざリサーチ企業に依頼しなくとも、手元でリアルタイムにソーシャルメディア上の状況が把握できます。また、通常のリサーチを組み立てる際に、ソーシャルメディア・リスニングを活用すれば、リサーチャーのスキルと経験に依存されない仮説発見や調査項目／選択肢設計を行なうこともできます。製薬企業においては、アドボカシー（患者の立場に立って政策や制度面から問題解決に取り組む、患者の代弁者）担当などが患者団体とコミュニケーションをとることで、代表的な患者の声を集めることが多いですが、それを補足する形でソーシャルメディアを活用して公式の場では発言しないサイレントマジョリティの声を集める手段としても有用なツールとなります。

　ソーシャルメディア・リスニングがマーケティング・リサーチを完璧に代用できることはありませんが、**CRMデータやウェブ行動履歴などのトランザクションデータと組み合わせて分析する**ことも可能です。マーケティング・リサーチやコミュニティ・リサーチなどとの組み合わせによって、より精度と鮮度の高い消費者（患者）インサイトを得ることができ、企業のマーケティング活動に活用できるので、リサーチの現場でもツールの導入を含めて、ご検討をおすすめしたいと思います。

　また、「Googleトレンド」や「Yahoo!リアルタイム検索」「ソーシャルメンション」など無料のものから、「BuzzSpreader Powered by クチコミ@係長」「見える化エンジン」「ブームリサーチ」「Salesforce Marketing Cloud」等の有料のものまで、多くのツールのサービスがあります。「ソーシャルリスニングツール おすすめ12選を徹底比較！」(https://notepm.jp/blog/4472) 等のサイトで最適なツールを見つけてください。

2 SNSインサイト解析

SNSからインサイトを抽出する方法

❯ 定性分析でインサイトを抽出する「SNSインサイト解析」

　ビッグデータからインサイトを抽出するためのテキストマイニング（大量のテキストデータから有益な情報を取り出すこと）には限界が見えてきました。ここでは、定量的アプローチではなく定性分析プロセス主体の新たなアプローチを紹介します。

（1）テキストマイニングによるインサイト抽出の限界

　SNSやお客様の声などのビッグデータ解析の中で、テキストマイニングによる品詞分類、ネガポジ判定、意味属性分析、共起分析などはいずれも消費者インサイトに迫ろうとする定量分析手法です。テキストデータをインプットすればいいだけなので多くの企業がトライしました。

　ただ、出てきた結果の意味をどう解釈するか、あるいは「どれがインサイトなのかがわからない」という声が多く聞かれるなど、テキストマイニングの限界が顕わになってきたというのが現状です。その根本の原因は、**インサイトは量ではとらえ難いという本質的な問題**にあります。

　インサイトそのものは消費者の欲求や思い、時には迷いの入った言葉で表わされます。インサイトは、そのような意味のある文脈を持つことが肝要で、多数意見や傾向といったものではありません。千人の共通意見ではなく、たった一人の声が貴重なインサイトとなることが少なからずあります。

（2）世界で初めて確立された、定性分析によるインサイト抽出手法

　そこで、筆者はビッグデータからのキーインサイト抽出を、定性分析手法で組み立て直しました。テキストマイニングはアウトプットではなく全

体傾向の理解や検索ワード抽出の初期段階の道具として使い、アウトプット作業はKJ法分析や記号論（未来予兆分析）など、これまでマーケティングの世界で培われた定性分析の知見を参考にしています。この手法はKISM（キーインサイト・サーチング・メソッド）と名づけられています。

　ちなみに「キーインサイト」については、最近では多くの消費者調査報告書のサブタイトルや調査会社の名前などでインサイトという言葉が一般化し、象徴的に緩用されています。それらとの区別のためにもともとのインサイトの意味である「これからの事業を起動する消費者視点の言葉」、そのために選ばれた「鍵となるインサイト」という意図で使用しています。

（3）SNSインサイト解析：KISMのフロー

　インサイト解析の流れは、以下の5つのステップになります。

① **検索ワードの決定**
② **テキストの取得──重複やスパム、アフィリエイトなどの削除**
③ **インサイト素材のテキストの抽出（500〜3000テキスト）**
④ **欲求カード化（80枚前後）**
⑤ **キーインサイトの抽出──価値マップ化（5つ前後）**

　検索ワードの決定で重要なことは、求めたいことの明確化とその知りたいことを生活者のふだん使う言葉に置き換えることです。プロダクトアウト的な言葉や業界用語では活きたテキストは得にくく、ブランド名も代表的なものであれば大丈夫ですが、知名度の低いブランドはカテゴリーに置き換える必要があります。もともとインサイトは特定商品の評判や不満・満足ではなく、生活者の中で生じるその商品カテゴリーに対する意識や使用場面でのふとした気づきから得られます。

　また、たとえば「車」のような広すぎる範囲ではなく「車×子供」「車×旅行」のように、インサイト探索の目的に応じて最適な検索ワードを設定することが望まれます。

　着手時でもう1つ重要なのは、インサイトを使う戦略的位置づけです。

そのインサイトが「新商品開発や新業態開発、新事業開発」か、それとも「広告や販促プロモーション」に用いられるのかで、時間的にどれくらい先のインサイトを見るのかの違いが生じます。

▶リサーチの中のSNSインサイト解析の位置づけ

　DX（デジタル・トランスフォーメーション）の波の中で浸食される従来型リサーチ。活路は、新市場やこれからの戦略のための「リ・サーチ」にあり、そのプロセスの端をSNSでのインサイト探索が開きます。

（1）デジタル化で浸食されるマーケティング・リサーチの領域
　今、企業がデジタル化への対応を迫られるなか、マーケティング部門はユーザー・イクスペリエンス（UX）投資に傾注しています。消費者のガジェット（端末）とインターネットの検索、閲覧、投稿などの行為、アプリや位置情報が、マーケティング投資の対象である4Pに「購入前」「購入後」を加えさせました。マーケティングの4Pと、AIDMA、AISASなどの購買行動プロセスが合体したといってもよいでしょう。

　同時に、消費者とのパーソナルな関係を企業が持つことができるようになり、UXは単数のUXになりました。そして個々の消費者行動がメタデータになるわけですから、消費者の情報接触や購買行動はもとよりブランド力なども測ることが可能になり、当然ながらこれまでマーケティング・リサーチが担ってきたこれらの役割の大部分が浸食されていきます。

　ただ、これらは既存市場、顕在市場に対する動きです。いわば市場刈り取り型であり新市場創造のための種を蒔く投資ではありません。デジタル化が顕在市場を見えるものにすればするほど、潜在市場を探し、新市場創造に資する未来のためのリサーチの役割は重要になってくるでしょう。

　その時求められるのは、単発の市場調査ではなくいわゆるマーケティング・マネジメント、PDCAのための段階的な「リ・サーチ」です。

（2）探索型定性調査やエスノグラフィの役割増大
　段階的な「リ・サーチ」とは文字どおり、探索の繰り返しであり、「調

査→第１次仮説・アイデア→検証調査→第２次仮説・アイデア……」と徐々に仮説・アイデアの絞り込みと具体化をしていく作業です。

　もしも「リ・サーチャー」としてこのプロセスをマネジメントするならば、「調査の外の情報を一切入れずに分析を行なう」という、これまでの「仕事の流儀」を捨てなければなりません。分析そのものが仮説・アイデアへの貢献を求められるからであり、分析には、戦略論や認知科学、発想法など当該調査外の情報や知見が必要になります。

　新商品開発や新事業開発のために消費者インサイトを求めようとする時、初期段階で一般的に用いられてきた調査手法ではデプスインタビュー調査や日記調査、観察調査（エスノグラフィ）が挙げられます。

　これらの調査は、可能な限り既存概念にとらわれないようにするために予見を排して取り組むのですが、仮説がなければ、たとえば対象者の選定など、途方もなく広がっていきます。当然それなりの時間と費用がかかります。

（３）初期の仮説づくりのためのエスノグラフィ〜SNS観察

　SNSはテキスト情報や画像情報の社会の写し鏡、しかも観察者が被験者に影響をまったく与えないというエスノグラフィの理想的な場です。

　そのSNSを使ったインサイト探しは、「リ・サーチ」プロセスの起点となる最初のリサーチと位置づけられます。市場のありか（既存市場の本質

図表4-2　市場創造マネジメントにおけるSNSインサイト解析の位置づけ

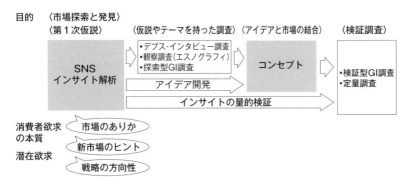

165

理解、新市場を開く要素）を探したり、これからの戦略のヒントなど第1
次仮説を得ます。そうして得たインサイトを与件とし、デプスインタビュ
ー調査や観察調査、探索型のグループインタビュー調査、MROCなどの
調査につなげれば、より意味のある調査となります。

　また、インサイトからアイデア・ブレーンストーミングを行なえば、直
接、次段階のコンセプトづくり段階に進むことができます。

　コンセプト段階の次は定量検証のステージです。インサイトを定量調査
の設問選択肢として用いれば、量的な評価を得られます。これまで調査の
選択肢は設問作成を行なう人が頭で考えていました。それをSNSで語られ
る消費者の言葉から抽出するという方法に変えることも、DX時代の仕事
変革の1つです。

＞ インサイト発見に最も有効なSNS＝ツイッター

　インサイト抽出のテキストとして、各SNSを比較すると、ツイッターの
抜きんでた特長（バイアスの少なさと網羅性）がわかります。そしてイン
スタグラムには画像インサイトの可能性も見えてきます。

（1）リサーチの対象としてのさまざまなSNS

　企業の発信対象としてのSNSはさておき、情報収集や特にインサイト発
見視点で主なSNSを眺めると**図表4-3**のようになります。

　いずれも公式発表ですが、日本で最もユーザーの多いSNSはLINEのユー
ザー数8,200万人、次にツイッターの4,500万人（月間アクティブユーザ
ー数）、インスタグラムの3,300万人（同）と続きます。

　定量的なテキストデータの取得については、キーワード検索でほぼすべ
てが取得できるツイッターに対し、ハッシュタグ検索のみのインスタグラ
ムなど他のSNSには限界があります。

　定性分析の材料としての適度に関しては、自分のいい所を見せるという
自己顕示性のバイアスがフェイスブック、インスタグラムをはじめ、どの
SNSにもあります。自由記述のブログも何かを主張する、伝えたい、もし
くは評価されたいと思う点で例外ではありません。

図表4-3 国内主要SNSとマーケティング解析通用度

	定量分析	定性分析(インサイト解析)
ブログ	△ キーワード検索	△ 専門性
フェイスブック 月間アクティブユーザー数 2,600万人	△ 企業ページ記事	△ 自己顕示性
ツイッター 月間アクティブユーザー数 4,500万人	◎ キーワード検索	◎ 自発性・自由度
レビュー・サイト (価格com、トリップアド バイザー、@コスメなど)	× ページ内記事	○ 専門性
LINE ユーザー数 8,200万人	× LINE Q	×
インスタグラム 月間アクティブユーザー数 3,300万人	△ ハッシュタグ	○ 自己顕示性

＊ユーザー数は「ソーシャルメディアラボ」まとめ（2020年8月）より

　レビューサイトのテキストは、特定の商品の使用実態把握や評価に関しては優れていますが、ともすれば、「評価者としての自分」という権威的なバイアスがかかり、投稿内容を分析してみれば専門家の評価にほぼ近い要素に集約されてしまったというケースもありました。

（2）理想的なエスノグラフィの場、ツイッター

　SNSインサイト解析の主材料であるツイッターには、誰かに尋ねられたわけでもなくつぶやくことの自発性、そして特に誰宛てでもないバイアスの少なさが大きな特長です。140文字の投稿単位は定量分析を容易にし、定性分析の材料としても扱いやすさをもたらしています。

　これは、分析経験によって結果的に判明したことですが、ツイッターのもう1つの特長に「網羅性」があります。特定カテゴリー、たとえば保湿クリームなら保湿クリームのカテゴリーでの消費者の関与する意識、欲求が網羅的に現われるのです。

　その網羅性は、4,500万人といわれるアクティブユーザーが、タイムラ

インのツイートを眺める、RTする、そして自分のつぶやきを投稿するというツイッターの基本構造から生まれます。この「他の人のツイートを見る、RTする、つぶやく」の行動の流れの中に、他の人とは違う角度、自分なりのとらえ方が表出される仕組みを持っているわけです。どんどん違う角度のツイートが足されていき、結果として、そのカテゴリー市場全体を十分に覆う消費者意識や欲求が現われます。

　このように、ツイッターはその「自発性」「バイアスのなさ」「網羅性」、そして「観察者の無関与性」から、理想的なエスノグラフィの場であるといえるでしょう。

（3）画像インサイト〜インスタグラムの可能性

　インスタグラムで投稿された写真には、「自己顕示性」はあるものの同じ意味の裏返しで、「自己世界の表現」という長所もあります。

　誰もが常時携帯しているカメラ・デバイスを使って、文字よりも手軽に投稿、日常の記録を連ねている中にインサイトを象徴する写真が現われてきます。

　人と動物を見分ける程度の現段階のAI画像解析技術では叶いませんが、画像検索レベルがシチュエーションや感性ワードの域まで発達すれば、インサイト発見に有効なSNSになるでしょう。

　現状では他のテキストから得られた言葉のインサイトを使って、ハッシュタグ検索を行ない、画像群の中からインサイトに近似の写真を選び出しています。その写真をインサイトに添えると、言葉と画像での立体的なインサイト理解ができ、さらには未完成のキーインサイトを画像からの刺激で洗練させることもできます。

＞ SNSインサイト解析のアウトプット

　SNSインサイト解析のアウトプットに向けてのプロセス、テキストからの「欲求カード作り」と「価値マップ」の作成方法や読み方、活用の仕方について紹介します。

（1）テキスト素材を「欲求カード」にする

　インサイト解析では、有効テキストを取り出し、そのテキストを短文の
カードにします。KJカードのようなものですが、消費者の声が基本なの
で「欲求カード」と呼んでいます。欲求カードはできるだけ生の声を残し
ます。ツイッターに限らずコールセンターのお客様の声やMROCの発言、
インタビュー記録などからのインサイト抽出も同じ手法です。

　このカード化の作業では、どのような長文のテキストであれカード内に
収まるように文章を短縮化します。また、「！」や「アイコン」「画像」「誰
が言ったか」などを取り除きます。**情報の軽重をなくし、等価にすること
は定性分析の基本**です。

　インサイト解析の自動化（AI化）ははるかに先ですが、特定のパート
では進んでいくでしょう。AIの文章要約力は徐々に上がってきています
から、欲求カード化が最も早い自動化の対象と見ています。

　例示した「テキスト情報→欲求カード化」の「スタバのインサイト」の
テキスト素材は、すでにインサイト含有率の高い有効テキストを選択する
前段階のステップを踏んでいます。ですから、欲求カードの中にそのまま
インサイトといえそうなものもあるのに気がつくでしょう（**図表4-4**）。

図表4-4　テキスト情報と欲求カード化

テキスト情報	欲求カード化
昨日スタバに連れて行ってあげた効果が寝る時まで続いてる。娘ちゃんがママ大好き連発して言いまくってたし、スタバはね〜す	娘をスタバに連れていってあげたらママ大好きを連発
今どきの小学生、スタバでフラペチーノなんて飲みながら放課後過ごすんだ？　1,000円近くのお茶代とか。心配になっちゃうんだけど	いまの小学生ってスタバでフラペチーノ飲みながら放課後を過ごすの？
スタバとドトールがあって、ドトールを選んだ私は天邪鬼なんでしょうか？　スタバのコーヒー好きじゃないんだよね	スタバのコーヒーは好きじゃない
私はそもそもコーヒー好きな人間なんだけど、スタバに行くのはほぼほぼコーヒー目当てじゃない	コーヒー好きだけどスタバに行くのはコーヒーのためじゃない
スタバはコーヒー美味しいとは思わないんだけど、店員さんの対応が好きで通ってしまうんだよね	美味しいとは思わないが、店員さんの対応が好きで通ってしまう

注：例示テキストは実際のツイートではありません

（2）インサイトワーク「価値マップ」

「欲求カード」を使って、１枚の紙（画面）にキーインサイトの抽出までの作業、インサイトワークを行なったものを「価値マップ」と呼びます。マインドマップのような発散型ではなく、キーインサイトに収斂していく帰納法的なアプローチで、左に結論としてのキーインサイトがありますが、作業上は右から左の流れになります（**図表4-5**）。

「欲求カード」をさらに短いフレーズに置き換えたのが「キーインサイト候補」です。

KJ法は分類と発想法を同時に行なう分析法なので、カード同士の複雑な関係（関連、近似、影響、相反など）を整理することで発想を刺激します。ここでのインサイトワークはインサイト候補の整理がそのままキーインサイトに結びつくので、KJ法ほど複雑に読む必要はなく、欲求カードの似ているものを「集める」ことと「寄せる」こと（情報を包含する欲求

図表4-5　価値マップの見方

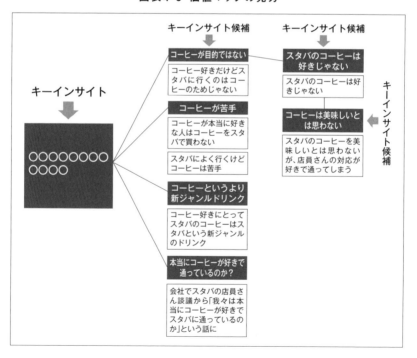

カードはどれか、情報の流れや上位下位などを意識する）が基本です。この時に、分析者の知見や意志が大きく働きます。既知の情報はどれか＝何が新しい予兆なのか、目的は何なのか、社会構造変化に照らした時にどんなトレンドに合致するかなどです。

　当然ながら自社の事業戦略と狙いによっては、この「キーインサイト候補」を「キーインサイト」に昇格させることもできます。

　「キーインサイト」は通常、5つ前後にしています。実際に採用するキーインサイトは1つですが、カテゴリー市場の全体理解と戦略選択検討のために複数のキーインサイトを用意するわけです。

＞SNSインサイト解析事例：「日光」の戦略

　以下に、株式会社JTB総合研究所が実施した「日光」の地域活性化戦略のためのインサイト研究を紹介します。「箱根」をベンチマークとしてテキストマイニングで両地域を比較、インサイト解析で「日光」のキーインサイトを発見します。

（1）これからの観光地域づくり

　株式会社JTB総合研究所は、成熟市場における観光地域づくりのために、選ばれる観光地としての個性や際立ち、戦略的価値創造、そして顧客満足

図表4-6 これからの地域創造戦略の視点

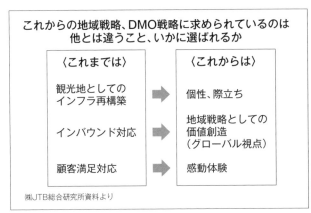

㈱JTB総合研究所資料より

対応から感動体験を創出する目的で、2019年に「日光」のインサイトを研究しました。

2020年のコロナ禍の影響により国内旅行需要、インバウンド需要は急減速しましたが、地域の価値の本質を見極めるインサイト探索は、アフターコロナ時代に向けた立て直し戦略にも通用するはずです。

（2）テキストマイニング〜「箱根」をベンチマークとして

研究では、インサイト解析に入る前に、「箱根」をベンチマーク先として選定し、テキストマイニングによる話題量、係り受け、発信者の属性、発信地の違いなどを比較しました。

「地名×旅行」の単語ランキングでは、日光、箱根ともに「楽しい」「美味しい」「最高だ」「好きだ」などがほぼ同じ順位です（**図表4-7**）。

「日光×旅行」で、「楽しい」「美味しい」が上位だからといって、これ

図表4-7 日光と箱根の「地名×旅行」の単語ランキング（形容詞）

No.	日光（1,290）	件数	割合	No.	箱根（3,026）	件数	割合
1	良い	119	9.2%	1	良い	350	11.6%
2	楽しい	87	6.7%	2	楽しい	248	8.2%
3	美味しい	39	3.0%	3	美味しい	100	3.3%
4	多い	29	2.2%	4	最高だ	60	2.0%
5	好きだ	23	1.8%	5	好きだ	46	1.5%
6	最高だ	21	1.6%	6	すごい	41	1.4%
7	きれいだ	16	1.2%	6	嬉しい	41	1.4%
7	すごい	16	1.2%	8	のんびり	39	1.3%
7	同じ	16	1.2%	8	素敵だ	39	1.3%
10	はやい	15	1.2%	10	多い	36	1.2%
11	可愛い	14	1.1%	11	近い	35	1.2%
11	寒い	14	1.1%	12	可愛い	34	1.1%
11	近い	14	1.1%	13	ゆっくり	33	1.1%
14	久しぶりだ	13	1.0%	14	きれいだ	31	1.0%
15	懐かしい	12	0.9%	15	やばい	28	0.9%

テキストマイニングは株式会社プラスアルファコンサルティング
「見える化エンジン」による
㈱JTB総合研究所資料より

を単純に戦略目標（KPI）にしてしまうと、他の観光地と横並びになります。冒頭で触れた、観光地域づくりのこれから重要な視点である「選ばれる地域のための個性、際立ち」に適わなくなるわけです。

　最も有効な戦略とは他と同じ土俵で競わない戦略、戦略そのもののユニークさにありますから、キーインサイトが発見できれば、それを指標に戦略目標を設定することができます。

（3）マッピングから見る日光と箱根の違い

　次に挙げるのは、両地域の話題マッピングです。マッピングは単語同士の関係を読み取ってそれを構造的に表わしたもので、大量のデータを視覚的に関係づけて見られるのでテキストマイニングでは目を引く分析です（**図表4-8**。ここではそのマッピングを話題のかたまりとして単純化してあります）。

　日光と箱根の話題マッピングを比べると、「修学旅行」「家族旅行」「友達」が共通にあります。旅行形態では日光には「社員旅行」が特徴的です。

　地域名のかたまりを見ると、日光は「栃木・宇都宮」と「京都・奈良」です。このことから、日光は関西の観光地と比べられる全国区の観光地の

図表4-8　話題マッピング

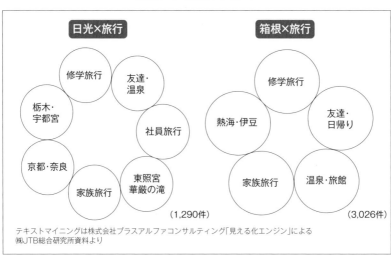

テキストマイニングは株式会社プラスアルファコンサルティング「見える化エンジン」による
㈱JTB総合研究所資料より

可能性がうかがえます。それならば、京都や奈良に対する優位性を明らか
にする必要があるわけです。

　このように、テキストマイニングは大枠の仮説的理解や推察のヒントに
は役立ちます。ただ、さまざまな解釈、推察とその先に再検索を伴う演繹
的な道具であると見たほうがよいでしょう。帰納的な道具、直ちに結果（イ
ンサイト）が浮かび上がるととらえるのは間違いです。

　同時に、テキストマイニングのように定量的にとらえられた結果が科学
的説得性を持つように見えるのは、再現性から来るものです。1か月後に
再分析したらまったく違うマッピングになることが普通にあることにも留
意が必要です。

（4）日光のキーインサイト例 「仲がよいから行く、仲よくなれるから行く」

　テキストマイニングで箱根をベンチマークすることで、日光の大枠の特
性や位置づけを理解できた後に、インサイト解析の作業に移ります。

　発見したキーインサイトは6つです。ここではそのうちの1つ、『仲が
よいから行く、仲よくなれるから行く』を紹介します（**図表4-9**）。

　このキーインサイトは、日光の観光リソースを眺めながら戦略を考える
という、一般的な方法ではきわめて出にくい、消費者視点ならではのイン
サイトです。

　友人や職場の旅行で「夜はお店が開いていないから仲よくなりやすい」
がキーインサイトの言葉に直接的な影響を与えていますが、日光ならでは
の「純粋な観光」、それを「気心の知れた」人と、「日々の感謝を込めて親
孝行」などの機会にしたいとするインサイトがあります。

　中ほどには「プチ新婚旅行」「結婚記念日」など、日光がハレの場であ
ることを示唆するインサイトがあります。

　このキーインサイトを理解すれば、ホテル、旅館、お土産物屋ほか観光
施設のもてなしも変わってくることでしょう。「仲がよいから訪れた」お
客様に対して「もっと仲よく」してさしあげる、そんな仕掛けや対応がこ
れからの日光を創造していくはずです。

図表4-9 価値マップ：日光のキーインサイト例

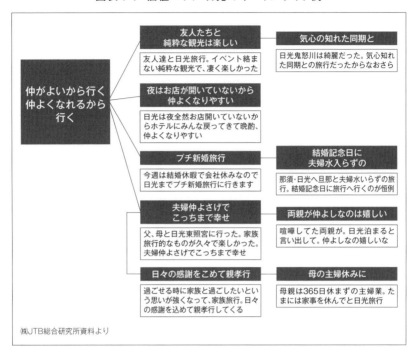

友人たちと
純粋な観光は楽しい

友人達と日光旅行。イベント絡まない純粋な観光で、凄く楽しかった

気心の知れた同期と

日光鬼怒川は綺麗だった。気心知れた同期との旅行だったからなおさら

仲がよいから行く
仲よくなれるから
行く

夜はお店が開いていないから
仲よくなりやすい

日光は夜全然お店開いていないからホテルにみんな戻ってきて晩酌、仲よくなりやすい

プチ新婚旅行

今週は結婚休暇で会社休みなので日光までプチ新婚旅行に行きます

結婚記念日に
夫婦水入らずの

那須・日光へ旦那と夫婦水いらずの旅行。結婚記念日に旅行へ行くのが恒例

夫婦仲よさげで
こっちまで幸せ

父、母と日光東照宮に行った。家族旅行的なものが久々で楽しかった。夫婦仲よさげでこっちまで幸せ

両親が仲よしなのは嬉しい

喧嘩してた両親が。日光泊まると言い出して。仲よしなの嬉しいな

日々の感謝をこめて親孝行

過ごせる時に家族と過ごしたいという思いが強くなって、家族旅行。日々の感謝を込めて親孝行してくる

母の主婦休みに

母親は365日休まずの主婦業。たまには家事を休んでと日光旅行

㈱JTB総合研究所資料より

＊「SNSインサイト解析」についての問い合わせ先：

金正則　jckim@think-farm.com

3 ▶ オンライン・ワークショップシステム 「DIGI-LAS」

デジタルの強みを活かし、オンラインだからこそ便利でアイデアを活性化させる
ワークショップシステムの紹介

❯ オンライン・ワークショップシステム開発の背景

　ワークショップと聞くと、教育・研修などのシーンを思い浮かべる人が
多いと思います。定性調査においても、ワークショップは、時にはプロジ
ェクト関係者を集めて、あるいは一般生活者や専門家を交えて、互いに創
造力を働かせ、発想を膨らませることで、課題発見、アイデア創出、施策
立案などの目的で行なわれます。当社（インテージクオリス）でも、商品・
サービス開発につなげる「共創未来会議」などのワークショップを実施し
てきました。

　ところが、2020年、新型コロナウイルス感染症拡大により、大勢が1つ
の空間に集まり長時間「密」状態になるワークショップを実施することは
難しくなりました。ただ、リアルの会議がオンライン会議に切り替わって
ノーマルなスタイルとして定着しているように、「オンライン・ワークシ
ョップ」が簡単に行なえたら、もっと利用機会は増えるはずです。

　ふだん、オンライン上での会議は「Zoom」や「Teams」などを利用し
ている人は多いと思います。顔を見ながら会話したり、画面を共有して意
思疎通ができるようになっていますが、ワークショップとなると付箋や模
造紙の代わりとなるようなツールが必要になります。

　そこで「miro」や「MURAL」に代表されるオンライン・ホワイトボー
ドシステムを併用するケースが考えられます。私も実施してみましたが、
ビデオ会議とホワイトボードのツールが別々であるとどうしても煩雑にな
り、付箋作りに集中しすぎてしまい、コミュニケーションが疎かになって
しまった経験があります。

　また、代表的なツールは日本語に対応しておらず、利用にあたり大きな
ハードルとなります。さらに、「ホワイトボード」ではなく「ワークショ

ップ」を実現するための機能が必要であることもわかりました。

　そんな現状を打破し、オンライン・ワークショップの機会を広げるために、もっと便利なツール開発しようと試み、自然言語処理をはじめとする技術を持つ株式会社エクォス・リサーチと共同開発プロジェクトを立ち上げました。そして、便利な機能を備えた、使いやすい、新しいオンライン・ワークショップツールとして誕生したのが、「DIGI-LAS」です。

　開発にあたって私たちが目指したのは、単にリアルなワークショップをオンラインでも行なえるようにするだけではなく、デジタル化することでワークショップをもっと進化させることです。手軽で、かつ進化したワークショップシステムを作ることで、商品開発や組織内・教育現場のディスカッションなど、ワークショップの機会はもっと広がると考えました。

▶ オンラインで実施するメリット

　そもそもオンラインでワークショップを実施することに、どんなメリットがあるのでしょうか。以下に記します。

①いつでもどこからでも参加できる

　会場に集まらなくて済むため、自宅にいながら全国各地、海外からでもワークショップが可能となります。また、ルームにはいつでもアクセスができるため、新しい意見を思いついたタイミングで付箋を貼っていくこともできます。

②画像や資料の共有がしやすい

　オフラインのワークショップでは、議論に沿って出てきた意見に対し、画像や動画などを共有しながら理解を深めることは難しいです。一方、オンラインではボード上にすぐに画像や資料を共有することができ、リッチな情報によってチームメンバー同士の共感が深まります。

③準備や結果の共有がラク

　オフラインのワークショップでは、模造紙や付箋などの備品や会場の手配など、準備に時間がかかります。一方、オフラインでは主催者が開催設定をするだけでワークショップが始められます。また、結果の模造紙を撮影して共有したり、文字起こしする必要がなく、ダウンロード機能で簡単

にデジタル化されたデータを共有できます。

④オフラインの利点を補う機能

　オフラインの利点はその場に集まる人たちが直接顔を見ながら、自然に会話ができることです。これから紹介する「DIGI-LAS」には、オンラインでも顔を見ながら進行できるよう、ビデオ通話機能が実装されています。また、チーム別に作業をする場合でも、オフライン同様に自由に行き来できるよう、司会者や見学者のルーム移動が可能です。

＞「DIGI-LAS」の基本機能

　では、今回開発したオンライン・ワークショップツール「DIGI-LAS」の機能の一部を紹介します。

（1）メインルームとサブルームの移動

　リアルなワークショップでも、全体でのセッションとチームごとのセッションがあるように、「DIGI-LAS」には参加者全体でコミュニケーション・情報共有ができる「メインルーム」と、少人数のチームに分かれて議論ができる「サブルーム」が設定されており、画面上のボタン操作で両ルームの行き来が簡単にできます。

①メインルームの画面

　メインルームは、全員が集まる場であり、ファシリテーターが参加者に説明したり、チーム単位の作業後に全体発表をするときに使います。ビデオチャット機能があり、参加者全員の顔を一度に表示することも可能です。画面の下に、ファシリテーターと各チームの参加メンバーの映像が表示されます。また、メインルーム画面の右上に、「サブルームへ行く」と表示されたボタンがあり、参加者はこのボタンをクリックすれば、各チームごとに用意されたサブルームに移動できます。

②サブルームの画面

　サブルームでは、あらかじめ設定したチーム単位でディスカッションをします。各チームのメンバーは、自分のチームのサブルームに移動できますが、他のチームのサブルームには移動できません。一方、ファシリテー

ターおよび見学者は、それぞれのチームのサブルームに入って、ディスカッションの様子を自由に見ることができます。

（2）デジタル付箋

　サブルームでは、デジタル付箋の機能があり、ペンで付箋に書いてホワイトボードや模造紙に貼るように、画面上のボードに付箋を作って貼ることができます。この時、チーム内のメンバー一人ひとりの付箋が自動的に色分けされるため、作った付箋が誰のものか容易に識別することができます。ボードに貼った付箋は自由に位置を動かしたりグルーピングをすることができます。

（3）複数のボード設定

　サブルームでは、複数のボード設定ができ、ワークショップの進行に合わせて、それぞれのセッションごとに、異なるテーマをつけて用意することができます。

（4）ボードのダウンロード

　ボードでの作業の結果を、そのまま画像ファイルにダウンロードして、全体発表時に共有することができます。

（5）その他の機能
- テキストボックス、四角や矢印などのオブジェクト
- コンセプトシートなどワーク用のテンプレート設定
- 参加者それぞれの画面共有

❯ デジタルで進化するワークショップ

　「DIGI-LAS」を開発するにあたり最もこだわった点が、デジタルだからこそ便利に、よりアイデアが発想されるような仕組みです。音声認識や入力する文字がデジタル化されると言語解析が可能となり、さまざまな機能を実装することができました。その一部を紹介します。

- 音声で付箋が作れる
  音声用付箋を選択し、話すだけで付箋が作れます。
- 付箋の反応ボタンで共感が可視化
  貼られた付箋に対し反応ボタンを押すことで、どの付箋がどれくらい共感されているかがわかり、議論が可視化されます。
- 付箋に関連する画像をサジェスト
  付箋の単語を解析し、付箋の意図に近い画像のサジェストが可能です。文字だけでなく写真を貼ることでよりイメージが伝わるようになります。
- 付箋や会話の言葉を解析してランキング表示
  付箋と会話の言葉を常に蓄積し、頻出が多い単語のランキングが表示されます。単語を選択すると該当する付箋にマーカーがつき、すぐにわかるようになります。
- 付箋の意味を解析し、似たものを自動配置
  個人作業ボードで付箋を貯めておき、メインボードに共有する際に、ボタン1つで似た付箋が近くに来るように自動配置されます。

＞「DIGI-LAS」を利用するには

　「DIGI-LAS」をご利用いただくには、HP経由でお申し込みください（https：//www.intage-qualis.co.jp）。

＞「DIGI-LAS」今後の展望

　新型コロナウィルスにより広まったテレワークやオンライン会議は、その利便性から感染拡大が収まった後も定着していくと思われます。このオンライン・ワークショップの仕組みは、これまでオフラインで1日かけて実施していた大がかりなワークショップの置き換えだけではなく、みんなでちょっとしたアイデアを考えたり、意見を整理しまとめるようなディスカッションにも有効です。また、いつでもアクセスできるため、自分の考えを整理する「おひとりさまブレスト」としても使えます。より便利に、楽しく、ひらめきがたくさん生まれるツールになるよう、これからもデジタルの強みを活かし、ワークショップを進化させていく次第です。

4 ヘルスケア・オンライン定性調査

医師と患者のメディカル調査の方法

＞ コロナ禍のメディカルリサーチ：医師調査

　医師を対象としたオンラインでのインタビュー調査は、首都圏・関西圏だけではリクルートが困難な場合に、オフラインでのインタビュー調査を補完する形で数年前から実施されていましたが、コロナ禍において、一気にオンラインへシフトし、現在では、全国の医師とオンラインでインタビューができるようになりました。

　オフライン時には、1か所に集まって視聴していたクライアント企業の方々や調査会社スタッフが、それぞれの自宅やオフィスなどでインタビューを視聴できるようになったことは、特に大きな変化だといえます。ここでは、「事前準備」「モデレーターとリサーチャーの役割」を整理し、最後にオンラインとオフラインの違いをまとめました。

（1）事前準備
①医師には、できるだけ会議室（個室）の確保を依頼
　医療機関（クリニック、病院）でインタビューを受ける医師には、第三者のいる医局などを避け、会議室（個室）を確保していただくように、リクルート時に丁寧に依頼をする必要があります。双方が聞き取りやすいインタビュー環境を作ることは当然のことですが、インタビュー時に提示する新薬などの情報について「見聞きした内容を他言しない」と同意した医師だけが視聴する」というリスクヘッジのためでもあります。
②事前テストの実施
　本番前に、PC上に提示物が映り、医師の声、モデレーターの声が双方で聞こえることを確認するための事前テストは必須となります。本番で「医師の顔が見えない」「声が聞こえない」「提示物が表示されない」などのト

図表4-10　インタビュー実施中のリサーチャーの
PC画面

モデレーターとの
チャット画面

インタビュー
映像

クライアントとの
チャット画面

ラブルは是が非でも避けたいものです。リクルートのために医師に連絡を
する際は、インタビュー日程の連絡だけではなく、事前テストの日程も確
保してもらい、インタビューを実施する場所で使用予定のPCを用いたテ
ストを実施しておくとよいでしょう。

（2）モデレーターの役割
①聴取技術と医療知識の両輪で進めるインタビュー

　オンラインインタビューという観点からは少しそれる話にはなりますが、
医師調査のモデレーターは、疾患や薬剤についての専門知識を持っている
ことが必須であり、調査自体は一般消費財・耐久財調査でいうところのヒ
アリング／専門家調査に近いものになります。

　専門職である医師から情報を聴取する場合、聴き手にも専門的な知識が
ないと、適切で的を射た質問ができない、診断や治療の回答の矛盾に気づ
かないなど、高額な調査費用にもかかわらず、聴取できる情報が乏しくな
ります。また、インタビューを受ける医師が「知識のない相手に難しい話
をしても仕方がない」という態度になってしまうことにもなりかねません。

②インタビュー中のトラブル対応

　オンラインインタビュー中に急に医師の声が聞こえなくなる、顔が見え
なくなるなどのトラブルが発生した際には、モデレーターが医師本人やス
トリーミング配信を管理するスタッフと連絡を取り、トラブルへの対応を

担うケースもあります。

（3）リサーチャーの役割
①全調査資材の編集・作成

　医師に対し、PC上で提示する資料が多数に及ぶ場合、資料を調査票（インタビューガイド）の質問順に並べるのはもちろんのこと、その資料を再度提示して質問する時には、その場所にも同じ資料を配置しておかなければなりません。また、医師から回答を聴取するために助成する「選択肢シート」も適切な場所に入れ込み、調査資材として1つのファイルにまとめて、インタビュー中にスムーズにPC上に提示できるように準備しておくとよいでしょう。

　リサーチャーは本番前に必ず、「選択肢シート」や「提示資料」が正しい順番に並んでいることを確認してください。また、ふだんPC画面を60〜90分も見続けることがない医師の集中力が持続するよう、クライアントに提示資料の枚数を絞り込んでもらうように交渉することも重要です。

②インタビュー中のクライアントとのコミュニケーション

　リサーチャーはインタビューに集中しながらも、クライアントからリクエストが出ているかどうかにも注意を払う必要があります。ストリーミング画面にあるチャット機能や、オンライン会議アプリのチャット機能で、クライアントと随時やりとりができるようにしておきます。

③インタビュー中のモデレーターとのコミュニケーション

　モデレーターがリサーチャーの意図通りに聴取をしているか、抜けている質問がないかを確認し、必要に応じてモデレーターに通知することもリサーチャーの役割です。これらもアプリのチャット機能を利用してテキストで伝えます。

④追加質問

　追加質問は「原則として最後にまとめて聴取する」ということをクライアントから事前に了承を得ておきます。配信システムによっては、ストリーミング配信がインタビュー現場より数十秒遅れることがあるため、途中で追加してしまうと、次のトピックに移ったインタビューの流れを止めて

図表4-11　オフラインとオンラインの違い

	オフライン（会場）での 1 on 1 インタビュー	オンラインでの 1 on 1 インタビュー
調査エリア	インタビュー用ルームがある大都市	日本全国
リクルートのしやすさ	条件が厳しいと緩和が必要	条件が厳しい場合の緩和機会が減少
通信トラブル	なし	リスクヘッジのための事前テスト実施
調査時間 （ガイドの設計）	調査時間内に聴取できる質問ボリュームで設計	左記を鑑みる際に、冒頭のセッティングや提示物のハンドリング時間も考慮し、マイナス5分くらいで設計
提示物・記入シートの提示方法	大きな制約はない	流れに沿って、提示物に評価シートを入れ込んだ1本のファイルを作成
直前の提示物の確認	モデレーターが手元の資料を確認	複数の調査を実施している場合、当該案件の提示物であることを当日オンライン上で確認
モデレーター	医師と同席してインタビュー	自宅、オフィスでインタビュー
関係者の視聴（クライアント、調査会社）	バックルーム、モニタールームで視聴	自宅、オフィスから視聴
追加質問	インタビュー途中でメモを入れ、モデレーターが聴取箇所を判断	インタビュー中に収集。追加質問を送るタイミングを事前に決めておき、残り時間を見ながら、優先順位をつけてモデレーターに送付

しまうリスクがあります。また、オンラインでは、冒頭のセッティングや記入シートへの記載に時間がかかり、予定より進行が遅れるケースが多いことも理由の1つです。

　リサーチャーは、追加質問に割ける時間がわずかしかないなか、依頼されたすべての質問を聴取できない状況も想定しつつ、調査目的に鑑みて重要度の高い順に質問を並び替え、かつ一読で理解できる文章に編集して、モデレーターに通知します。効率よく時間を使うために、クライアントには、たとえば「質問XXまでに追加質問を通知してほしい」と依頼をしておきましょう。

　以上、医師が対象のオンラインでのインタビュー調査を実施するにあたり、事前に必要な準備、モデレーターとリサーチャーの役割を整理しました。インタビュー中のリサーチャーはさまざまなタスクを同時にこなす必

要があるため、通信環境上のトラブルが発生すると、心身ともに疲弊します。前もってさまざまな工夫を凝らしておきたいところです。

　たとえば、過去に医療機関内でインタビューを実施したケースで通信環境上の問題があった場合は、その内容を詳細に記録しておき、次のインタビューでは、自宅での実施を依頼するなどの対策はリスク軽減につながります。今後もオンラインインタビューを円滑にするノウハウを貯めていくことは必須で、まだまだ発展途上の手法であることは間違いないでしょう。

＞ 患者定性調査：ペイシェント・ジャーニー編

　近年は、ペイシェント・ジャーニー（Patient journey）の作成を目的とした患者調査が増えています。一般消費財や耐久財のカスタマー・ジャーニー作成のためのインタビューと比較して、患者さんにインタビューをする際に大切なことをお伝えします。

（1）ペイシェント・ジャーニーを目的とした定性調査が増えている理由
　主に以下のような理由から、患者さんを対象とするインタビュー調査が増えています。

- そもそも自社製品を使用する／使用予定の患者さんは、発症からどのようなヒストリーをたどって、どのように暮らしてきたのかを知りたい
- 患者視点に立った患者支援プログラムを創るために、どこに認識のギャップがあるのか、どこに役立つ機会があるのか探りたい
- 専門的な医療情報を、患者にとって有用で魅力的なコンテンツに変換したい
- 時代や環境の変化を伴う既存のペイシェント・ジャーニーや世界で共通理解のペイシェント・ジャーニーを改善したい
- 患者セグメンテーションにつなげる切り口を探したい
- 疾患啓発により、潜在患者さんに医療機関受診を促したい

　参考までに、ペイシェント・ジャーニーの例を示しておきます（次ページ**図表4-12**）。

図表4-12 ペイシェント・ジャーニーの例

xxxx病 33歳 男性・会社員（xxx会社経理）妻・子供の3人暮らし

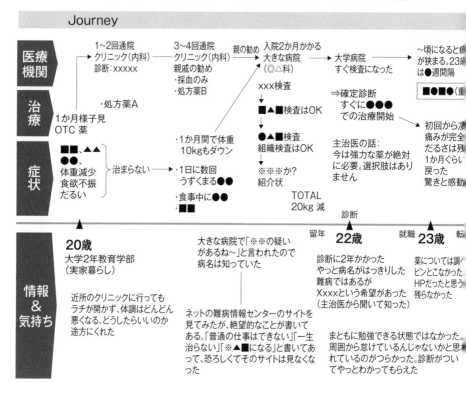

（2）ペイシェント・ジャーニー作成に適した手法

　患者さんの「ヒストリー」を知るためには、90〜120分のデプスインタビューを実施し、詳細で深い情報を取得します。患者さんが「疾患に関すること」や、「その疾患と生きていく様子」を語る時の表情や発言は、実際にマーケティング施策を練るクライアントに大きなインパクトを与えるものとなります。他にもMROC、オンラインエスノなどさまざまな調査手法がありますが、それらは調査目的が「インサイトの探索」や「無意識下の疾患負荷の把握」である場合に、より適したものになります。

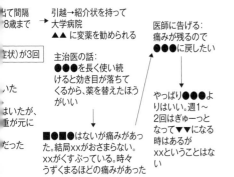

出て間隔
8歳まで

(症状)が3回

いた

はいたが、
重が元に

だった

引越→紹介状を持って
大学病院
▲▲ に変薬を勧められる

主治医の話:
●●●を長く使い続
けると効き目が落ち
てくるから、薬を替えたほう
がいい

■●■●はないが痛みがあっ
た。結局xxがおさまらない。
xxがくすぶっている。時々
うずくまるほどの痛みがあった

医師に告げる:
痛みが残るので
●●●に戻したい

やっぱり●●●よ
りはいい。週1〜
2回はぎゅーっと
なって▼▼になる
時はあるが
xxということはな
い

| 7歳 | 結婚 28歳 | 30歳 | 33歳 |

社の
全然

時々「xxxx病」で
調べていた。●●●
は▼▲▲だと知っていた
が、医師が教えてくれた
ことは知らなかった

「○△病 xxxxx」で検索した。患
者のブログでxxxxxが体質が合
わなく△△△に戻したというのを
読んだ。投与する薬は医者が決
めるもので患者が意見を言うも
のではないと思っていたが「言っ
ても構わない」と。目から鱗だった

〈今の想い〉
今の薬が効かなくなったらどうしようという不安はある
けれど、もう調べることはやめた。つらそうな体験を読
んでしまったら、診断当初を思い出して怖い。薬が効か
なくなる前に主治医に兆候を見つけてもらいたい

（3）インタビューにおける工夫

　現実的で、より深みのある発言を引き出すには、「インタビューの仕方」や「患者さんのニーズの汲み方」などに工夫が必要です。ここでは、3つの工夫を紹介します。

①インタビューガイド

　90〜120分とはいえ、患者さんのそれまでのジャーニーの長さからすれば、とても短い時間であることから、効率的に時間を使う必要があります。最も有効な方法は、患者さんに思い通りに話していただくことです。

　インタビューガイドに無理に合わせようとして、話を戻してしまうと、患者さんの"思い出し"や"思考"の流れを止めてしまい、別の話題に対して、最初から"思い出し"や"思考"をしなければならなくなります。その結果、時間切れとなり、最後まで聴けずにインタビューを終わらせざるを得なくなるケースもあると聞きます。

　「患者さんが思いどおりに話したら、必要なことを聴けないのでは？」と思われる方もいるでしょう。しかしそこはプロのモデレーターの腕の見せ所です。モデレーターは、ペイシェント・ジャーニーの完成形が頭に入っています。どの情報が取得できていて、どの情報が取得できていないかを把握しているので、上手に相槌を打ち、患者さんの話に寄り添いながら、未聴取の発言を引き出せるように話をずらしていきます。結果、聞き漏らしが防げるのです。

第4章 オンライン定性調査（2）——実例と留意点

187

②疾患・医療知識を持つモデレーター

　モデレーターは疾患や医療についての専門知識を持っていることが必要不可欠です。患者さんは嘘をついているつもりがなく、勘違いをして話すこともあります。たとえば「初回治療で使われるはずのない（保険適応になっていない）薬を最初に使った」などの発言に対し、モデレーターがおかしいと気づくことなくインタビューを終了してしまうと、作成したペイシェント・ジャーニーを見たクライアントから「このようなジャーニーはあり得ない」と言われてしまうでしょう。医師調査が実施できるほど専門性が高く、かつ患者さんの気持ちに寄り添ったインタビューができるモデレーターにお任せすることは非常に重要です。

③直截（ちょくせつ）的に気持ちを聴くことを避ける

　カスタマー・ジャーニーでは、よく「顔の表情のイラスト」をつけて気持ちのアップダウンを示しているものを見かけます。「購入前の比較検討時の気持ち」や「購入した時の気持ち」「購入後にSNSでシェアする時の気持ち」を可視化することは、コミュニケーション戦略を策定するうえで重要だと思います。

　しかし、ペイシェント・ジャーニーの主体は患者さんです。重い疾患、希少疾患、難病（こういった疾患をお持ちの患者さんにインタビューすることがほとんどです）であると診断されたらどんなに悲しく、その後の生活はどうなってしまうのだろうと不安になることは調査をしなくてもわかることです。「そのように診断されたときはどう思われましたか？」と質問することがどんなに残酷なことか、想像に難くないでしょう。さらに、たとえば「辛くて一晩中、泣きました」という患者さんの発言の後に、「顔の表情のイラスト」を提示して「その時の気持ちを選んでください」と聴くことは、患者さんに「二度とインタビュー調査には協力しない」と失望させてしまうこともイメージできるかと思います。「一人の人間」として患者さんを尊重するためにも、聴き方を工夫することが何よりも優先されてしかるべきでしょう。

（4）患者さんへのインタビューにおいて最も重要なこと

　患者調査において最も重要なのは、「その後の患者さんの生活に悪い影響を及ぼすことがあってはならない」という意識を持ち続けることです。特に、インタビュー中の新薬の評価では、患者さんが過剰な期待をしてしまうような情報の提示は避けてください。そして、主治医に対して不信感を抱いてしまうような質問にならないよう細心の注意を払ってください（たとえば、「そのお薬は、診療ガイドラインで推奨されていないことをご存知でしたか？」といった質問は避けてください）。

　最後に、患者さんが疾患や薬について調べた結果、何が明らかになり、何がわからないままになっているかは、インタビュー中にしっかり確認をしてください。それを報告書中に整理することにより、患者さんを支援する機会と方法の考察につがなります。さらに「なぜその情報が必要だったのでしょうか」という問いかけは、患者さんが当時の気持ちを思い出し、語ってくれるきっかけになる質問にもなり得るでしょう。

第4章　オンライン定性調査（2）──実例と留意点

第4章

5 オンライン・インサイト調査

消費者も自覚できていない欲求をリサーチで明らかにする

＞ オンライン・インサイト調査とは

（1）インサイトとは、人を動かす隠れた心理

　オンラインによる調査は、インサイトの発見にも用いられます。インサイトの発見は、1 on 1（一対一）のデプスインタビュー、あるいはフォーカスグループインタビュー（FGI）で行なうもの、という先入観を持っている読者もいらっしゃるかもしれません。

　筆者はオンラインによるインサイトリサーチを、十数年にわたって700案件以上担当して実績を上げています。すなわち、これから紹介する内容は、机上の理論だけで作られたものではなく、数多くの経験を実際に積み上げたことによって導かれてきた理論と実践方法なのです。

　インサイトという言葉は、マーケティングの世界においてはかなり定着してきましたが、明確な定義が未だ定着しておらず、それぞれの人によってあいまいにとらえられ、異なる理解がされているというのが実情です。この節のはじめにあたって、私たちが考えるインサイトの定義を紹介したいと思います。

　インサイトとは「人を動かす隠れた心理」です。隠れているという言葉の意味は、本人すら自覚できていない、と言い換えることができます。自覚されていない消費者の欲求は、それが刺激されることではじめて「そう、そういうものが欲しかった」「自分にそうして欲しかった」といった気持ちが喚起されます。インサイトは、言われてはじめて気がつく、本人も気づいていない欲求のスイッチなのです。

（2）普通のリサーチではインサイトは発見できない

　では、自覚されていないインサイトを発見するには、どうすればよいの

でしょうか。それを考えていくうえで、スティーヴ・ジョブズの示唆に富んだ言葉があります。

「フォーカスグループインタビューによって製品をデザインするのはとても難しい。多くの場合、人は形にして見せてもらうまで、自分は何が欲しいのかわからないものだ」

あなたはどのようなデザインが欲しいのか、と問われても言葉にすることは難しいのです。デザインだけではなく、どんなものが欲しいのかを消費者自身、自覚できていません。

さらに、消費者自身が自分の欲求を間違って認識している、といったことも珍しくありません。以下は日本マクドナルドの事例です。以前、マクドナルドが消費者にアンケート調査やインタビューを行ないました。その時に得られた消費者の声は「マクドナルドではもっとヘルシーなものを食べたい」「サラダが食べたい」といったものでした。その声に応えて2006年に「サラダマック」が発売されましたが、販売は振るわずほどなく終了となってしまいました。

この後、マクドナルドからは「クォーターパウンダー」や「メガマック」といった新メニューが発売され大ヒットしました。消費者が欲しいと言ったヘルシーな商品は空振りし、その正反対ともいうべき大量に肉を食べられる商品が受け容れられたのです。

消費者が「自覚していない欲求」には、普通にアンケート調査やインタビューで「あなたが欲しいものは何か？」を聞いているだけでは絶対にたどり着くことはできないのです。通常のオンラインの定量調査や定性調査でも然りです。

（3）「だいたい良いんじゃないですか？時代」に求められる方法論

インサイトは、「何が欲しいか」をただ聞くだけではなぜ明らかにできないのでしょうか？　その理由は社会状況の変化にあります。

成熟が進んだ現代の消費社会は、「求めているものは基本的に充たされている」状態になっています。生活に必要なものは一通り行き渡り、品質や満足度のレベルも基本的に充たされています。このような状況を私たち

は「だいたい良いんじゃないですか？時代」と説明しています。

　一方、1980年代後半より前は「だいたい、良くない時代」です。まだ社会は「求められているものが充たされていない」状態だったのです。

　この頃の人々には、「あれが欲しい」「こんな暮らしがしたい」「生活のここを改善したい」といった欲求が数多くありました。その欲求に応える商品を企業は開発し、それがどんどん売れていた時代だったのです。

　したがって、企業が消費者に「何が欲しいですか？」と問えば、それだけで顕在化しているニーズを把握することができました。アンケート調査やインタビューを行なえばすぐに答えが得られました。

　しかし、消費者自身も欲求を把握できない「だいたい良いんじゃないですか」な現代においては、かつてのように「何が欲しいですか？」と問いかけても答えは手に入りません。自覚されていない隠れた欲求、すなわちインサイトを知るためには、そのような現実を認識したうえでオンライン調査に取り組まなければならないのです。

＞オンラインでも「人間を見にいく」ことでインサイトがわかる

（1）「買わない理由」を明らかにする方法

　マクドナルドのサラダマックがうまくいかなかった事例について改めて考えてみます。

　この時に行なわれたリサーチでは、「マクドナルドに行かない理由」を探ろうとしていました。そのために「なぜあなたは最近マクドナルドに行かないのか」といった質問がされていたと考えられます。

　このように直接「なぜ買わないのか」「何が不満か」を聞いても、「ヘルシーではない」「サラダがない」といった、結果的に失敗につながる見当違いの回答しか引き出せません。

　このような誤りに陥らないために必要なこと、それが、**人々の興味や関心に寄り添うことで人間を見にいく**、という発想です。

　具体的には、「マクドナルド」という商品／ブランド、あるいはファストフードや外食という市場から離れて、「食生活」というターゲットの興味関心事項について聞こう、ということです。

食生活に関心がないという人は現代においては少数です。そこで人々が食生活に関して感じていることから、マクドナルドの問題を解決する手がかりとなる心理を引き出します。

　たとえば、ある人の次のような心理に着目します。

　「いつもは我慢している肉料理を死ぬほどむさぼる。一見、食べられそうにないほどのボリューム感と肉汁のジューシーさで、ヘルシーな食生活で溜まったストレスを思い切り発散できる。ふだんはカロリー制限をして、健康に気を遣った食事をしているから」（ある一人の女性の体験より）

　このように、食生活の中で、ある人がどんなことを気に入っているか、言い換えれば価値を感じているか、を探り出します。そして、この食生活から発見した価値と対比させることで、次のようなマクドナルドに対する潜在的な不満が浮かび上がります。

　「食べ応えのあるハンバーガーにかぶりついて、健康に気を遣うストレスを発散させたい。でも、マクドナルドに今あるメニューではそそられない」

　ふだん心がけているヘルシーな食生活で蓄積している潜在的な不満を解決してくれるのが、がっつり肉を味わえるハンバーガーだった、ということがおわかりいただけると思います。

　このように、最初に広く人間を見にいくことで、その人のお気に入りの理由＝価値を探り出し、その価値から見て、今度は自分たちの商品や市場に内在している本質的な不満や未充足の欲求を明らかにします。

　これが「人間を見にいく」ことを起点とするインサイトの発見方法です。

（2）商品や市場ばかり見ていては、本質的な欲求はわからない

　消費者自身も自覚できないインサイトを知るために必要なことは、いったん「商品や市場から離れる」ことです。

　自社の商品やその商品カテゴリーに関するインサイトを知りたい。しかし、消費者にとってその商品は「だいたい良いんじゃないですか」といった表立った問題がないものになってしまっているのが現状です。そこで直接その商品や市場ばかりを掘り下げても、消費者の行動を刺激する隠れた

欲求を見出すことはできません。

オンライン・インサイト調査で行なわなければならないのが「人間を見にいく」ことです。商品や市場という視点を離れて、人々は何を求めているのか、に目を向けることです。

商品や市場を離れて人間を見にいくためは「人々の興味関心に寄り添う」ことから始める必要があります。商品から発想するのではなく、まず人間が何を求めているのか、を知ることから始めなければ、表層的な現象やうわべだけの心理ばかりにとらわれ、表に出ていない本質的な不満や欲求にたどり着けない、ということになってしまいます。

（3）インサイトがズレると徒労に終わるデザイン思考

このような考え方は、昨今用いられることの多い「**デザイン思考**」で起きている問題に共通するものがあります。

デザイン思考では、次のようなフェーズでプロジェクトを進めます。①共感（Empathize）→②問題定義（Define）→③創造（Create）→④プロトタイプ（Prototype）→⑤テスト（Test）。この①共感から②問題定義までが先ほど説明したインサイト発見とほぼ同義になります。この①②では行動観察を通して情報を得て、そこから何が問題なのかを明らかにしようとしています。しかし、ここで誤った問題定義をしてしまうと③以降のアイデアを具体化していく過程で大きな過ちを犯してしまいます。

たとえば、先のマクドナルドの例のように「ヘルシーなものを食べたいのにその欲求が充たされていない」ということを問題だとしてしまうと、④のプロトタイプを作る段階で「持ち運びに便利なモバイルサラダマック」「1食で1日分の野菜がとれるサラダマック」「インスタ映えサラダマック」といった的外れのプロトタイプが作られることになってしまいます。

このように最初が非常に重要なのですが、「やればやるほど共感から問題定義のところが難しい」との声が多く挙がっていることが、日本マーケティング学会のデザイン思考研究会でも報告されています。インサイトをとらえていかないと、せっかくのデザイン思考も絵に描いた餅に終わってしまうのです。

＞ オンラインで膨大な一人の事実（ｎ＝1）を収集する

（1）「アート&サイエンス」の発想

　インサイトの重要性は理解され浸透してきましたが、その引き出し方が難しいという声を特に日本では多く聞きます。そこで考えなければならないのが、「アート」と「サイエンス」の両輪にこだわること、そしてその両者の順番を間違えないことです。アートは仮説探索、サイエンスは仮説検証を意味します。

　ここで言う「アート」とは、可能性を拡げることを意味します。一人（ｎ＝1）の事実に基づいて、筋のよさそうなインサイトの仮説を手に入れます。一方で、導き出した仮説の市場性を統計的に検証し意思決定しなければなりません。それが「サイエンス」です。したがってこの部分は誰がやっても再現性があるものでなければなりません。

　ここで間違ってはいけないのが、「アート→サイエンス」の順で進めることです。これを「サイエンス→アート」の順にしてしまうと、筋のよい仮説を得ることができず、道を誤ることになってしまいます。

図表4-13　インサイトの発見は「アート&サイエンス」

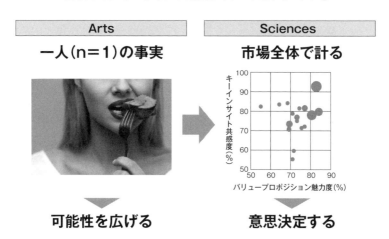

（2）一人の具体的な事実（n=1）こそが起点

ダメな仮説は、どんなに検証してもダメなままです。サイエンスがいい仮説を導いてくれるわけではありません。まず**アートとしてn=1の事実**に基づいて仮説が得られるのが大原則であり、その逆はないのです。

テクノロジーの進化でさまざまな膨大なデータを入手することができるようになりました、しかし、筋のよい仮説を持ってデータの海に飛び込まなければ、その海で溺れてしまうでしょう。

データから導かれたいわば「架空の平均像」に基づく作業を行なってしまうと、平均に埋もれた新しさのない結論しか得られない、といった過ちが起こりがちです。しかし、一人（n＝1）の事実を起点とすれば、そのような問題を回避し、エッジの立ったユニークな発見を得ることができます。また、n＝1を起点とすることで、インサイトの四要素を読み解くことができます。

ただ、ひとことで「広く人間を見にいく」と言っていますが、実際にこれを行なうことは簡単ではありません。グループインタビューや訪問観察で膨大な「n＝1」事象を収集することは現実的に不可能です。しかし、オンラインであれば、テクノジーとテクニックを駆使して、そのような分析に値する一人ひとりの事象を収集することが可能になります。

（3）「n＝1」の情報を手にする手順

その「n＝1」の情報を得るためには次のような手順を踏みます。

国内外のウェブモニターパネル（国内1,000万人規模）から、特定のテーマに関する行動をしている人を大量のサンプルの中から抽出し、見つけ出します。その人に対して、心理学の投影法をベースとした「文章完成法」や「ビジュアル刺激法」を活用してインサイトを探索します。

このプロセスのポイントの1つは、**心理学で用いられる投影法の考え方をオンライン調査で使う**、ということです。従来このような心理学に基づくアプローチは、対面を基本とした調査で行なわれてきましたが、デコムではそのオンライン化を実現しました。理論に基づく実践を繰り返し、技法として洗練させ体系化していくことで、オンライン調査において行なう

図表4-14 文章完成法の例

私がこの車を運転して気に入っているのは（　　　　　）な時で、
その時には（　　　　　）な気分だ。

私にとってこの車は（　　　　　）のような存在だ。そう思うのは、
運転していて（　　　　　）だと感じるからだ。

私は、この世にこの車がなかったら、この世は（　　　　　）だと
感じる。そう思うのは（　　　　　）だから。

ことが可能になりました。

　その基盤となっている投影法は心理学に立脚するもので、臨床心理など
実際の医療現場でカウンセリングなどに用いられます。あいまいな刺激に
対しては対象者の無意識が反映される、という仮定に基づいています。

　文章完成法は、アンケートページ上で虫食いの不完全な文章を提示し、
自由に補って全文を作ってもらう調査手法です。あいまいな刺激に対して
は対象者の無意識が投影される、という仮定に基づいて行なわれます。文
章の一部を図のように虫食い部分として、その空白の部分を埋めさせます。
この内容から、回答者の心の内面や性質を浮かび上がらせます。

　設問は「人間を見にいく」ために用意したテーマに関して、対象者の「お
気に入り」の事象を明らかにします。続いて、その事象に関する実態、そ
の時の気分、その人が気に入っていることに関連する生活上の価値観など、
行動要因を探るための質問を設けます。

　ビジュアル刺激法は、テーマを提示してピンとくるビジュアルを選んで
もらい、ビジュアルへの投影により人の感覚や感情をリッチに言語化する
手法です。ビジュアルはあらかじめ用意されており、それを刺激物として
無意識にアプローチするものです。投影法に基づいて独自に開発された手
法で、オンラインではPCでもモバイルでも実施することができます（オ
フラインにおいても実施可能）。

　文章完成法と同様に対象者がお気に入りの事象をあらかじめ明らかにし

たうえで、その事象に関連する「テーマ」を提示します。続いて、そのテーマにピンとくる写真を選ばせます。今度は、そのテーマとは関係なく、選んだ写真に対象者の感情やそこから想起される五感を投影させます。その後、投影した内容とテーマの関連を明らかにすることで、インサイトを分析するための情報を数多く得ていきます。

　いずれの手法も、体系化された質問構成・質問文に基づいた内容となっており、たとえばデプスインタビューやフォーカスグループインタビューに時折見られるインタビュアーの力量によって調査の質がブレるようなことはありません。属人化されたノウハウに左右されることなく調査ができるのは、オンラインで行なう利点となります。

＞ オンラインだから人のデビルな欲望が明らかになる

（1）悪魔と天使の両面を見る

　人間の心理には「悪魔」と「天使」、悪と善、裏と表といった両面があります。私たちはこれを「デビル」と「エンジェル」と呼び、インサイトを明らかにしていくうえで重視しています。

　このデビルの心理を明らかにするにはオンラインによるインサイト調査が適しています。調査の設計や設問においてもこれをうまく引き出せるような配慮をしています。分析においてもこの観点を深めることを意識しています。

　人間は誰しも聖人君子というわけにはいきません。誰の心の中にも、ちょっと邪悪な側面、邪（よこしま）な心が潜んでいます。キリスト教では「七つの大罪」として、「暴食」「色欲」「強欲」「憤怒」「怠惰」「傲慢」「嫉妬」といった欲望を戒めています。また、仏教においても「煩悩」という言葉でやはり人間を戒めています。主要な宗教でこのような戒めがあることこそ、人間がそのような邪悪な心から逃れることは難しい、ということを物語っています。

　このような人間の心に潜む「悪」の心理は、「デビルな欲望」と呼ぶことができます。反対に、「善」の心理は「エンジェルな欲望」と呼びます。

　すべての人間はこの２つの心理の両方を持っています。ふだんは表に現

われない、という人も、実のところは意識しないように抑えつけていて、ふとした瞬間にそれが顔を出します。人間はデビルとエンジェルの側面を持っていて、その２つの間を行き来するのです。

　それこそが人間らしさといえるもので、その「狭間」にこそインサイトがあります。

　たとえば、先ほどのマクドナルドの例をもう一度見てみましょう。「ヘルシーなものを食べたい」という声は、人間の「エンジェル」な一面を示しています。これは間違いや嘘というわけではありません。マクドナルド以外ではヘルシーなものを食べたり、栄養バランスに気をつけようとしていることも事実なのです。その一方で、「ヘルシーな食生活で溜まったストレスを、時にはがっつり肉を食べて思い切り発散させたい」という暴食、羽目を外したい、といった「デビル」な欲望も同じ人の心に存在しているのです。

　ヘルシーがいい、というエンジェルな側面ばかりに気をとられていては、このようなデビルの欲望に気づくことができず、本質的な欲求を見誤ることになります。この狭間にあったのが、「食べ応えのあるハンバーガーにかぶりついて、ヘルシーに気を遣うストレスを発散させたい」という欲求だったのです。

　このようなデビルな欲望は、普通であればなかなか表立って口にすることはありません。しかし、オンラインの調査であれば、人に言うのが憚られるようなことも、精神的なバリアは低く、書きやすくなります。これはオンライン調査ならではの特徴です。実際に行なわれている文章完成法やビジュアル刺激法の調査においても、性的な欲求や行動、金銭にまつわるあからさまな欲、親族や友人に対する妬みや恨み、といった内容が記述されていて分析者が驚くことも多くあります。

（２）欲望の一覧「欲望マンダラ」

　このような人間のデビルとエンジェルの欲望を、調査結果から抽出して一覧化したのが次ページ**図表4-15**の「欲望マンダラ」の図です。人間の欲望を裏も表も、整理するとこのように表現することができるのです。

図表4-15 欲望マンダラ

　デビルとエンジェルの欲望が、それぞれ8つの漢字一文字にまとめられ
ています。1つの欲望に対してさらに2つの単語で補足説明がされていま
す。外側にデビル、内側にエンジェルが配置され、内外でデビルとエンジ
ェルが一対になる関係になっています。

　上下の関係は、上側が「変化」に対して下側が「維持」のグループにな
っています。変化とは、変わることを求める、変わることをよしとする欲
望を指します。これに対して維持とは、現状を変えずに保つことを求める、
保つことをよしとする欲望です。

　左右を見ると、左側は「自分が起点」になり、右側は「他人が起点」の
グループになっています。自分が起点とは、その欲望の生まれる原因が主
に自分にある、というもの。一方、他人が起点は、逆に原因が他人にある
ものです。

　例を挙げて説明しましょう。「変化」×「自分が起点」の象限にあるのが、
デビルの欲望の「利」です。「嫉妬」「強欲」の言葉で補足されます。ズル
したい、他人を妬みたい、人を出し抜きたい、要領よくやりたい、人を利

用したい、損したくない、といった気持ち、欲求がここに含まれます。他人よりも自分が得をしたい、そのためには手段を問わない、といったどす黒い心情がここに表われています。

「ここだけの情報」「うまい話」をもちかけられて騙される詐欺がどれだけニュースになってもなくならないことは、人間の心にある「利」の欲望ゆえでしょう。

この「利」に対になるエンジェルの欲望は「達」です。「達成」「意欲」という言葉が補足の説明に用いられます。達成感を得たい、充実感を感じたい、前向きな気持ちになりたい、意欲的になりたい、自信を持ちたい、頑張りたい、挑戦したい、自分を鼓舞したい、といった感情がここに含まれます。「利」とは裏腹に、自己の充足感を真っ当に求め、その達成の喜びを得ようとする心理です。

ご覧になってわかるとおり、「利」だけを見ていると心は晴れず、悪いものに自分が冒されているような気分になります。しかし、「達」だけを見ていても人間として「本当かな？」といった疑いたくなる気分になりますし、それだけでは薄っぺらいものに感じられてきます。その両面があるのが人間、狭間にこそインサイトがあるということがおわかりいただけるのではないでしょうか。

この「利」と「達」の狭間のインサイトに応えているのが、リクルートグループの「スタディサプリ」に代表される学習アプリです。「勉強の成果を上げたい、そのためには効率的なうまい勉強法でライバルを出し抜きたい」といった欲求に応えていることでヒットしていると推測されます。

このようにデビルとエンジェルが整理され、その両面に目を向けた調査設計が必要です。そのように体系化がなされていることで、オンラインによりインタビュアーの力量などの属人的な要素を問わない調査を行なうことができます。

（3）デビルに目を向けるべき理由

このようなデビルとエンジェルの欲望という二方向の心理があるにもかかわらず、多くの企画の現場においてはデビルの側面が議論されることは

多くありません。1つの事象を読み解くにあたってもエンジェル的な見方ばかりになり、一面的な薄っぺらい分析になってしまいがちです。

　1つには、デビルな見方をすることは自分が「悪」に共感していることを人に明らかにしてしまうようなところもあり、なかなか発言するのにも勇気がいります。結果的にきれいごとになり、人間の半分だけしか見ていない不十分な結果になってしまいます。

　また、通常の調査ではこのようなデビルな欲望を明らかにすることは容易ではありません。そのような心理も引き出そうという前提で設計されていない調査でデビルを引き出すことは、ないものねだりです。

　デビルとエンジェルの欲望の両面を見て、そしてその「狭間」「葛藤」にあるインサイトを読み解くことは、人間の真の姿をとらえようとする姿勢であり、人を動かす力を持つインサイトを発見する可能性を高めることになります。そうすることで、企業やブランドは競争優位の源泉を手にするということになります。そのような意味からも、デビルとエンジェルの欲望を意識することは重要といえます。

❯ インサイトを発見するための情報の4要素

（1）Emotionだけがインサイトと考える過ち

　調査によって読み取ったインサイトは、どのような形式でアウトプットするべきなのでしょうか。その要件とはどのように定義されるべきものでしょうか。

　インサイトが「隠れた心理」であることから、インサイト＝感情・気持ち、として表現されていることがあります。これだけでは、正確にインサイトをとらえているとはいえません。

　インサイトは、以下の4つの要素から成り立っています。

・シーン（場面）

感情が生まれた場面。行動や状態を伴う

・ドライバー（源泉要因）

感情を生み出すもととなった、直接的な要因

・エモーション（感情）

図表4-16 インサイトを導き出すための情報の四要素（例）

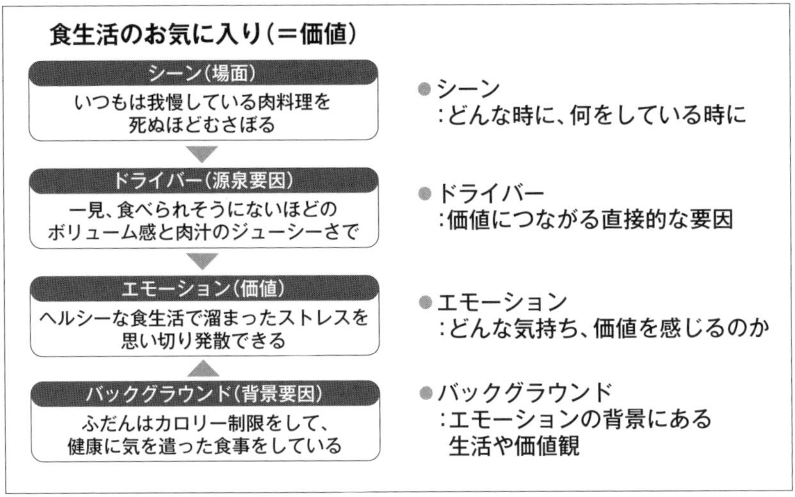

食生活のお気に入り（＝価値）

シーン（場面）
いつもは我慢している肉料理を
死ぬほどむさぼる
↓
ドライバー（源泉要因）
一見、食べられそうにないほどの
ボリューム感と肉汁のジューシーさで
↓
エモーション（価値）
ヘルシーな食生活で溜まったストレスを
思い切り発散できる
↓
バックグラウンド（背景要因）
ふだんはカロリー制限をして、
健康に気を遣った食事をしている

● シーン
：どんな時に、何をしている時に

● ドライバー
：価値につながる直接的な要因

● エモーション
：どんな気持ち、価値を感じるのか

● バックグラウンド
：エモーションの背景にある
生活や価値観

気分や気持ち、情緒
・バックグラウンド（背景要因）

以上の四要素が揃っていてはじめてインサイトと呼ぶことができます。

この中で、エモーションを除く３つの要素については、何らかのファクト（事実）に関連するものである必要があります。エモーションは本人の主観ですから、客観的なファクトの要素は必要ありません。

たとえば、先ほどのマクドナルドの事例における食生活のお気に入りのインサイトは、**図表4-16**のように要素を分解することができます。

インサイトを導き出すための情報の四要素もこのように体系化されていることで、どんな要素をどのように聞き出せばよいのかも明確になり、属人化されることなく確実に引き出すことができます。

（2）4要素で見ることで正しい「打ち手」を導く

インサイトを導き出すための情報がこのように４つの要素で構成されていることには理由があります。

それは、そのインサイトから的外れにならないアイデアを確実に導き出すためです。

もし、エモーションだけがインサイトであるとすると、その気持ちに応えるためのアイデアは、いわば「何でもあり」の状態になります。どこに判断の基準を置けばよいかが明確になっていないからです。

　先ほどのマクドナルドのインサイトを見てみましょう。ここで、エモーションの「ヘルシーな食生活で溜まったストレスを思い切り発散できる」のみが存在している状態を想像してください。

　このエモーションだけの状態で、マクドナルドの現状を打開するアイデアを得ようとすると、どうなるでしょうか。

　たとえば、「肉を使わないパティで思いきり食べた満足感の得られるハンバーガー」「激辛の刺激でストレスが解放できるハンバーガー」など、さまざまなアイデアが考えられます。

　しかし、このアイデアはいずれもいわば「ガッツ」（直感）で考えなければならないものです。アイデアを考えるヒントが、このエモーションの要素のみだからです。

　そして、そうやってひねり出したアイデアも、その中でどの案がしっかりターゲットの欲求を刺激できるかを、エモーションのみのインサイトだけからは判断できません。どれでも可能性はある、としか言いようがありません。検証するとしてもこれでは非効率です。

　これが、シーン、ドライバー、エモーションの要素もすべて揃った状態であればどうでしょうか。先ほど例として挙げたアイデア自体が生まれてこないでしょう。ドライバーの「ボリューム」「肉汁」といった要素、「死ぬほどむさぼる」といったシーンから、肉の量がたっぷりでジューシーなハンバーガーが求められていることは一目瞭然です。そうすれば「クォーターパウンダー」や「メガマック」といったヒットにちゃんとたどり着くはずです。

　インサイトを導き出すための情報の四要素をしっかり収集することは、このような誤った非効率的な行動を回避するためです。インサイトリサーチにおいても、この4つの要素を確実に導き出すよう設計することが欠かせません。

▶ 価値を定義して有効なアイデアを導き出す

（1）インサイトは、1円にもならない

これまで、オンラインによるインサイト調査について説明してきましたが、ここで話しておかなければならないことがあります。

それは、「インサイトは、1円にもならない」ということです。

これまでインサイトの重要性を述べてきたにもかかわらず、インサイトが0円とは、どういうことでしょうか。

それは、インサイトはインサイトのままであっては何もお金を産み出さない、そのインサイトからアイデアを産み出してこそ、ビジネスとして成立する、という意味です。

この節の冒頭で、インサイトは「人を動かす隠れた心理」であるという定義を説明しました。その「人を動かす」部分を具体化することで、はじめてインサイトは意味あるものになるのです。

（2）インサイトからのアイディエーション

インサイトからアイデアを生み出す（＝アイディエーション）には、次のようなフレームワークを活用します。

核となるのは、「キーインサイト」と「バリュープロポジション」の関

図表4-17　アイディエーションのフレームワーク

```
┌─────────────────────────────────┐
│  ┌───────────────────────────┐  │
│  │        ターゲット          │  │
│  └───────────────────────────┘  │
│                                  │
│       【キーインサイト】          │
│     隠れた不満や欲求のエッセンス    │
│                                  │
│      【バリュープロポジション】     │
│           価値提案                │
│              ▼                   │
│  ┌───────────────────────────┐  │
│  │         アイデア            │  │
│  │   価値を体験させる具体策      │  │
│  └───────────────────────────┘  │
└─────────────────────────────────┘
```

係です。

キーインサイトは、隠れた不満や欲求のエッセンスです。調査を行ない明らかにしたインサイトの中から、ターゲットの心を動かすにはこの不満を解消すればよい、この欲求に応えてあげればよい、という心理を、絞り込んだうえで抽出します。ターゲットの心の中の声といったイメージで、不満または欲求のいずれかを書きます。

このキーインサイトに書かれた不満や欲求に応える価値提案が、**バリュープロポジション**です。こちらは企業やブランド、商品の側からの視線で書きます。価値なので、「〜できる」「〜してもらえる」という表現形をとります。キーインサイトとバリュープロポジションは、相互に「充たし充たされ」の関係になっていなければなりません。

このバリュープロポジションによる価値提案に沿って、その価値を体験させる具体策がアイデアです。バリュープロポジションにおける価値をターゲットの元にどのように表現して提供するかということです。

ターゲットは、このキーインサイトにある不満や欲求を抱いている人全員ということになります。

バリュープロポジションは価値の提案でありキーインサイトを充たすものですから1つに集約されますが、そのバリュープロポジションに記述さ

図表4-18 マクドナルド事例のフレームワーク

```
┌──────────────────────────────────────┐
│    ┌──────────────────────────┐      │
│    │        ターゲット          │      │
│    └──────────────────────────┘      │
│                                        │
│          【キーインサイト】             │
│    たまには分厚い食べごたえのあるハンバーガーで │
│    かぶりつきたくなる衝動を充たしてみたい    │
│                                        │
│        【バリュープロポジション】          │
│      ハンバーガーでヘルシーな食生活の        │
│        ストレスを発散できる              │
│                 ▼                      │
│    ┌──────────────────────────┐      │
│    │          アイデア          │      │
│    │     あり得ない肉の量の        │      │
│    │  クォーターパウンダーやメガマック │      │
│    └──────────────────────────┘      │
└──────────────────────────────────────┘
```

れた価値を具体化するアイデアは、何通りでも作成することができます。ターゲットがその商品やブランドに接触するさまざまな機会に合わせて作ることもできます。

　先述したマクドナルドの事例を、このフレームに落としたケースを紹介しておきましょう。

（3）「よいアイデア」の要件とは

　このように、オンライン・インサイト調査からアイデアを立案しますが、できあがったものが「よいアイデア」であるかどうかは、どのように判断すべきなのでしょうか。

　よいアイデアの要件とは、新奇性と購入意向がいずれも高い、ということです。新奇性はこれまでにない新しさが感じられるということ、購入意向は買いたい、欲しいと思えることになります。

　この要件の検証には、定量調査を行ないます。新奇性と購入意向のそれぞれのスコアを出し、**図表4-19**のようなチャートにアイデアをプロットします。

図表4-19　よいアイデアの要件

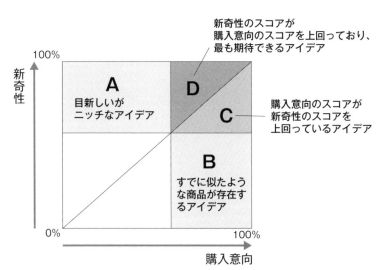

プロットされた領域によって、そのアイデアを評価することができます。新奇性が高く購入意向は低いＡ領域であれば、目新しさはあるもののニッチなアイデアと判断されます。一方、購入意向は高いものの新奇性が低いＢ領域のアイデアであれば、すでに似たような商品が存在しているとみられます。

　新奇性も購入意向も高いスコアとなった場合は、購入意向のスコアが新奇性のスコアを上回っているＣ領域のアイデアよりも、新奇性のスコアが購入意向のスコアを上回っているＤ領域にあるアイデアのほうがより期待が高いと判断されます。その理由は、商品やサービスがヒットするにはまずトライアルを獲得する必要があるからです。リピートはトライアルされなければ生まれません。それゆえに、トライアルを生む力＝新奇性の高さが重要であると評価するのです。

　以上、オンライン・インサイト調査について説明してきました。オンラインで実施することは、消費者の隠れた欲求を導き出すにはさまざまなメリットがあります。インサイトを発見する有力な手法として、オンライン・インサイト調査を認識していただきたいと思います。

6 オンライン定性調査の課題

最大の課題は、参加者の質の問題

＞オンライン・グルインは可能か？

　一部の定性リサーチャーの間で、グルインのオンライン化は難しいので、参加人数やセッション時間を減少させてやるか、グルインよりは**オンライン・デプス**を行なったほうがよいのではないかという悲観論があります。これに対して、3章3節「オンライン・グループインタビューの理論と実践」では、「アクティブリスニングインタビュー」論を紹介しました。

　そもそも日本のグルインは、グルインの肝である「**グループダイナミクス**」を具現化できていないのではないかと問題提起をしています。その原因は、「調査主体側が意識していても調査対象側が無意識の領域（S/C領域）」を質疑応答、一問一答形式で聞いているからだと言います。

　つまり、多くのグルインで行なわれているのは、話題の提示と自由な話し合いを進める**リスニング型**ではなく、モデレーターが発言者を指名しながら一問一答で質疑応答する**アスキング型**なので、集団形成がなされず議論の空間が分断され、参加者の集中力やモチベーションが低下し、グループダイナミクスは発生しないと筆者は主張しています。

　前者のリスニング型でグルインを進行すると、現行の6人で2時間のグルインも、問題なくオンライン化することが可能であると実験結果から証明しています。いかにオンラインの中で「議論に集中できる場」を作り出すかが重要なカギです。

　ちなみに、このリスニング型とアスキング型の問題を、定性調査方法を学ぶうえでのバイブルともいえる名著『**「定性調査」がわかる本**』（林美和子・肥田安弥女著／同友館）では「2種類のグループインタビュー：**反応タイプと探索タイプ**」として説明しています。反応タイプがアスキング型、探索タイプがリスニング型に対応します。調査目的によって使い分けると

指摘しています。

　反応タイプのグルインを要求するクライアントやプロジェクトが多いの
も現実です。購入実態や使用実態、意識を個別に尋ねる質問が多く並べら
れた「ディスカッション・ガイド」（グルイン・フロー）をクライアント
側から渡される場合があります。定性といえばなんでもグルインで聞けば
よいという風潮から、**「定性アンケート」**（3章7節参照）によってデータ
収集が可能な課題が、グルインで行なわれるケースが増えています。この
ような場合は事実を知ることが優先されますので、参加者間のグループダ
イナミクスは必要ありません。逆に、グループダイナミクスによって、「実
態の事実」が曲げられては困ります。質問数が多いので参加者間の会話を
促進する時間もありません。

　新製品やサービスのアイデアの開発のためのグルインでは、クライアント
側が事前に用意した特定の多くの質問項目について聞くのではなく、製品
やサービス全般の質問について自由に参加者に意見を述べてもらい、参加
者間の意見交換を促すことが重要です。開発側が気づいていない**「インサ
イト」**を発見できる可能性が高くなります。反応タイプでは、開発側の「聞
きたいこと」「知りたいこと」が判明しますが、「知らなかったこと」「気
づいていないこと」は不明のままです。このことが、イノベーションにお
ける「調査不要論」や、**「グルインによる新製品開発の失敗論」**を生起し
ています。

　要は、現実のグルインが取り組む「調査課題」はさまざまです。ある時
は、グルイン本来が期待されているグループダイナミクスが必要な課題の
場合もあり、そうではなくQ&A式グルインも存在しています。

　本章の最初で述べたように、幸か不幸か、日本のオンライン・インタビ
ューの方法は、まだ確定していません。本書では、その方法論をオンライ
ン・インタビューの日本におけるリーダーが語っています（第3章第2節）。
調査課題解決にとっての最適な方法を各社、各リサーチャーがそれぞれ模
索し確定するための参考になればと思います。

　たとえば、2人モデレーター体制は、欧米ではグルインやMROCでも
よく提案されますが、現実的には予算の問題があり、実現が難しい場合も

あります。もともと（オフラインの）グルインの参加人数が多かった米国では、オンラインでは６人が最適とする調査会社も多くあります。オンライングルインのセッション時間も、欧米では90分から120分ぐらいが多いですが、２時間から２時間30分もあり、プロジェクトによってさまざまです。掲示板グルインが、課題によって調査期間は３日間にも１週間にもなり、参加人数も、目的や予算等によってさまざまなように、オンライングルインも人数や時間を固定する必要はないかもしれません。

　オフラインのグルインは、高額なグルインルームやフリーランスのモデレーターが多く存在するという理由ではなく、「ある特定の課題解決に必要である」がゆえに、今後も活用されるでしょう。調査方法には、絶対的な当否はありません。課題解決に対する効率（時間や予算）や有効性から、適切な方法が選択されるべきです。調査において、**調査課題や目的に応じて、「適切な調査方法」を「適切に実施する」ことの重要性**を改めて感じます。「定性的課題であれば、いつも自動的、反射的に、グルインを実施する」という思考停止が、クライアント側にとっては最も悲劇的なことです。これは定性調査の方法の選択肢が少なかったから起こったことかもしれません。

　つい最近も、従業員満足度調査（ES調査）の一環で、従業員の雇用主（会社）の評価を尋ねるオンライングルインの依頼を受けました。

　皆で会社をよくするために意見を出し合いましょう、というグループではなく、転職の意向の有無や、会社への自分の貢献度といった日本人では、社員間で言いづらい質問内容でした。社員の本音を経営陣あるいは人事部が知りたいのであれば、画面上にお互い顔が見えるオンライングルインよりは、多人数に同時に聞ける匿名の「掲示板グルイン」のほうが明らかに好ましいと感じました。カメラの前に座り、モデレーターから質問されれば、各参加者は本音と思える、もっともらしい「回答」をします。しかしその解釈には注意は必要です（余談ですが、この時もQ＆Aタイプのグルインで、90分では尋ねきれない質問数がありました。Zoomのチャット機能を使って、口頭で意見を言う時間がない人には、チャットボックスに回答を書いてもらうようにして、すべての参加者の回答を得ることができま

した）。

オンライン化によって、さまざまな方法の選択が可能になった今こそ、**複雑なデジタル時代の消費者を理解するために、ハイブリッドなミックス手法に挑戦してください**。ハイブリッドによって、消費者のコンテクストが明らかになるようなオンライン定性調査の実施を推奨します。

＞データの爆発への定性リサーチャーの対応

多様な方法かつ多人数による「ビッグ・クオリ」（Big Qual）の登場によって得られる情報の膨大な量と深さは、インサイトを探索するうえで非常に有益です。しかし、インターネット行動ログデータと異なり、「消費者調査データ」へのAI活用によるデータ分析は、まだまだ発展途上です。

小人数のグルインやデプス等の伝統的、古典的な定性調査に慣れている定性リサーチャーは、データの爆発に対応できなくなっています。グルインやデプスの発言録の読解力だけでは太刀打ちできないのが現実です。あるいは一人の顧客を深く知り、そこからアイデアをつかんで実践に落とし込むというn＝1分析に慣れている定性リサーチャーには、100人分のn=1を分析するn=100の定性データの分析は困難です。

AI分析が一般化するまでは、データ収集のオンライン化で節約できた時間で、効率的な分析方法によって探索することが大切です。その試行錯誤を放棄することが最もよくないことだと思います。幸い、**タグ付けや自動文字起こし、自動翻訳、ワードクラウド**等を装備したインサイト・プラットフォームが普及してきました。

＞オンライン定性調査参加者の問題——リクルーティング

いくらテクノロジーが発展して、さまざまな便利で有効なオンライン定性調査ツールが開発されたとしても、調査の対象者は、消費者であり生身の人間です。**調査へのエンゲージメント**が高く、誠実な調査協力者が存在してこそのビジネス調査です。

オンライン定量調査の対象者は、**アクセスパネル**からリクルートされるケースがほとんどです。同様に、オンライン定性調査も、その簡便さと広

域性から、パネルからのリクルートに頼っているのが現状です。以下では、**アクセスパネルからの定性調査への参加者のリクルートの問題点**について考えます。

　米国では、アクセスパネルを業界の「**ブラックシープ**」（評判が悪いものや恥ずべきものを意味する反逆者や異端者）と呼ぶ人がいます。オンライン調査のデータ品質の低さの原因は、パネルであると考える人が多くいます。パネルの品質が大きな問題になっています。

　質問が多すぎたり、完了までに30分以上かかったりする長い調査、モバイルフレンドリーではないアンケートを送信したり、長いグリッドの質問に過度に依存したり、作業量に比して安い謝礼の提供、不適格な参加者の調査参加を許容するパネル会社の存在等、参加者の調査へのエンゲージメントを低下させる要因が多くあります。

　定量調査の場合は、参加者は回答の選択肢を選ぶ作業が中心です。いくら30分程度と回答時間が長い場合でも、謝礼獲得を目指して、回答の選択肢を選ぶ単純作業を最後まで続ける人は多くいます。

　しかし、定性調査の場合は、回答選択肢を選んでクリックするだけでなく、ある程度考えながら「文章」で回答を記入する必要があります。手間がかかります。**ハイブリッドの調査**であれば、テキストだけでなく、画像を取ったり、日記をつけたりと、参加者の負担はさらに大きくなります。

　アクセスパネルの登録者は本来、定量アンケート用に集められた人々です。オンライン定性調査（掲示板グルインやMROC）への参加経験者は、これまで案件が少なかったこともあり、まだまだ少ないといえます。回答のやり方を理解していない参加者もいます。また、定量アンケートの回答で、短時間でポイントを稼ぐほうが、楽で効率がよいと考え、オンライン定性調査には参加しない人もいます。

　定量調査での優秀な回答者は、必ずしも定性調査ではそうではありません。事前に用意された回答の選択に慣れていても、自分の考えや気持ちを文章で表現することに向いていない人もいます。定量調査では回答の選択だけですので、多くの場合、表面的には何の問題もなく調査が完了します。しかし、実際に文章を書く定性調査では、参加者の調査への協力度や回答

の質の違い＝「ぼろ」が表面化しまうことがあります。定量では、その回答者の能力や誠実さは見えてきませんが、定性調査では、はっきりと見える場合があります。

　掲示板グルインやMROCでは、まだまだ質の悪い参加者が含まれています。たとえば、謝礼（ポイント）を獲得する最低限の回答方法を心得ていて、「はい」や「そう思う」とかの最小限の回答を行なう要領のよい人（これらの人に、正確に回答している参加者と同じ謝礼を渡すことは残念に思います）や、最初からモデレーターをなめているような参加者もいます。モデレーターを困らせようとする意地悪な参加者もいます。調査の運営を妨げ、他の参加者の迷惑になるような発言を行なう人は即刻退場させるべきです。

　調査への参加・協力は一種のビジネス活動です。運営側と参加者側の間で、謝礼という報酬の交換が行なわれます。完全に無報酬でボランティアで参加協力してもらっているわけではありません。したがって「調査の参加者」という仕事には、一定の対象者条件を満たす以外に、回答能力についての「資格」が存在することになります。

　そもそも彼ら彼女らは、一般的には定性調査の回答者としての「訓練」や「教育」がなされていません。たとえ「空いた時間で小遣い稼ぎ」という名目で募集したとしても、**調査の目的や期待されている役割、回答の方法等**について、参加時や年に１回ぐらいは、**参加者に対して定期的な「調査研修」**を行なう必要があると思います。

　余談ですが、「オンライン・インタビュー」をGoogle検索すると、「オンライン面接対策の５つのコツ」等、企業の採用面接のオンライン・インタビューへの傾向と対策である回答のマナーや注意点が詳細に書かれています。このぐらい調査にも真剣に回答してもらえれば、調査のデータの質も格段に向上するかと思います。

　米国では、オンライン定性調査の場合、参加者を定性調査専用のパネルからリクルートすることがすすめられています。しかし、日本ではまだ**オンライン定性調査専門のリクルートサービス**を提供している会社は実質的にはありません。たとえば、米国の**フォーカス・インサイト**（Focus

214

Insite）という会社は、定性調査専門のリクルート会社です。募集時に、自由回答の質問をしてその回答をチェックしたり、ソーシャルメディアの利用状況を調べたり、電話で直接インタビューを行なったりして、参加者を選んでいます。なによりも、実際のMROCや掲示板グルインへの参加実績を記録して、彼らの参加者としての適正を判断しています。日本でも、**参加者の定性調査への活動評価記録**をぜひ取ってほしいと思います。

オンラインインタビューの拡大によって、パネル利用の参加者のリクルートが広域になり、事前のスクリーニング調査によって、参加者の偏りを軽減したり、定性調査への参加者資格や条件を従来の「機縁法」よりも管理しやすくなった利点はあります。しかし、以上のように現状ではどのパネル提供会社も、質のよい参加者を定性調査に提供するというニーズを完全には満たしているとはいえないでしょう。

当面の対応策として、事前のスクリーニングでの回答と本番での回答には常に乖離があることや、リクルート条件を厳しくすると参加者が期日までに集まらないリスクを承知したうえで、**事前調査によるスクリーニング**を十分に行なうことが挙げられます。たとえば、複数の自由回答質問に対する回答の長さや内容が、選定の1つの目安になります。

また予算が許せば、できる限り多くの参加者をリクルートし、その中から、適切な参加者を選別することが対応策の1つかと思います。経験的には、たとえば100人パネルからMROCへリクルートした場合、およそ半分がMROC参加者としては不適格です。コミュニティへの登録をしなかったり、登録をしても途中で脱落する人が多くいます。そのまた半分は、あまり発言しないで他の参加者の発言を聞いている受動的な参加者です。約4分の1の25人が、他の参加者と活発な「会話」を行ない、有益な発言をする参加者です。これを想定して、オーバーリクルート（予備サンプルの補充）をする必要があります。

調査に対するユーザー・エクスペリエンスを向上させるには、①回答時に参加者によいユーザー体験を提供するような調査を行なう、②回答者の時間を尊重する、③透明性を保つ、④調査に貢献する本当の動機（必ずしも金銭の外的謝礼ではない内的謝礼）を与えることが大切です。

パネル会社の対応に期待する一方、調査実施側も、プロジェクトごとに、調査の目的や、回答の方法等の**定性調査参加への「教育」**を行なうことが重要です。事前に「参加条件」を明記し、違反した場合は、謝礼の支払いを行なわないことや、調査中止（参加資格無効）の注意事項を提示しておくことも必要です。

　回答の質の条件を満たさない参加者は、調査から積極的に排除したほうが長期的に見て結局、調査の質を向上させる、ひいては調査全体の信頼性を高めることになります。参加パネル数を競うあまりに質の低い参加者の回答を容認していることは、結局、調査業界の首を自ら閉めることになります。同時に、参加活動量や貢献度に見合った適切な「謝礼金額」のための予算確保も、消費者調査業界の「生命線」である「参加者の調査業務への協力」の健全化にとって非常に重要です。

オンライン・リサーチと
リサーチテック

マンパワーではなく、デジタルの力で、消費
者理解を最大化する「リサーチテック」を基
盤に、ビッグデータ分析と消費者調査を両輪
とするデジタル時代のオンライン・リサーチ。
そのAI活用事例を学ぶ。

1 リサーチテック

オンラインによるデータ収集を不要にする未来のAIリサーチ

＞テクノロジーの進化

マーケターは、「ドリルではなく、穴が欲しい」とよく言います。つまり、ハンマーやドライバーのような道具（方法）ではなく「**ソリューション**」が欲しいわけです。

一方、リサーチャーは、データ収集やデータ分析の「**方法**」にこだわります。それがリサーチャーの存在意義でもあります。有効なソリューションを生み出すための「インサイト」を発見する「方法」に関心があります。

マーケターが必要とする有効な「ソリューション」のためには、リサーチャーが求める「方法」が必要です。ゆえにリサーチャーは「方法」にこだわります。ひらめきやアイデアベースで解決策の提案をするのであれば、リサーチャーは必要ありません。それも、ノコギリや素手で家は建たないので、電動ノコギリのように、より早くて安い、効率的かつ有効な「方法」を探求しています。デジタル・テクノロジーの進化によって、方法の選択肢は飛躍的に拡大しています。

少し前までは、さまざまな課題に対して、「消費者に聞けばよい」ということで、定量ではアンケート、定性ではグルインやデプスという方法が安易に選択されてきました。今やこれだけが「**消費者理解**」の方法ではありません。

データ収集では、これまでのリコールデータ（アスキングとリスニング）収集のオンライン化に加えて、**ウェブ行動ログデータ**や**パッシブデータ**、文字や画像によるモメントとコンテクスト・データが必要です。換言すると、アンケートのような「**集めるデータ＝ディープデータ**」と、ウェブログや位置情報、POSデータ、IoT等の「**集まるデータ＝ビッグデータ**」、あるいは「**質問するデータ**」vs.「**質問しないデータ**」です。

消費者理解のデータは膨大です。膨大なデータに対して、データ分析ではパターンや予測を行なうAIが必須になります。情報通信技術の進化によって、マーケティング・リサーチの可能性を拡大しています。リサーチャーにとってエキサイティングな時代になったといえるでしょう。

　本書は、主に従来の消費者調査のデータ収集におけるオンライン・リサーチ化をテーマにしたものです。デジタル・マーケティング時代のリサーチにおける両輪の片方である購買履歴やウェブ閲覧履歴、移動履歴データ等の「**ウェブ行動ログ分析**」は紙幅の都合で説明できませんでしたが、コロナ禍による外出自粛で加速された**情報接触から購買までオンラインで完結する時代**において、キーワード分析や競合分析、業界分析、トレンド分析も重要です。

　たとえば、**アクセスログ分析ツールDockpit**（ドックピット）を提供する（株）ヴァリューズでは、保有する国内250万人規模の消費者パネルの**ウェブ行動データ**と、行動理由を探るための**消費者アンケートデータ**のハイブリッド分析を行なっています。

　テクノロジーの進歩は、**定量と定性調査のハイブリッド（ミックス）調査**や、グルインとデプス、MROCとグルイン等の**複数の定性調査のハイブリッド調査**の実施を容易にしています。1つのプラットフォーム内で、データ収集から分析、レポーティングまでが完結できるようになっています。

　市場や製品の販売に焦点を当てているマーケティング・リサーチに対して、顧客と製品の間の相互作用に特に焦点を当てている**UXリサーチ（ユーザーリサーチ）**においても、**リモート・ユーザビリティリサーチ**など、コロナ禍において、リモート・リサーチの方法論の議論と実践が盛んに行なわれています。両方のリサーチは、それぞれのリサーチの利点を取り入れて、マーケティング活動におけるそれぞれの価値を向上させることが重要です。マーケティング・リサーチャーにとって、UXのインタビュー法は参考になります。

　テクノロジーの進化によって、データ収集が多様化し、かつ容易になった一方で、**オンライン・リサーチにおける参加者やデータの品質低下**につ

いての問題提起を本書で行なってきました。同時に調査実施側には、データ収集や共有、使用方法を管理する**データプライバシー**問題があります。2018年5月に制定された**GDPR**（General Data Protection Regulation：EU一般データ保護規則）は、EU市民の個人データを保護することを目的とした個人情報保護法制です。

　企業がデータを収集して使用するために、リサーチの回答者からインフォームドコンセントを取得し、データを収集する理由とその使用方法を明確にし、匿名性や機密性、あらゆる段階での脱退の権利など、個人情報を保護し、回答者の権利を遵守する必要があります。

＞ リサーチテックとマーテック

　リサーチテック（ResearchTech）とは、マーケティング・リサーチを意味する「Research」と、技術を意味する「Technology」を組み合わせた造語であり、Research Technologyの略です。**MRテック**（Marketing Research Technology）や、**インサイテック**（Insight Technology）とも呼称されます。

　リサーチテックで用いられる技術は、自動化、クラウド、人工知能AI（機械学習等）、ビッグデータ、モバイル、VRやAR等の**イマーシブ・テクノロジー**（Immersive technology）など多岐にわたります。これらの**技術を活用し、消費者理解を最大化する**ことの総称をリサーチテックと呼びます。

　他の業界でも同様に、フィンテック（Fintech）や、HRテック（HRtech）、メドテック（MedTechあるいはHealthTech）、アグリテック（AgriTech）、エドテック（EdTech）、リテールテック（Retail Tech）など、先進的テクノロジーの活用が活発に進められています。

　リサーチテックは、**マーテック**（MarTech：Marketing+technology）の一部とも考えられます。マーテックは、マーケティングの目標を達成するために、マーケターがテクノロジーを活用するソフトウェアおよびテクノロジーツールの総称です。

　マーテックツールは、マーケティングプロセスを自動化または合理化し、

データを収集、分析し、ターゲットオーディエンスに到達して関与するためのさまざまな手段を提供するために使用されます。

マーテックによって、プロセスの自動化やマーケターの時間の節約など**業務の効率化**が進行しています。また、意思決定のための情報を継続的に分析することによって、ROIの高いマーケティング活動が実現でき、**マーケティングの生産性**も向上していきます。

このように、マーテックのおかげで、マーケターは膨大な量のデータを分析し、リアルタイムにターゲットオーディエンスについてのインサイトを得ることが可能です。本質的に、現代のマーケティングは、マーテックなしでは存在しません。マーケティング・リサーチも、マーケティング同様、リサーチテックによって、同様に進化する必要があります。

＞ **AIによるリサーチのパラダイムシフト**

現在、世界のマーケティング・リサーチ業界の最大のトピックといえるのが人工知能（AI）です。AIテクノロジー時代の到来は、リサーチのパラダイムを完全に変えるといわれています。そして重要なことは、AIの開発はまだ初期段階であり、その影響がどのようなものになるかを正確に予測するのが難しいことです。

すでに、AIを活用したパネル提供や、オンライン定量調査のオートメーション化、顧客体験管理プラットフォーム、定性調査のAIチャットボット、画像や動画のAI解析等を本書でも見てきました。

さらに、たとえばAIを活用したテクノロジーによって、調査企画からデータ収集、データ分析、そしてレポーティングの作業プロセスを**自動化**できるようになれば、従来の多くのリサーチ・ステップはもはや不可欠ではなくなります。すでに**リサーチのオートメーション化**は始まっています。

また、AIを活用して過去のすべての消費者データに基づいて生成されたコンテンツをテストする場合、広告やコンセプト・テストなどの従来の調査手順をスキップすることによって、市場導入までの時間を大幅に短縮することが可能になります。マーケティング・リサーチの目的が、「現象の記述─原因の説明─予測」にあるとすると、AIのこの**予測能力**は、多

第5章 オンライン・リサーチとリサーチテック

くの調査を不要なものにする可能性を秘めています。高額なサンプル費用に調査予算を割かれることなく、少数サンプルやゼロサンプルでの**仮想マーケティング・リサーチ**が実現できるようになるかもしれません。

　AIテクノロジーは、テキストやビデオ、およびその他の形式の**非構造化データ**と**構造化データ**を分析し、**消費者の全体像**を明らかにします。大規模な非構造化データセットを迅速正確に処理する機能はAIの得意とするところです。

　AIテクノロジーにより、ブランドは大規模なインサイトを迅速に得ることができるようになります。AIがシェアの低下やユーザーの離脱などのブランドの動向に警告を発し、適切な活動の意思決定に導くことも可能です。

　海外では、**AIを活用したインサイト・プラットフォーム**が続々と開発されてきています。日本ではまだまだ端緒についたばかりの状況です。本章では、データアナリティクスやAI活用事例を紹介します。

図表5-1　リサーチテックとデータ

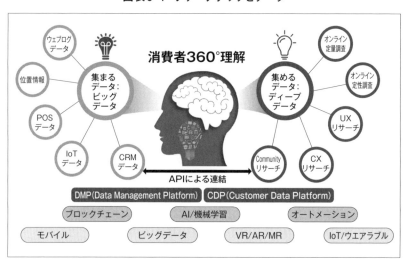

2 データ解析の適用領域と オンライン定量調査

マーケティングにおけるデータ解析の適用領域とオンライン定量調査

❯ マーケティングにおけるデータ解析の適用領域

　統計モデリング、機械学習、大規模データの集計などのデータ解析は、データに基づく意思決定を進めるうえで大変有用であり、それはマーケティングの実務においても例外ではありません。

　データ解析の適用領域は次ページ**図表5-2**のように、「市場・生活者構造分析」「商品開発」「市場予測・需要予測」「価格戦略」「店頭販促・売場の最適化」「広告最適化」「顧客育成・CRM」など多岐にわたります。各領域で行なわれる分析手法には複数のアプローチが存在します。

　多くの場合は、専門職であるデータアナリストやデータサイエンティストが、ゴールとなる明らかにしたい事象に対応した適切な分析手法を選択・実行し、各適用領域の課題解決に資する結果を提供します。

❯ データ解析におけるログデータとオンライン定量調査データ

　図表5-2に示したような各領域のデータ解析を進めるうえでは、本書で中心的に論じてきたオンライン定量調査以外のデータを使うケースもかなりあります。たとえば、ある市場における将来予測を行なう場合は、過去における中長期の時系列販売金額データ（日次、週次の販売金額データ）に時系列予測モデリングを適用します。過去に発生したイベント（増税など）をモデルに組み込むこともありますが、多くの場合は過去のログデータを用いて実行されます。市場予測に限らず、データ解析の各適用領域でもログデータのみで完結するケースは少なくありません。

　では、オンライン定量調査（あるいはオンラインに限らずとも定量調査）が不要であるかといえば、そうではありません。むしろ、どんなに大量のログデータを蓄積し、データ解析手法を駆使したとしても解くことのでき

図表5-2 マーケティングにおけるデータ解析の適用領域

適用領域	分析目的	代表的な分析方法
市場・生活者構造分析	商品・生活者のセグメンテーションを通じた製品・価格・広告・流通戦術策定支援	・階層/非階層クラスタリング ・トピックモデリング
商品開発	パッケージやコンセプトの現状評価・改善点の評価および改善した場合の影響度に基づく商品開発のチューニング支援	・コンジョイント分析 ・機械学習、深層学習を利用したパッケージ評価
市場予測需要予測	・将来予測値を活用した経営計画、生産計画等の策定 ・シナリオシミュレーションを通じた商品・サービス・事業計画立案支援	・時系列予測モデル（ARIMAなどBox-jenkinsアプローチ、状態空間モデルなど） ・回帰モデル ・Agent Based Model
価格戦略	シミュレーションを通じた、売上・利益の最大化を図る価格設定支援	・販売実績データに基づく価格弾力性分析および価格シミュレーション ・PSM・BPTOなどによるWilling To Payの把握
店頭販促売場の最適化	売上・利益を最大化するための店頭販促の実施方法・売場の最適化の実現支援	・回帰モデルを活用した販促効果モデリングおよびシミュレーション
広告最適化	各媒体の広告効果を可視化したうえで、媒体間・エリア間の最適な広告配分の実現を支援	・マーケティング・ミックスモデリング ・マルチタッチアトリビューション ・最適化手法に基づく最適出稿配分の解析
顧客育成・CRM	顧客管理指標の策定、管理指標に基づく顧客分析、顧客離反防止施策のためのデータ活用・モデル開発支援	・構造方程式モデリングによる管理指標構造の分析 ・機械学習による離反顧客判別モデリング

ない問題にこそ、オンライン定量調査データの力が発揮されます。特に、「**生活者の購買プロセスを分析するテーマ**」ではその存在は不可欠ともいえます。

　次ページ**図表5-3**はマーケティング用語で「**ファネル（漏斗）**」と呼ばれる概念です。これは、生活者の購買に至るまでの行動遷移を描いたもので、多くの場合、最も広い部分に「認知」、そして「興味関心」「比較検討」と続き、末端には「購入」が配されます。ファネル自体の考え方は古くからあり、最近はこうした枠組み以外で生活者行動をとらえるケースも少なくありませんが、その汎用性の高さからビジネスの現場では今でも共通言語として使われることが多くあります。

　このファネルはさらに「アッパーファネル（認知・興味関心に相当）」「ミ

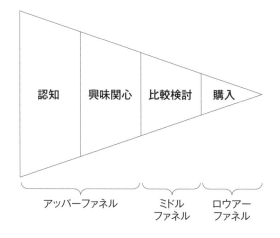

図表5-3 ファネルの概念

認知　興味関心　比較検討　購入

アッパーファネル　ミドル
ファネル　ロウアー
ファネル

ドルファネル（比較検討に相当）」「ロウアーファネル（購入に相当）」に
分けられます。ログデータのみで取り扱うことのできる分析はロウアーフ
ァネルがほとんどです（一部のミドルファネル、アッパーファネルも分析
できるケースもあります）。もっともロウアーファネルで行なわれる生活
者の行動を最適化することで直接的な売上への貢献は大きく、分析の優先
度や投資効率は高いといえます。

　一方で、生活者のアッパーファネル、ミドルファネルも踏まえた分析を
進める場合は、（オンライン）定量調査を組み込むことが非常に有用です。

　たとえば、KGI（重要目標達成指標）である売上に対して下位となる
KPI（重要業績評価指標）がどのように影響を与えているかを把握する
ケースでは、個人別の売上（購買ログで捕捉）と購入意向、好意（アスキ
ングで捕捉）の関係等の分析を行ないます。

　また、生活者のマインドの変化を踏まえた将来予測（販売予測）を行な
うケースでは、時系列の販売データ（ログで捕捉）と定点的に捕捉した生
活者のマインド指標（アスキングで捕捉）の関係について統計モデルを構
成することで考察することができます。オンライン定量調査を組み込んだ
こうしたアプローチは、ログ単体では獲得することが難しい知見を提示す
ることを可能にします。

🔖 各データ解析適用領域とオンライン定量調査

　ここではいくつか、オンライン定量調査を組み込んだ解析を紹介していきましょう。

商品開発

　商品コンセプトの評価においては現状、定量調査の結果を活かすことが有効であるといえます。この際、実施されることが多いのが**コンジョイント分析**です。コンジョイント分析の裏側では、階層回帰モデルなどベイジアンモデリングを応用した効用値推定が行なわれます。こうした推定の技術が重要である一方、コンジョイント分析を実行するにあたっては、調査回答者から、いかにして精度の高い結果を得るかが問題になってきます。

　コンジョイント分析で回答者に評価してもらう、製品・サービスの属性（たとえば工業製品であれば機能など）や水準（各機能の有無やバリエーション）は、ともすると多くなりがちです。**CBC**（Choice-Based Conjoint）ではその全部の組み合わせを提示するのではなく、直交計画により、提示する組み合わせの削減を行ないます。ですが、それでも属性・水準が多い場合は回答者の回答負荷は非常に高くなります。この場合、モデリングを工夫し、効用値の推定精度は高くしても、調査から得られる結果の精度は低くなってしまいます。

　この問題を回避するため、**ACBC**（Adaptive Choice-Based Conjoint）

図表5-4　CBC、ACBCの比較

	CBC	ACBC
調査ステップ	1ステップで完結	3ステップ形式
提示カード	事前に準備したカードを対象者に提示	対象者の回答によって、提示カードを変化させる
属性・水準数	7〜8属性・水準までを想定	15属性・水準くらいまでを想定
メリット	調査ボリュームが少なく対象者への回答負担が比較的小さい	属性・水準数を多く取り扱うことができる
デメリット	（ACBCより）取り扱える属性・水準数が少ない	（CBCより）調査ボリューム・回答負荷が大きい

と呼ばれる手法が存在します。ACBCでは回答者の選好について聴取するフェーズを最初に設け、その結果に応じて製品・サービスの属性・水準の組み合わせを提示していきます。これによって提示の効率化を図り、結果としてCBCより多くの属性・水準を対象とした調査を可能にします。

　商品コンセプトの分析のほかにパッケージデザインを最適化するための解析が行なわれることが多くなってきました。機械学習、深層学習を活用する場合も存在しますが、生活者の選好を定量調査で聴取し、それを教師データとして学習を進めることも少なくありません。

市場・需要予測

　マーケティングにおける市場・需要予測の対象は「**すでにリリースされている製品・サービスについての市場・需要予測**」と「**これからリリースされる製品・サービスについての市場・需要予測**」に分けられます。前者については、過去の販売・契約実績データを用いた予測が実行できます。これからの市場動向を踏まえたシナリオと時系列解析を複合させて予測を進めていきます。

　一方、後者については、過去の販売・契約実績データが存在しませんので、生活者の新製品・サービスに対する評価を測定し。データを収集する必要があります。上市・サービスインが近い時期では**HUT**（ホームユーステスト）や**CLT**（セントラルロケーションテスト／会場テスト）で製品を実際に使用した評価を行ない、まだ製品・サービスがコンセプト段階の時は、オンラインを含めた定量調査で評価を行ないます。

　予測は次ページ**図表5-5**のようなプロセスで行ないます。定量調査では新製品・サービス、既存製品・サービス両方について、好意度・購入意向などミドルファネルについての評価を測定します（既存製品については複数の対象を測定します）。その後、既存製品・サービスの販売・契約実績を目的変数、好意度・購入意向等の評価を説明変数とした予測モデルを構築します。この予測モデルに新商品の評価を説明変数として入力し、期待される販売・契約実績を予測します。実際のモデルチューニングは商材の特性を踏まえて行なわれます。

図表5-5 新商品需要予測のプロセス

新商品・既存品の評価データ取得	需要予測モデリング	新商品の予測
• 新製品・既存製品についてHUT/CLT/オンライン定量調査を実施し、製品評価データを取得する	• 既存品の上市後一定期間の販売金額や量を目的変数、製品評価やスペックを説明変数とした予測モデルを構築する	• 構築した予測モデルに、新商品の製品評価やスペックを入力として与え、上市後一定期間の販売金額や量の予測値を得る

　このように、新製品・サービスの予測を行なううえではオンライン定量調査を組み込むことが有効です。さらに、こうした調査結果を蓄積し、新商品成否判断基準となるノルム値を構成することで、商品開発プロセスをさらに洗練させることができます。

価格戦略

　値下げ、値上げに対する生活者の反応（購買の増減）を把握するうえで、過去の販売・契約実績と価格の対応関係を分析することは有効です。消費財カテゴリーでは、POSデータから販売単価、販売量の対応関係を価格弾力性として定量化したり、販売価格帯を可視化したりすることで示唆が得られるでしょう（さらに、競合製品・サービスを含む販売実績データを使うことができれば、競合優位性と利益最大化の視点から価格決定を検討することができます）。

　一方で、自動車など買い替え間隔が長い商材や価格変動が日常的に生じない製品である場合、一般的に販売・契約実績のデータだけでは価格による生活者の購買に対する反応を測定するのに不十分です。こうした時、生活者に定量調査を実施し、Willing To Pay（いくらまで払ってよいと生活者が考えているか）を把握することが有用です。こうした場合、多くはコンジョイント分析やBPTO（Brand Price Trade Off）と呼ばれる調査手法を実施します。コンジョイント分析は製品・サービスの属性（ブランド、

図表5-6　BPTOによる価格弾力性（ブランドAを自社ブランドとした例）

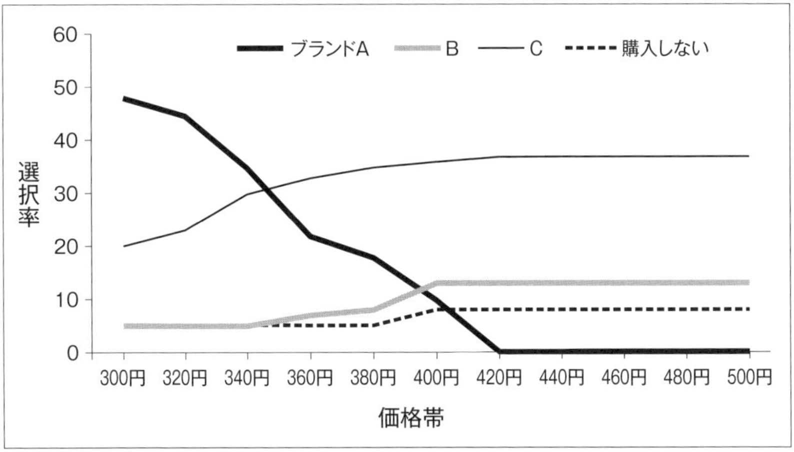

機能、価格）と製品・サービス選択のトレードオフの関係を分析します。
BPTOは製品・サービス属性をブランドと価格に絞る代わりに、**図表5-6**
のように価格弾力性の観点から評価やシミュレーションを実行することが
できます。

顧客育成・CRM

　顧客育成・CRMにおいては、顧客の行動ログデータに基づいて、施策・
アクションが実行されることが多いです。一方で、前述したように顧客の
育成戦略を立案するうえで、アッパーファネルやミドルファネルも含めた
顧客の意識・行動間の関係を把握して、施策実行を進めるうえでのKPIを
設定していくことが重要となります。この時、顧客の一部に対して定量調
査を実施し、ログデータでは捕捉ができない顧客の意識・行動を測定して
分析を行なうことが有効です。定量調査の実施方法としては、①調査会社
のモニターから自社顧客に相当する対象者をスクリーニングし調査を行な
う、②自社の顧客に直接調査を行なう（調査自体は調査会社に代行するこ
とを含め）、の2点が想定されます。

　次ページ**図表5-7**に示すように、個々の方法にはメリット・デメリット
が存在します。ですが、②のような形で聴取した場合、自社のログデータ

と紐付けた分析が可能になる点は非常に大きなメリットといえます。自社のログとの紐付けができれば、施策接触（ログ）―好意度・購入意向（定量調査）―購買などKGI（ログ）の関係を一気通貫に定量化することができるからです。仮説が存在していれば、**構造方程式モデリング（共分散構造分析）**等で各要因間の影響度を推定し、それに基づきKPIマネジメントを見直すことができます。また、仮説が存在していない、もしくはまだ固まっていない場合も、ベイジアンネットワークなどデータから関係性を導出する方法論に基づき、KGIとKPIの候補となる要因の関連についてヒントを得ることができます。

図表5-7 顧客育成戦略立案のための調査方法

方法	メリット	デメリット
①調査会社のモニターを利用して調査する	・自社顧客に対して許諾を取るプロセスなしに顧客の意識・行動を把握できる ・競合製品・サービスの顧客の意識・行動も把握することができる	自社で捕捉しているログと一気通貫の分析はできない
②自社の顧客に直接調査を行なう	自社で捕捉しているログと組み合わせた一気通貫の分析を実施することができる	・調査についての許諾を取る必要がある ・多くの場合、調査協力率は高くない

➤ オンライン定量調査とログデータの複合解析の例

ここでは顧客育成・CRMの領域の例として、オンライン定量調査とログデータの複合解析の例を紹介します。前節で示した顧客管理指標設定のための分析のほかに、**「顧客スコアリングモデル」**にオンライン定量調査を活用することもあります。

図表5-8に示したのは顧客の取引・サイト内の行動ログから「顧客が製品・サービスから離脱しうるか」をスコアリングし、そのスコアに応じてアラートを出し、離脱を防ぐための営業・サポートアクションを行なうプロセスです。こうしたプロセスは（多くの場合、**機械学習**として実行される）スコアリングモデルの入力として取引・サイトログを利用しますが、それ

だけで製品・サービスからの離脱を説明するのに十分でないケースがあります。この時、オンライン定量調査で、定期的に会員満足度調査を実施している場合は、その回答結果も入力してスコアリングモデルに利用し、離脱予測をしていくことで予測精度が向上することが期待できます。

　また、スコアリングモデルに説明可能な解釈性を有する**機械学習アプローチ（LIME、SHAPなど）**を導入することで行動ログとオンライン定量調査項目を含めて、何が各離脱判定者の判定要因となっているかのヒントを得ることもできます。行動ログだけで説明ができず、より解釈を進めるうえで説得力をつけたいケースで、オンライン定量を補完的に使うことが有用だといえます。

図表5-8　顧客スコアリングモデルにおけるオンライン定量調査の利用

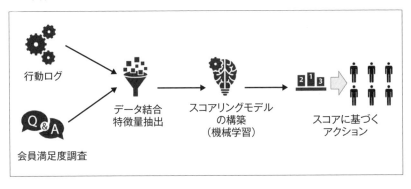

3 全数・実数データのマーケティング活用

半ば自動的に集まる、人の行動を記録したさまざまなデータに価値を与え、マーケティングに活用していく際の留意点

❯ 全数・実数データによるマーケティング

　デジタル化やIoT（Internet of Things）が進むなかで、生活者の日常行動の履歴がデータとして蓄積されるようになっています。**ウェブやアプリの利用ログ、スマート家電の利用ログ、EC（電子商取引）の購買履歴、ID POS、位置情報**など、さまざまなデータが「集まる」時代です。こうしたデータは、標本抽出された従来の調査データ（サンプリングデータ）とは異なり、標本抽出プロセスを経ずに収集されています。また、往々にして、特定の収集対象（人、機器、IDなど）について数万～数千万規模などの大規模なサンプルサイズである場合があります。本書ではこうしたデータを「全数・実数データ」と呼びます。

図表5-9　マーケティング活動の3つの観点

---

① 詳細性

多くの人から細かい時間単位のデータがとれる。

市場や生活者のセグメンテーションやターゲティングを詳細に行なえる。

② 統合性

複数のデータを組み合わせることで利用しやすくなる。

人やデバイス、場所、時間などをカギにしながら，生活者の行動の統合的な把握が進む。

③ ダイレクト性

生活者に直接施策を打て、結果データを安価に取得できる。

テストマーケティングや施策の効果検証後の迅速な改善が行ないやすくなる。

全数・実数データは企業のマーケティング活動を①**詳細性**、②**統合性**、③**ダイレクト性**の観点から変えていくと考えられます。結果として、企業はこれまで目を向けられなかったミクロな生活者群や、エリア・商圏をコントロールしていくことが可能になります。また、調査をして計測・把握するだけではなく、プロモーションや広告などのアクションを一気通貫して行ないやすくなると考えられます。

＞ データを価値化する取り組み

しかしながら、全数・実数データが入手できるようになったとはいえ、それらをすぐにマーケティングやリサーチに活用できるかというと必ずしもそうではありません。市場全体の傾向を推測していくには偏りがあったり、必要な情報が欠けていたりすることも多くあります。その時には「どうやって偏りを抑えたデータに事後的に加工するのか」「必要な情報をどう付加・推定していくか」といった視点が必要になります。

たとえば、**インテージ**のMedia Gauge Dynamic Panel（以下、MGDP）はスマートテレビの機器ログを「人ベース」に分解し、約85万人（2020年12月時点）のテレビ視聴を計測しているパネルデータサービスです。IoT

図表5-10 Media Gauge Dynamic Panelの概略

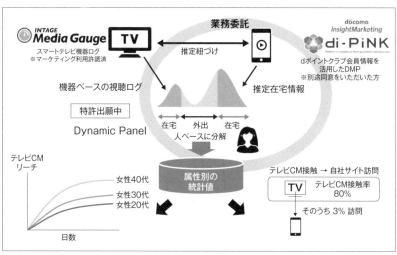

データの1つとして、ネットに結線されたテレビ機器の視聴履歴を、利用許諾を得たうえで収集することができるようになっています。

　一方で、テレビは世帯で視聴されるデバイスのため、テレビが視聴されていることはわかっても、家族の中で誰が見たのかは、単なる機器の視聴履歴からはわかりません。生活者像が思い浮かぶようでないと、マーケティング活動に使うことは難しくなります。

　こうした課題を受け、MGDPではテレビ機器のデータにスマートフォンの推定在宅情報を外部情報として組み合わせ、独自のアルゴリズムによって機器ベースデータを人ベースデータに分解しています。そして、個人が特定されない形で統計指標化し、マーケティング活用しています。

＞ データ活用の拡がり

　大規模なデータを使えば、より細かい視点で生活者の行動をとらえていくことが可能になります。たとえば、ある時期の3社のテレビCMの延べ接触率（％）を県別に比較するといったこともできますし、特定の属性を持つ生活者の傾向をとらえるなど、目的に応じてさまざまな切り口で検証をしていくことが可能です。

　データや調査環境は今後ますます変化を遂げていくことが想定されます。今後のデータの多くが、「集めるもの」から「集まるもの」になっていくかもしれません。こうしたなかでは、よりオープンにデータ価値の競争が起こり、本当に価値のあるデータ、特に、ビジネス価値を創り出すことのできるデータが生き残っていくと考えられます。このような時代、リサーチャーにはデータの性質を理解し、活用できる形に変換していくスキルが求められていくものと思われます。

＞ リサーチャーに求められる、集まるデータを活用する力

　データが集まる時代にリサーチャーに求められる力について触れておきたいと思います。ここでは、①データの理解と②偏りの補正という2つの視点から考えていきます。

　集まるデータを理解していくためには、逆説的ですが、データの集め方、

すなわち、**伝統的な標本調査法**について改めて理解を深めておく必要があります。集まるデータは往々にして大規模であり、データ収集対象者の標本誤差が問題になることは少なくなります。その一方で、調査設計されていないデータであるがゆえに、**データの収集プロセスに内在する測定誤差やデータ収集対象者の系統誤差（バイアス）が問題になる**ことがあります。

　データの測定方法と収集対象者の代表性を理解することは、従来のMRにおいても、ビッグデータを用いたリサーチにおいても、変わらず重要です。リサーチャーがデータの評価を行なっていくためには、**伝統的な標本調査法の知識、調査に発生する誤差の理解、ビッグデータに関わる誤差の理解**などが役に立つといえそうです。

　さらに、もしデータが偏っているのであれば、そのデータの偏りを補正して、使えるようにしていくことが発想として重要です。比較的対処しやすいのは、データ収集対象者の偏りです。この時に、偏りを補正するための統計技術を応用していくことも対処法の1つです。**「偏りがあるから使えない」ではなくて、いかにデータを使える形にしていくかにリサーチャーは意識を払っていく必要がある**と思われます。

4 ▶ ウェブ調査×AI技術で生活者に刺さるデザインを探索

ウェブ調査におけるAI活用の例として、パッケージデザインの組み合わせ探索に用いる方法を紹介

❯ 生活者の好む「組み合わせ」を決める課題に最適化技術を活用

　商品のパッケージデザインを検討する時、ターゲット層や商品訴求の方向性が決まっていても、具体的にどのような情報・画像を、どのようなデザインで配置するかを決めるには、組み合わせ可能な膨大なパターンの中から案を見つける難しさがあり、苦労することも多いでしょう。

　こうした場合の判断材料として、FGIやCLT、ウェブ調査等を行なうことが多いですが、評価対象の案を事前に数種類に絞り込む必要があり、担当者の経験値や能力、デザイナーのセンスに依拠する面もあります。言い換えれば、調査で最適な組み合わせが得られたのか、未知数な面もあります。

　この「組み合わせ」の課題に対して**インテージとドコモ・インサイトマーケティング**が共同開発した手法では、生物の進化を模した最適化技術である「**遺伝的アルゴリズム**」と、近年発展した「**深層学習（ディープラーニング）**」を用いて、幅広いデザイン案を探索することを可能にしました。生物が世代交代をして環境に適応していくように、デザイン案の生成とウェブ調査（＋深層学習）による評価を繰り返して、デザイン案を「進化」させていきます。具体的な方法は以下のとおりです。

① 組み合わせの元となるデザイン素材を作成。レイアウトや各パーツを数種類ずつ用意すると、数千〜数百万通りのパターンが生成可能に

② 初期生成として素材を幅広く組み合わせた数十種類の画像を作成

③ ウェブ調査で画像を評価して各画像の評価結果を得る。またその評価結果を深層学習の学習データとして用いて画像の評価予測を可能にする

④ アンケート評価結果と評価予測を用いて次の世代の画像を生成

⑤ 再び③の工程に戻り、ウェブ調査による評価を行なう（自動配信）

⑥ 5回程度の生成とウェブ調査を経て「最適化」したデザイン案を得る

❯ 生活者の好みやコンセプトを反映したデザイン案を生成

　この手法によってどのようなデザイン案が生み出されるのか、架空のコーヒー飲料パッケージを用いた実施結果をもとに見ていきましょう。**図表5-11**の事例ではデザイン素材の組み合わせ約1万通りの中から、30代男性、50代女性の各グループが「買いたい」と思うデザインを探索しました。

　上図右側のようにそれぞれ違ったデザイン案が生成されています。男性30代では白い背景や北海道などミルクのイメージを中心とした案が上位なのに対して、女性50代ではコーヒーとミルクが混ざり合う背景が多く、両グループの「カフェラテ」のイメージや期待内容の違いを反映しています。

　この例ではターゲット層を想定した回答者グループ間での比較を行ないましたが、評価質問の内容によって進化の方向をコンセプトやマーケティング上の狙いに合わせることが可能です。たとえば質問を「バリスタの本格的ラテらしい」に変えるとコーヒー豆が強調された結果が得られました。

　本稿では**パッケージ**の**最適化**を紹介しましたが、他のデザイン領域や商品仕様等、幅広い領域での活用可能性があります。本手法にとどまらず、**AI技術**で生活者の声を取り入れる方法は今後広がっていくことでしょう。

図表5-11　実施イメージと結果例

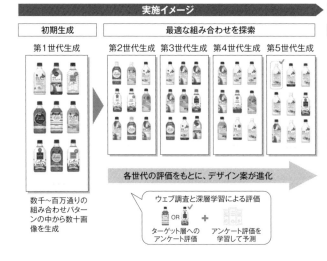

第5章　オンライン・リサーチとリサーチテック

5 ダイナミックサーベイによる ハイブリッド調査

インターネット調査の活用可能性を拡げる方法としてダイナミックサーベイシステムを紹介

＞ ダイナミックサーベイシステムの概要

　ダイナミックサーベイシステムは、インテージとアンド・ディ他２社が共同で開発を行なったものです。具体的には、**図表5-12**のように、自由回答設問（Ｑ１）における他の回答者の自由回答を使い、動的に選択肢を生成した設問（Ｑ２）を用意し、その評価を得る仕組みです。

　選択肢をあらかじめ用意しておく設問（プリコード形式）では、多様な実態・意見を網羅する選択肢を用意することが大切ですが、網羅的な選択肢を用意することはなかなか難しいものです。一方、多様な実態・意見を収集するできる自由回答方式にはコスト上の課題があります。

　ダイナミックサーベイシステムでは、他の回答者の自由回答がそのまま選択肢として評価され、一度の調査で定量的な評価まで可能になるため、こうした制約を解消することができます。定性調査と定量調査のそれぞれのメリットをうまく活かした仕組みといえるかもしれません。

＞ ダイナミックサーベイの活用例

　ダイナミックサーベイの活用例として、以下の３つがあります。

① 即時に回答を評価

　意見への共感度やアイデアの人気度など、回答に対する次のアンケートを待たずに評価できます。ブランドイメージ収集、商品カテゴリの価値探索、アイデアの収集等への活用です。

② 刺激を受けて発想

　他の人のアイデア・意見を見て刺激を受けたうえで、インスパイアされた新しい発想を聴取します。新商品アイデアのタネや改善案の収集、不満点の調査等への活用です。

③ 回答を楽しむ

　他の人に見られることや評価結果が表示されることで、回答のモチベーションを高めます。投票結果がわかるアイデア募集や診断・クイズ形式での聴取等への活用です。

　このうち「即時に回答を評価」の活用例として、アルコール飲料開発でのニーズ探索を想定し、お酒を居酒屋などの飲食店で飲むことを意味する「外飲み」をテーマとした調査を紹介します（図表5-12）。

　図の左側のように、「外飲み」の魅力について自由記述で回答された内容を選択肢として表示し、共感できると思うものを聴取しました。その結果として共感率が高かった回答をランキング形式にしたものが右表です。料理に関するものが中心で、雰囲気やコミュニケーションの魅力について触れている回答が共感率の上位となっています。表にはありませんが、共感率が中位程度の回答を見ていくと、「非日常」「リラックス」「生ビール」「多様なお酒」などより多くの観点を見出すことができます。また2つの評価軸を利用して「共感度が高いが自分の回答と似てはいない」ものに新奇性を求めて注目する活用も可能です。

　このように、「即時に回答を評価」することによって、各自由回答が評価付けされ、調査目的に沿った読み込みがしやすくなります。今後、自由回答質問での問いかけ方や評価質問の評価軸には工夫の余地があるかもしれません。また、自然言語処理の導入など、今後の技術展開の可能性も多く残されています。今後の発展が楽しみな手法といえるでしょう。

図表5-12 ダイナミックサーベイシステムを活用した調査事例

アンケート画面		結果ランキング	

Q1 あなたが家ではなく、お店でお酒を飲むことに感じる魅力は何ですか

Q2 他の人の回答であなたが共感できると思うものをお答えください

他の人のQ1回答が表示

自由回答（共感割合上位）	共感率
家では味わえないおいしい食事と一緒に飲める	49%
いつもと違う料理が食べられる	47%
おいしい食事が楽しめること	41%
お店特有の雰囲気を楽しむため	39%
いろんなお酒や料理が楽しめるところ	38%
場の雰囲気	38%
コミュニケーション	37%
準備がいらない	34%
いろんな種類、味のモノが飲める	33%
美味しい料理を食べながら飲める事	33%

自由回答　評価（共感）

6 ブランド特定AI

純粋想起の設問などで得た自由回答データからブランド名のコーディングを行なう工程を、AI技術を用いて自動化する仕組み

＞ インタラクティブなオンラインサーベイ

チャットボットやウェブ接客（おもてなし）ツールにおけるアンケートなどMRの新しい手法が次々と生み出されています。また、前節で解説したダイナミックサーベイシステムのような調査手法などが普及していくにつれて、ユーザー心理やインサイトの多様でインタラクティブな聴取方法が可能になっています。

＞ 調査シチュエーションの広がりとブランド特定技術の重要性

よりインタラクティブな調査手法において課題になる要素技術として、消費者と企業をつなぐ最も重要なキーワードである「ブランド」の識別問題を挙げることができます。

伝統的には目視によるアフターコーディングが必要でしたが、コスト的に自動化が求められています。また、純粋想起のブランド名をリアルタイムに特定できれば、そこから深掘り設問につなげるような調査のインターフェースが実現します。

一方で、最近のAI・自然言語処理研究の進展により、表記ゆれや類似概念の自動抽出が比較的手の届きやすい技術となっています。そうした背景のなか、ブランド特定を自動化したのがブランド特定AIという仕組みです。リサーチャーのアフターコーディング作業をより簡単にすることはもちろんのこと、同時にその処理をWeb-API化することで、ウェブ調査の画面遷移ロジックや、チャットボットでの応答文案の選択などに利用できます。

本節では、このブランド特定AIについて紹介します。

ブランド特定問題と解決するための技術

まず、ブランド特定問題で取り扱う単語は「ブランド」であるという前提を持っています。ブランドを改めて自然言語処理的に考えてみますと、ブランドは一般的には文章ではなく、ユニーク性の高い固有名詞といえます。さらにリサーチの対象となる「ブランド」としては、ある程度消費者に浸透しているケースが多いでしょう。

回答者の自由回答の結果が、あらかじめ想定したブランドのいずれに該当するか？ ということを判定するのがブランド特定問題です。

ブランド特定の難しさ

自由回答で得られた文字列をブランドとして解釈するうえで困難な点としては、省略名やメーカー名が回答される、表記ゆれが生じるといった課題があります。消費者にとって身近なブランドであればあるほど、呼称しやすい省略名などが与えられているケースが多く、それらの省略名を正式名称に対応させる必要があります。

さらに、その略称をスマホやPCによる日本語変換を通じて入力することは困難であることが一般的です。結果としてローマ字で入力されるケースなどもリサーチャーの皆さんであれば経験があるかもしれません。たとえばよく飲むビールの銘柄で「su-pa-dorai」と回答された場合には、人が見たら「アサヒスーパードライ」とすぐわかります。ですが、これをコンピュータに実行させるためにはいくつかのアプローチを集合させるなど、多様な表記ゆれに対応する必要があります。

さらに、商品ブランドを回答してほしい設問であったとしても、ユーザーは企業（メーカー）ブランドを強く認知しているために、メーカー名を回答するようなケースもあります。この場合は設問の意図により、回答をどう扱うかは判断が分かれるケースかもしれませんが、それも特定の商品ブランドとして名寄せするのであれば対応することが望ましいでしょう。

❯ ブランド特定のためのアルゴリズム

　ブランド特定AIでは、これらの問題に対応するためのいくつかのアプローチ・アルゴリズムを併用して対応しています。まず、はじめに「特にない」といった無回答を意味する文字列を排除する必要があります。これは従来の調査結果などから頻出するパターンを抽出し判定します。

　そのうえで、実際の候補ブランドとの近さを評価するプロセスに入ります。完全一致や部分一致といった基本的な方法で評価できるものは当然フィルタリングしたうえで、判定が難しいものについては、いわゆる文字列の類似度計算、編集距離のアルゴリズムを使って判定します。

　しかし、それでもなかなか人間がするようなしなやかな判定には程遠いのが現実です。そこでブランド特定AIでは候補ブランドについてウェブ上の言語資源を取得したうえで、共起する単語のリスト（ネットワーク）を作成しておき、それを手がかりに、「回答者の回答がどのブランドを意味している可能性が高いか？」という推定を行ないます。これらのマッチング結果をもとにして評価結果を「類似度」として判定結果とともに返却する仕組みになっています。

❯ ブランド特定 AI の活用例

　具体的なブランド特定の活用例は**図表5-13**のとおりです。具体的な自由

図表5-13 ブランド特定 AI の活用例

元の自由回答	ブランド特定AI結果
すーぱーどらい	アサヒ スーパードライ
スーパードライ	アサヒ スーパードライ
スバードライ	アサヒ スーパードライ
一番搾り	キリン 一番搾り
麒麟一番搾り	キリン 一番搾り
1番絞り	キリン 一番搾り
KIRIN一番搾り	キリン 一番搾り
プレミアムモルツ	サントリー ザ・プレミアム・モルツ
ブレモル	サントリー ザ・プレミアム・モルツ
ぷれもる	サントリー ザ・プレミアム・モルツ

ブランド特定AI

テキスト受け取り／Web API

自由回答データ　ブランド特定結果

CSV　X

テキストデータ

回答と、それをブランド特定AIで自動的に判別した結果の一部を載せています。「プレモル」や「ぷれもる」のように略称やひらがなでの表記にも対応し、ブランド判別を行なうことができます。

＞ ブランド特定AIのウェブサービス化

ブランド特定AIは、2021年3月にFA処理支援ツールの1つの機能として、アンド・ディよりウェブサービスとしてリリースされています。以下のURLをご参照ください。

https://www.and-d.co.jp/fa-coding/

ブランド特定AIを使うには候補ブランド（辞書）と特定したい自由回答が必要ですが、それぞれの登録されたエクセルファイルを2つ準備してアップロードすれば、分類結果をダウンロードできるようになっています。

アフターコーディングは人間が担当しても判断がブレるケースがある難しい作業ですので、ある程度の精度を求めるためには、結果の目視での作業をするケースがあります。そこで、上記サービスでは、アルゴリズムの結果、算出された類似度をもとに、特に目視するべきものについて別シートを出力して確認しやすくするなど、リサーチャーの作業フローを極力省力化できるUX/UIを目指しています。

第5章 オンライン・リサーチとリサーチテック

7 ▶ AI活用のマーケット・インサイト・プラットフォーム

企業のナレッジマネジメントを変えるAIインサイト・プラットフォーム

___

▶ ナレッジ・マネジメント

　各リサーチ・プロジェクトが有効なインサイトを発見したとしても、それが企業内の有効な意思決定やマーケティング活動に結びつかなければ意味はありません。また企業内の各部門でさまざまなリサーチが行なわれています。リサーチ部門がすべてのリサーチを統合できていない場合もあります。各部門がそれぞれの予算でリサーチを実行する場合があります。国際企業では、本社と各国の支社レベルで、同様な問題が起こります。

　リサーチデータの有効な活用や社内共有、重複した調査の防止などのナレッジ・マネジメントの課題は、1980年代から指摘されています。ある企業は調査のデータベースを構築したり、調査結果のブックレットを作成配布したり、社内のイントラネットでの共有等、さまざまな試行錯誤がこれまで行なわれてきました。

▶ マーケットロジックのマーケットインサイトプラットフォーム

　このような企業ニーズを満たすAIを活用したマーケットロジックソフトウエア社（以下、マーケットロジック）のマーケット・インサイト・プラットフォームを最後に紹介します。

　同社のマーケット・インサイト・プラットフォームでは、リサーチの社内データや、社外のデータ、ソーシャルメディアデータなど多用なデータを1つのプラットフォーム上で管理や検索、活用することができます。経営陣から担当者まで、広く社内のリサーチデータを活用することが可能になります。プラットフォーム内で、調査プロジェクトを企画し、調査会社との間でDIY調査を迅速に実施し、レポートをプラットフォーム上にアップすることによって、リサーチのROIの向上に寄与します。

このような**知識共有プラットフォーム**（Knowledge sharing platforms）を使用して、社内のさまざまな利害関係者が調査に簡単にアクセスできるようになります。チームや部門内でサイロ化されるのではなく、調査とインサイトが組織全体の中心になり、組織内の主要な意思決定者は、収益の成長につながる、より多くの情報に基づいたデータ主導の意思決定を行なうことが可能になります。

❯ コルゲート・パーモリブの活用事例

　マーケットロジックは、コルゲート・パーモリブやビザ、トヨタ、ダイソン、ニュージーランドの乳製品メーカーのフォンテナ、ホームデポ、ハーゲンダッツのゼネラル・ミルズ、ボーダフォン、フランスの世界的酒造メーカーであるペルノ・リカール、シェル、オーストラリアの通信会社テルストラ、テスコ等の多くの企業が自社のプラットフォームを活用している事例を報告しています。

　コルゲート・パルモリブは、インサイトに基づく迅速な意思決定が、競争優位の源泉であると確信し、マーケットロジックのプラットフォームを導入して、**インサイトのためのワンストップショップ**である**DIG**（Driving Insights Globally）を構築しました。それによって、インサイトのカスタマイズや、知識チェック（重複する調査の削減や、調査ブリーフからAIアルゴリズムが既存のデータをスキャンして自動的に結果を表示）、調査予算作成や企画、承認、調査会社の管理の自動化、モバイルアプリによる簡単アクセスを実現し、業務時間の節約や予算削減を達成しました。時間の節約や知識の再利用、迅速な意思決定によって、リサーチのビジネスへのインパクトを強化した例として報告されています。

　マーケットロジックの技術者のリチャード・アデア氏によると、プラットフォームの日本語対応を行なっているそうです。UIや検索、自動タグ付け、リサーチ関連文書の自動分類機能等の利用が可能です。

　世界にはマーケットロジック以外にも、数多くの知識共有プラットフォームがあります。多くはAIを活用したもので、不要なコストの削減（チームや国、市場間で重複する調査を避け、インサイトを再利用）や、収益

成長の加速（インサイトを利用して、より優れた製品やキャンペーン、ブランドを開発）、チームの生産性向上（直感的なツールで協働と知識の共有を促進）を謳っています。世界のナレッジマネジメント・プラットフォームについては、以下のURLを参照してみてください。

https://www.insightplatforms.com/categories/knowledge-management/
#all-platforms

付　録

オンライン・リサーチ
関連企業のサービス

「オンライン定量調査」のアンケートツール
やパネル提供サービス、「オンライン定性調
査」のオンライン・インタビュー、掲示板グ
ルイン、MROCのインサイト・プラットフォー
ムと、海外のリサーチ情報源を知る。

1 ▶ 国内サービス

オンライン・リサーチのツールと、オンライン調査を積極的に推進している代表的企業4社を中心に紹介

　本書で学んだオンライン定量調査と定性調査を実施する場合、自身で調査を行なうDIYセルフ型では、サーベイ・ツール（ウェブアンケート作成ツール）や、インタビュー・ツールが必要になります。また、調査の企画やデータの分析等に専門のリサーチャーのサポートが必要な場合は、「調査会社」（マーケティング・リサーチ会社）に依頼することになります。この「付録」では、その際に参考になるサービスの情報をまとめました。

　以下、「アンケート・ツール」や、対象者のパネル提供サービスを紹介します。

❯ オンライン定量調査関連

①オンライン・アンケートツール（＊五十音順。右は提供企業。以下同じ）

1．クリエイティブサーベイ……クリエイティブサーベイ（株）
2．Survey Monkey（サーベイモンキー）……SVMK Inc.
3．Fastask（ファストタスク）……（株）ジャストシステム
4．Questant　（クエスタント）……（株）マクロミル
5．MApps for Survey、Surveroid……（株）マーケティングアプリケーションズ

　最近では、無料のものも含めて数多くのツールが提供されています。『【2021年最新版】ネットリサーチおすすめサービス24選！』（https：//liskul.com/net-research-25486）等のサイト記事もご参照ください。

②調査対象者パネル提供サービス

1．ジャパンクラウドパネル……GMOリサーチ（株）
2．スペシャルパネル……楽天インサイト（株）

＞ オンライン定性調査関連

①オンライン定性ツール

1. MO Insights（エムオーインサイツ）……GMOリサーチ（株）
   カナダのInteractive Tracking Systems（itracks）のオンライン定性調査ツールを2020年3月に導入。セルフ型リサーチシステム「GMOマーケット オブザーバー」と連結して、オンライン定量・定性調査がワンストップで可能。

2. Sprint（スプリント）……（株）ジャストシステム
   テキストによるリアルタイムチャット。モニターと連携して参加者の迅速なリクルートが可能。

②MROCのプラットフォームの提供企業

1. Dragonfly（ドラゴンフライ）……（株）インデックス・アイ

2. Real Insight（リアル・インサイト）……（株）コントロールテクノロジー

3. Listnr（リスナー）……（株）三菱総合研究所

③MROCの実施（企画から報告書作成まで）（＊大手調査会社を除く）

1. Ideation MROC：（株）アイディエーション
   MROC調査の実施を検討している事業会社はもちろん、MROCを自社サービスとして提供している調査会社からの委託案件も請け負っており、調査実績は年間平均10件に達する。豊富な調査実績により、課題に合わせた調査設計、調査運用が可能。特にアイデア発想やインサイトファインディングスを目的とした調査に定評あり。

2. スマートMROC：（株）MROCジャパン
   「掲示板グルイン」と「海外MROC」で定評があるMROCジャパンは日本で唯一の掲示板グルインとMROCコミュニティ・リサーチ専業企業。社会やマーケティング、人生の課題をコミュニティ集合知で解決を図るコミュニティ・ソリューションズ・カンパニー。2010年にMROCを日本市場に初めて導入。2013年、インサイト・コミュニティの世界的リーディング企業であるカナダのビジョン・クリティカル社（現Alida）と提携して、「イ

ンサイト・コミュニティ」を日本市場に導入。三菱総合研究所や、クロスマーケティングなど数多くの日本企業にMROCの導入コンサルティングを実施。国内外の数多くの掲示板グルインと海外MROCを実施。

❯ オンライン調査を積極的に推進する代表的企業①
　（株）アスマーク

（1）アスマークのオンライン・インタビュー
定性調査をオンラインで実現

　マーケティング・リサーチ会社として、定量・定性と幅広く手がけ、設立20期を迎えたアスマーク。とくにインタビュー調査に実績を持ち得意としています。2020年、コロナ禍の煽りを受けて、いち早く「オンライン・インタビュー」を取り入れています。2020年3月の本格始動以降、業界規模では圧倒的ともいえる800件を超える調査実績（2020年12月現在）を残し、9月には自社開発システム「i-PORT voice」もリリースしています。

調査可能項目

　オンライン調査はオフライン調査に比べ、実施ハードルが高いイメージがありますが、アスマークではオフライン調査で行なえる調査項目の再現に努めています。実際に、オンライン・インタビューでは下記のような調査が実施可能です。

【実施可能な調査項目】コンセプト評価／競合商品比較／ニーズ探索／試飲試食評価／エスノグラフィ：事前の製品送付なども柔軟にサポート対応。テスト製品をインタビュー前に試していただいたうえでインタビューを実施したり、事前のインストラクションを徹底しインタビュー当日に初めて製品を見てもらうなど、対応のアレンジを積極提案しています。

多様なインタビュー形態

　オンライン調査はオフライン調査同様に、以下のような調査が可能です。
・デプスインタビュー
　個別インタビューはオフラインに負けないクオリティで実施可能です。むしろ通常のオフライン調査に比べ、自宅ならではの環境を生かし、衣服の収納環境や調味料の配置、掃除の仕方や生活動線など、あらゆる"住環

境の観察"が可能です。自宅での実施により、対象者もリラックスして臨める点はメリットといえます。

・グループインタビュー

　物理的障害があるため、どうしても推奨は4名となりますが、同社のシステムでは従来オンラインでは難しかった最大6名までのモニター呼集も可能です。対面ではない分、ふだん発言しづらい内容も比較的発言として抽出できる点などはオンラインのメリットといえます。なお、同社のシステムは対象者の表示位置を固定できるので、インタビューをスムーズに行なうことが可能です。

　現在アスマークでは、オンラインCLT（会場調査）の安定的運営に向けても動き出しを進めるなど、新たな可能性に向けて環境整備に注力しています。

（2）アスマークのオンライン・インタビューシステム 「i-PORT voice」の特徴

　新型コロナ禍以降2020年12月現在で800件を超えるオンライン定性調査の実績を誇るアスマークが、実務経験を活かして開発したオンライン・インタビューシステムが「i-PORT voice」です。オフライン定性調査に強い実績を持つ同社だからこそできた初の調査専用システムです。以下、その特徴を記します。

・インタビュールーム・ミラールーム・バックルームの実現

　リサーチはバイアスの除外が命です。見学者に「見られている」感覚をなくして自然体でインタビューに参加してもらうために、ミラールーム・バックルームを仮想空間上に用意しています。

・バックルーム同士のコミュニケーションが可能

　インタビュー中はバックルーム内の関係者でチャットが可能です。本社や現場のバックルーム同士でインタビューの様子を見ながらチャットができるため、インタビュー状況に応じたつぶさな議論や円滑なコミュニケーションが可能です。

- **グループインタビューに欠かせない共感機能**

モニターが気軽に送りあえる共感ボタン機能「いいね！」の搭載により、従来のオンライン・インタビューで顕在化されにくい感情にも対応しています。

- **好みの大きさでズーム。オンラインでも表情をとらえやすく**

バックルームでは、見学者がそれぞれご自身の好きな大きさで、気になるモニターを拡大表示し観察することが可能です。モニターの微細な表情変化も見逃しません。

i-PORT voiceの機能

慎重さが問われる定性調査に強いアスマークだからこそできる、以下のような多彩な機能を搭載しています。

専用バックルーム／モデレーターとモニターのチャット／モデレーターとバックルームのチャット／バックルーム内のみのチャット／画面共有／動画共有（一部開発中）／録音録画／モニター待機室／チャット履歴DL／全画面表示／手を挙げる機能／いいね機能

（3）アスマークのインターネットリサーチ

アスマークのネットリサーチの特徴

- **ヒアリングと提案**

お客様の考える調査内容には、調査手法、サンプルサイズ、対象者条件等、改善の余地があることも多く、お客様が抱える課題の共有のため、専任担当者が課題を丁寧にヒアリングしています。

- **オーダーメイド型リサーチ**

アスマークのネットリサーチは、リサーチャーが一から調査の肝となる調査票を設計するオーダーメイド型のサービスです。お客様が調査票を入稿した場合も、矛盾や回答負荷がないかチェックを行ない、データの品質担保に努めています。

- **アンケートシステムの特長**

標準機能としてアンケートシステムにおける高度な制御がついているため、本格的なアンケートの実施が可能です。回答者ごとに選択肢順をラン

ダムに変えたり、前問で選んだ選択肢を再表示するなどはもちろん、複雑
な割付、分岐設定にも無料で対応しています。

・コストとスピード

　調査範囲は目的や予算に合わせカスタマイズできます。不要な設問項目
のブラッシュアップも可能ですので、希望する予算に合わせたプランの提
案を受けられます。また、実査チームのセクション同士の密な連携対応に
より、回収予測〜見積り・スケジュールのご提出〜実査・レポーティング
までを、一気通貫でスピード対応しています。

豊富な集計・分析メニュー

　データを正しく見るためには、必ずデータの集計が必要となります。集
計方法によっては、誤った分析をしてしまうことがあります。複雑な集計
や分析を行なうため専門のスキルが必要であり、目的に合わせた集計を行
ない、最適な分析手法を用いることで、データの本質を理解することがで
きます。データに強いマーケティング担当者でも、専門的な分析手法を身
につけている人は非常に少ないでしょう。

　アスマークはアンケート調査を企画・設計〜分析まで行なうマーケティ
ング・リサーチ会社で、調査データを専門に扱っています。集計・分析の
専門チームも有しており、複雑な集計・分析を任せることができます。

アンケートモニターパネル

　ネットワーク・コミュニケーションを活かしたパネル提携により、約20
社以上・1600万人前後（2019年1月1日時点）の大規模なパネルへアプロー
チが可能。出現率の低いセンシティブなテーマやニッチなターゲットへ
向けたリサーチへフレキシブルに対応しています。

・モニターの登録情報

　氏名・メールアドレスなどの基本的な情報のほかに、以下の項目なども
事前登録のうえ、管理しています。性別／年齢／都道府県／未既婚／職業
等

・アスマークのモニターの特長

　オンライン・コミュニティをきっかけに集まったアンケートパネルには、
「生活へ意見を反映したい」と考える、貢献度が高く質のよいモニター力

ラーが健在です。参加型の定性調査から始まったモニター事業であるため、パネルの協力率が高いことも特長の1つです。

　質の高い市場調査専用モニター、スタッフの細やかなサポートと対応力で、"早い""安い"だけでない高品質なネットリサーチを提供しています。

　長年の調査実績を生かし、アスマークでは調査票のユーザーインターフェース強化や、不適当な回答をするモニターのフィルタリング、アンケート配信制限など、調査モニターの品質管理を徹底しています。

　なお、品質管理された当社のパネルはお客様のアンケートプラットフォームへの誘導も可能です。アンケートの回答者が「いない」「足りない」時に活用できます。

株式会社アスマーク

https：//www.asmarq.co.jp/

❯ オンライン調査を積極的に推進する代表的企業②
　（株）インテージ

　インテージが提供するさまざまなソリューションの中から、オンラインで実施可能なソリューションを4つ紹介します。いずれのソリューションにおいてもオンラインの特性を活かし、短期間、低コストで対象者の反応を詳細に測定することが可能です。

（1）i-Shelf
　オンラインで、商品画像を並べてリアルな店頭の陳列棚を再現してシェルフテストを実施します。店頭で商品を選ぶ時のように、クリックすると商品が拡大され、商品の裏面の表示も可能です。商品を手に取る、裏面を見る、購入するといった各ステップの購買ログが取得できるので、購買行動のプロセスも把握できます。

（2）i-Mesh

　パッケージやクリエイティブに対する消費者のダイレクトな評価を大量データで取得でき、その回答結果をヒートマップなどの視覚的にわかりやすい形式で提供します。

　パッケージや広告クリエイティブのパーツを直接クリック（タップ）する回答方式を使うことで、従来のプリコード（選択肢）形式よりも、パッケージそのものに対する直感的な反応を把握することができます。文字やロゴなどの細かいパーツへの反応も捕捉することが可能です。

（3）オンライン表情解析を用いた広告クリエイティブ評価

　オンライン環境でも**表情解析**の実施が可能です。視聴者が広告を視聴した時の表情を分析することで、実際の広告視聴時に近い直感的な反応を聴取し、クリエイティブ改善に生かす手法です。自宅から実施することでより自然な表情を捕捉することができます。また、調査員が介在することにより、セキュリティ面にも配慮して実施することができます。

　「注目顔」「笑顔」「思案顔」といったそれぞれの種類の表情について、反応が大きいシーンと反応が小さいシーンが秒単位でわかるため、広告のシーンごとに改善案の提案を受けることが可能です。

（4）リアルタイム動画評価

　「さわれる動画テクノロジー」を活用し、ウェブ調査で視聴中のスマホ動画を、視聴者がタップするだけで評価できます。調査票によるアスキングのみでは評価しがたい、動画視聴時に印象に残ったシーンや対象をクイックに把握し、動画クリエイティブの改善に活用することができます。

　視聴者の直観的な反応として動画のタップ状況をカウントできるのみならず、動画の「どの要素（登場人物の顔、商品ロゴなど）が」「どの場面で」「どのくらいタップされたか」を、タップされた要素ごとに把握することが可能です。「タップ箇所のヒートマップ動画」や「時系列タップ発生グラフ」などでわかりやすく確認することができます。

株式会社インテージ

https://www.intage.co.jp/

≫ オンライン調査を積極的に推進する代表的企業③ （株）クロス・マーケティング

　クロス・マーケティングは2003年の設立当初からネットリサーチ事業を行なっており、現在、年間約10,000件以上のリサーチ事業を通じ、お客様のマーケティング支援を行なっています。企業・政府・大学など幅広い分野で調査実績があります。

　オンラインでの知見提供にも力を入れています。**オンラインセミナー（ウェビナー）** を多数開催しており、どこからでも視聴することができます。また、社会情勢を分析した調査レポートはHPから無料でダウンロードできます。消費者意識や業界トレンドに対する知見を深めるうえで役立つでしょう。

（1）オンラインソリューション

　リモートワークや時差出勤など働き方の多様化が急速に進んでいます。多様な働き方を実現するには、働く場所や時間の制約を受けないクラウドサービスを軸に据えて、いかにオンラインで仕事を完結させるかが重要になってきています。こうした状況を踏まえ、クロス・マーケティングでは、お客様とのコミュニケーションをオンラインで完結できる体制を整えています。

　実査だけでなく、ご相談から打ち合わせ、報告会までオンラインで対応しています。見積、発注、検収、請求なども、PDFファイルのやりとりやクラウドサービスによって完結します。紙やFAXは不要です。

① グループ／デプスインタビュー、ホームビジット

【全国の対象者を獲得可能】

　スマートフォンやタブレット、PCからインタビューの実施が可能です。来場のための時間や移動の制約が少なくなるため、従来許諾の取りにくかった人たちへのインタビューも比較的容易となります。

例）大学生、妊娠中か乳幼児がいる人、介護中の人、ヘビーゲーマーの人、専門家など

【複数拠点からのインタビューモニタリング可能】

　モニタリングの場所に制限がないので、移動時間のとれない人や海外・地方オフィスや研究所のメンバーも、手軽に視聴できます。

【実際の生活に近い環境で実査可能】

　対象者に、ふだんの環境下でリラックスした状態で話してもらえるので、より生活実感のある発言を引き出せます。　また、ホームビジットでは、カメラで部屋の様子や実際に使っている商品、冷蔵庫内などを映してもらうことも可能です。

② WEBシェルフ

　模擬棚やパッケージなどをウェブアンケート画面に再現し評価していただくものです。会場調査より大量サンプルで、全国で幅広く実施でき、複雑なローテーションにも対応できます。

③ ホームユーステスト（HUT）

　対象者の選定からテスト品使用後のアンケートまで、すべてオンラインで完結できます。

④ Perception R（パーセプションアール）

　ウェブアンケート上の画像や文字を見た時の回答速度をもとに、潜在意識を計測し、直感的な反応・評価を把握します。ビジュアル（パッケージ案など）と言葉（コンセプトなど）の合致度を分析する手法です。オンラインで完結します。

⑤ QiQUMO（キクモ）

　クラウド型DIYアンケートシステムです。お客様自身が自由に調査設計したうえで、実査から分析までをオンラインで完結できます。日本のみな

付録

オンライン・リサーチ関連企業のサービス

らず、10か国のパネルに対しクイック調査を行なう「Global QiQUMO」も用意しています。

⑥ データマーケティング

BI Cross

　TableauなどのBIツールに取り込むデータの加工・統合やダッシュボード構築といった作業代行に加え、BIツール導入から社内運用体制の確立までの各フェーズにおけるコンサル支援、社内活用に向けた研修の実施など、幅広いサポートを提供しています。

Cross-UX（UX・UIコンサルテーションサービス）

　ユーザーがウェブサイトやアプリUI（使い勝手）のどこを評価・課題と感じるかを**ユーザービリティテスト**や**アクセス解析**など一連の手法を用いてUXアナリストが分析し、コンサルテーションを行ない論点整理や解決策を提案、ユーザーエクスペリエンスの向上を支援しています。

カスタマージャーニー型データ分析

　顧客データを統合して時系列で可視化。マクロとミクロ両方の視点から分析し、LTV向上に寄与するトリガーを発見します。また、アスキングとの掛け合わせにより、行動の背景となる意識を把握することで、テストマーケティングの施策コンセプトを具体化し、データ活用プロジェクトの立ち上げから推進まで幅広く支援しています。

データストーリーボード

　貴社会員やサイトに訪れた匿名状態の顧客に対してアンケートを実施し、意識データを取得。コンバージョン（行動の変化）×パーセプション・チェンジ（意識の変化）の分析により、リードジェネレーション、リードナーチャリングのためのコンテンツ改善を支援しています。

Social Cross

　ツイッターなどソーシャルメディア上のクチコミを収集し分析するサービスです。

⑦ グローバル調査

　海外調査、訪日外国人調査、在日外国人調査など、グローバル調査もオンラインで完結します。定量調査だけでなく、オンライン会議ツールを活

用した定性調査も実施可能です。

（2）クロス・マーケティングのデジタルマーケティング・リサーチ

　デジタル化により顕著になった消費者の変化をとらえるため、デジタル×アスキング＝デジタルマーケティングリサーチでクライアントのマーケティング課題解決に寄与するインサイトを提供します。

① ３Ｃ→Ａ（ＧＡ分析／競合分析／消費者調査）

　自社（Company）＆競合サイト（Competitor）のサイトコンテンツ分析により刺さるコンテンツを特定して、サイト来訪者（Customer）へのアスキングにより刺さる理由・背景意識を解明。３Ｃ分析の観点からアクション（Action）となるコンテンツマーケティングのプランニングを支援しています。

② Vift：Video Brand Lift

　各種SNSの動画広告に計測タグを設置し、180万人超の許諾済みの認証パネルのうち、サイト来訪者を実計測値＋アスキングでブランドリフト調査を実施。デジタル広告の効果とその特性を把握し、マーケティング施策に落とし込みます。

③ BTS：Brand Trend Scope

　TV視聴質データ×アスキングで、ブランドパーセプションの変化と態度変容を可視化します。また、BIツールを用いて視聴質データとリサーチデータを基にしたTVCM効果測定のための仕組みを構築することで、ブランドの市場内の立ち位置の変化を、オンライン上で確認可能な「月報」として可視化・共有することができます。

株式会社クロス・マーケティング

https：//www.cm-group.co.jp//

▶ オンライン調査を積極的に推進する代表的企業④
（株）マインディア

　マインディアでは打ち合わせ、発注、実査、レポーティングといった定性調査に関わるすべてのフローが完全リモートで完結するオンライン定性調査サービスを提供しています。インタビューには自社開発のシステムを使用しており、2020年4月には包括的なオンライン定性調査システムの特許権を取得しています。スマートフォン画面共有機能やAI自動文字起こし機能の追加など、新機能開発にも積極的に取り組んでいます。

（1）オンライン定性調査に注力し、特許権を取得済み

　マインディアは2018年1月に、P&Gマーケティング、Facebook、戦略コンサルティング出身のメンバーにより創業され、当初からバックルーム機能を備えたオンライン定性調査システム開発に注力をしてきました。現在では国内外の各カテゴリ、業種における最大手クライアントにも多数利用されています。

　2020年4月にはシステムの独自性が認められて包括的なオンライン定性調査システムの特許権を取得しており、2021年3月現在、特許協力条約（PCT）に基づく国際出願も提出しています。

（2）システムは自社開発、オンライン定性調査に必要な機能を網羅

　マインディアではオンライン定性調査に用いるビデオ会議システム、定性調査の管理システムをすべて自社で開発し、定性調査のインタビューに特化したシステムを提供しています。

　バックルームからの見学、見学者からモデレーターへのチャット、バックルーム内でのチャット、パソコン・スマートフォンからの画面共有、動画・画像の事前アップロード、映像の自動録画など、定性調査には必須ともいえる機能が搭載されています。

　最先端技術を取り入れた機能開発も積極的に行なっており、2020年12月にはAI自動文字起こし機能をリリースしました。

また、自社開発だからこそ海外製のツールとは違いクライアントや利用者のサポートを迅速かつ的確に行なうことができ、機能改善や追加機能開発のアップデートも継続的に行なっています。

（3）モデレーター、対象者、見学者すべてに使いやすいインターフェース

　マインディアのオンライン定性調査システムはアプリのダウンロードや事前の複雑な設定が必要なく、指定されたURLをクリックしブラウザからアクセスするだけで利用できます。そのため、ふだんパソコンやスマートフォンを使用する機会が少ない対象者の方にもスムーズにインタビューを行なうことができます。

（4）特徴的な機能

① バックルーム

　インタビュー対象者は見学者の存在がわかると身構えてしまい本音を引き出すことが難しくなってしまうため、バックルームをオンライン上に再現しています。見学者は何人でも自由にインタビューを見学することができ、モデレーターや対象者からは見えない見学者同士のチャットのやりとりをすることができます。

　また、見学者からモデレーターへの指示出しはチャットで即座に行なえます。オフラインではメモを手渡しするなどタイムラグが発生していましたが、リアルタイムで指示が出せるので対象者からのヒアリングがスムーズに進みます。

② パソコン・スマートフォンからの画面共有

　モデレーター、対象者のどちらからでも画面共有を行なうことができるようになっています。モデレーターからは主に広告ビジュアルやパッケージなどの呈示に使用されています。また、対象者からパソコン・スマートフォンの画面共有をしてもらうことで自社・競合サイトやアプリのUI調査を実施することもできます。

④ 動画の事前アップロード

　画面共有はその場でモデレーターが持っている資料を対象者に呈示する

ために使用しますが、事前アップロードは主に動画を呈示する際に使用します。画面共有で動画を呈示すると動画の動きがぎごちなく見えてしまいますが、事前に動画をシステム上にアップロードすることで、インタビュー中に動画共有サイトなどに遷移することなくその場で滑らかに再生できます。

⑤ AI自動文字起こし

定性調査においてインタビュー内容の文字起こしはオフライン・オンライン問わず常に必要な作業です。しかし従来のAI自動文字起こし機能は日本語の音声認識精度に課題があり、人の手による修正が必須になってしまうため、実用的なものではありませんでした。

マインディアのオンライン定性調査システムに搭載されているAI自動文字起こし機能では、日本語の音声認識に特化したAIを使用していて、グローバルで広く使われている大手企業製のAI自動文字起こしと比較し、文字単位での誤認識率を60％程度削減することに成功しています。

（5）オンライン定性調査の経験が豊富なモデレーター、マーケターと連携

2018年からオンライン定性調査サービスを提供していることから、マインディアが連携しているモデレーター、マーケターはオンラインでのインタビュー経験が豊富です。また、オンラインのインタビューでは対象者が自宅から参加できてリラックスしていることもあり、オフライン以上に対象者の本音を引き出すことができ、より深いインサイトを聴取することが可能です。

一般的にオンラインでのグループインタビューはグループダイナミクスが生まれにくいため実施が難しいとされています。マインディアでは他の対象者への共感や反対意見を示すスタンプ機能を実装し、経験豊富なモデレーターが各対象者に対して積極的な発話を促すことにより、その点をカバーし、オフラインと比較しても遜色のないグループインタビューを実施しています。

（6）調査会社向けにビデオ会議システムのみを利用するプランを提供

　通常は定性調査に関わるフロー全体をパッケージとして提供しています
が、調査会社向けにはビデオ会議システムのみを使ってもらえるよう、管
理画面を開放するプランも提供しています。

株式会社マインディア

https：//corporate.minedia.com/

〉その他の調査会社について

　その他の調査会社のサービス内容については、**日本マーケティング・リ
サーチ協会**の会員社リストを参照してください。

http：//www.jmra-net.or.jp/membership/sponsorship.html

海外サービス

テクノロジーの進歩と市場のニーズを反映して、次々に現われるオンライン定量調査と定性調査の新しいプラットフォーム

❯ 海外のオンライン定量調査サービス

　DIYセルフ型調査が盛んな欧米では、サーベイモンキーを筆頭に、多くのアンケート・ツールが提供されています。サーベイ機能の充実以外にも、すでに本文で紹介したように、分析機能やダッシュボードが充実したものや、レポート機能や顧客体験NPS等のソリューションに特化したもの、対象者のパネルとリンクして調査を行ないやすくしたもの、1つのプラットフォームで定性調査も可能なオールインワン型のもの、AI導入により作業をオートメーション化したものなど、それぞれその優位性を競っています。自動翻訳機能の充実とともに、最近では海外のプラットフォームも日本で簡単に、より安価に使えるようになっています。

　また、日本のパネル提供会社以外にも、グローバル・レベルで調査対象者の提供を行なう主要な企業を知っておくことは、日本企業の海外進出に伴い、今後さらに増加する海外調査を実施するうえで参考になります。「サーベイツール」と「対象者パネル」を知ることで、マーケターがオフィスや自宅の机上から、世界各国での海外調査の実施が可能になります。

　以下、紙幅の都合で、それぞれの「代表的なサービス名／提供する企業名」のみを紹介します。具体的サービス内容の特徴については、各企業やサービスのサイトを参照してください（以下、企業名のアルファベット順）。

オンラインアンケートツール（定量アンケート＋定性調査機能付のツール）
ディグサイト・パルス（Digsite Pulse）／Digsite、インサイトリクス（Insightrix）／Insightrix、クエスチョン・プロ（QuestionPro）／QuestonPro、トルーナインサイツ（TolunaInsights™）／トルーナ（Toluna）等。

グローバルでの調査対象者パネル提供サービス

InsightExchange／シント（Cint AB/Cint Japan）、Asian Sample／
dataSpring（旧Research Panel Asia）、Dynata／ダイナタ（Dynata）、
FasterAnswers／InnovateMR 等。

❯ 海外のオンライン定性調査サービス

　欧米ではオンライン・インタビューのさまざまなプラットフォームが使
用されています。また、**非同期の掲示板グルインやMROC、インサイト・
コミュニティ**のプラットフォームは日本では外販のものは3つしかありま
せんが、欧米では数多く提供されています。市場のニーズを反映して、
2010年前後のブームに続き、ここ数年、テクノロジーの進化を反映した
AI活用等の新しい機能が付加されたプラットフォームが開発されています。

オンライン・グルイン／デプス・インタビュー

Live Conversations™／Aha!、CyberFacility／Civicom Marketing
Research Services、スマートビデオプラットフォーム／Discuss.io、
FocusVision InterVu／フォーカス・ビジョン（FocusVision）、HT
FACE／High Tech Development（英国）、QualMeeting、iModerate／
20|20 等。

掲示板グルイン／MROC／インサイト・コミュニティ

Alida（アリダ）、Civicom（シビコム）、CMNTY、DigitalMR（デジタル
エムアール）、FlexMR（フレックスエムアール：InsightHub）、Fuel
Cycle（フユーエル・サイクル）、Further（ファーザー、旧dub：
Tandem, Together)、Gongos（ゴンゴス）、Icanmakeitbetter（アイキャ
ンメイクイットベター）、Incling（インクリング）、Insightrix、itracks（ア
イトラックス：itracks Board/ itracks Community)、KLC（KLコミュニ
ケーション：CrowdWeaving)、Krealinks（クリアリンクス：Krelinks
Community)、Mustard（マスタード）、My-Take（マイテイク）、
QualSights（クオリサイツ）、Recollective（リコレクティブ）、Remesh
（リメッシュ）、20|20（QualBoard）、VERVE（バーブ）、VisionsLive 等。

付
録

オンライン・リサーチ
関連企業のサービス

マーケティング・リサーチ情報源

MR関連業界団体や国内外の会議、情報サービス、SNS等の豊富な情報源

＞MR関連業界団体やMR関連会議

　日本では、マーケティング・リサーチ専門会社の業界団体は、**日本マーケティング・リサーチ協会**だけですが、それぞれ各国を代表するリサーチ協会以外にも、方法論に特化した団体や、エソマー（ESOMAR）のようなグローバルでサービスを提供する団体もあります。これらの団体は、MR会議や研修（セミナーやウェビナー）、情報提供サービス（雑誌やSNS等）などさまざまな活動をオンライン、オフラインで行なっています。世界のMRの動向をウォッチするうえで欠かせない重要な情報源になっています。

　以下、いくつかの団体やMR会議を紹介します。

① エソマー（ESOMAR）
　データやリサーチ、インサイト・コミュニティのグローバル・ボイスを標榜するグローバルのリサーチ非営利団体。

② インサイツ・アソーシエーション（Insights Association）
　米国のリサーチ協会。

③ アイ・アイ・イー・エックス（IIeX〈Insight Innovation Exchange〉）
アメリカマーケティング協会の情報サービス会社であるGreenbookが運営するMR会議。

④ クオリ３６０とエム・アール・エム・ダブリュー（QUAL360 & MRMW Marketing Research Mobile World）
Merlien Institutionが主催する定性調査と最新MR動向を発表するMR会議。

⑤ QRCA（Qualitative Research Consultants Association）
米国の定性調査のコンサルタントの団体。

⑥ AQR（The Association for Qualitative Research）
英国およびヨーロッパの定性調査団体。

⑦ Global Research Business Network（GRBN）

4つの地域のリサーチ連盟。アジアの連盟であるAsia Pacific Research Committee（APRC）はその１つ。

⑧ 一般社団法人日本マーケティング・リサーチ協会（JMRA）

1975年に設立された日本のマーケティング・リサーチ専門会社の業界団体。法人正会員社数112社（2021年３月現在）。

＞ 情報提供サービス

業界団体以外にも、カークス等のMR情報サービス会社があります。また個人が運営するMR情報サイトやリサーチ・ブログ、ツイッター、LinkedIn等のSNS等も、世界のMRの最新動向を知るうえで役立つ情報源です。

① カークスQuirk's

米国オンライン情報提供とMR会議の開催。

② グリーンブック（GreenBook）

世界の調査会社の専門別ディレクトリーとリサーチ・ブログが充実。

③ ニュー・エムアール（NewMR）

MR業界の世界的ソート・リーダーであるレイ・ポインター（Ray Poynter）氏が主催するサイト。ウェビナーを定期的に開催。

④ インサイト・プラットフォームズ（Insight Platforms）

元ビジョン・クリティカル社のEVP & Managing Director, EMEAであるマイク・スティーブンス（Mike Stevens）氏が運営。世界中のインサイト・プラットフォームの紹介とセミナーの実施。

https：//www.insightplatforms.com/

⑤ リサーチブログ「JMRX NewMR Blog（旧JMRX／みんなのMRブログ）」

本書の編著者が主宰するMRブログ。

以下は、国内情報です。日本におけるマーケティング・リサーチに特化

した情報源は、残念ながら欧米に比べて格段に少ないといえます。ビジネス特化型SNSであるLinkedInやツイッター、フェイスブック等のSNSやブログ上での発信数も少ない。欧米では、誰かが、リサーチについてのある問題提起を行ない、それを共有し議論を行ない、問題解決や改善を行なう土壌があります。日本語でリサーチについての上質な情報に接触して「刺激」を受ける機会が少ないのは残念です。各調査会社のホームページ以外に、以下のサイトも参照してください。

⑥ MAppsチャンネル

　マーケティングリサーチに関する動画を更新するYouTubeチャンネル。（株）マーケティングアプリケーションズ提供。

⑦ Marketing Research Camp

（株）ジャストシステム提供。

⑧ Marketing Research Journal

（株）マーケティングアプリケーションズ提供。

あとがき

　昨年2020年の５月に、本書執筆のきっかけとなった出来事がありました。ある商品を年内に米国市場に導入するために、「定量調査」の前に、米国人の対象商品の購入・使用実態や意識を「定性調査」で探りたいという依頼でした。当時、米国はコロナ・パンデミックで都市封鎖ロックダウンの真っ只中で、現地に入れず、グループ・インタビューや詳細面接もできない状況でした。

　そこで実施したのが、本書でも解説している「(オンライン) 掲示板グルイン」でした。ニューヨーク等の複数の都市から米国の消費者40名近くをリクルートし、商品の購入や使用、評価等について、オンライン上で２週間、毎日議論を行なってもらいました。画像アップによって、外出自粛中の「食生活日記」もつけてもらいました。

　結果、地球の裏側の米国に行くことなく、調査企画から参加者のリクルート、参加者への毎日の質問、発言録の分析、レポートの作成まで、日本の「緊急事態宣言」下、自宅のパソコンとインターネットによって、調査を無事に完了することができました。国内の多くの調査が中止や延期され、日本から米国への渡航中止勧告下の国際調査の実施は、「オンライン・リサーチの威力」を改めて実感した経験でした。クライアント様側も、オンライン・グルインやデプスではなく、掲示板グルインを選択されたのは賢明な選択だったと思います。実際の生活における対象製品使用の「コンテクスト」の中での製品の使用実態や、新製品のコンセプト評価は精度が高いと推測されます。

　ちょうどその頃、日本では、「グルインや詳細面接をオンラインでどのように実施すればよいか」という議論が盛んに行なわれていました。調査業界がこの課題にどのように立ち向かい、オンライン定性調査の新しい世界に適応したかは、本書の中でも記しています。

　本書は、2016年10月に出版された前著『マーケティング・リサーチの基本』に続くJMRXメンバーによるMRの「集合知」の２冊目の本です。お陰様で前著は４年半で３刷となり、リサーチの基本書として広く読まれて

います。コロナ禍でオンラインの方法を無視できない現状のリサーチ・ニーズに対応した本書を、このタイミングで出版できたことは幸甚です。

　JMRX（Japan Marketing Research Excellence）は、2010年にリサーチのCOE（センター・オブ・エクセレンス）を目指して設立された、マーケティング・リサーチャー個人のネットワーキング・グループです。企業や個人を問わず、リサーチのベストプラクティスの共有や活用促進を行ない、**日本におけるリサーチの価値向上**＝リサーチのビジネスへのインパクトのアップを目指して活動を行なっています。

　今後の低成長時代の日本企業における「**リサーチの役割**」はますます重要になります。ビジネス成長を牽引するリサーチを実施するためには、優秀な人材を引きつけ、やりがいのある仕事に就くリサーチャーやインサイト・プロフェッショナル、データアナリストの存在価値を向上させる必要があります。ますます、リサーチャーの「課題解決力」が問われます。

　年末年始のリサーチ業務多忙のなか、本書のリサーチの「集合知」作りのリクエストにご快諾いただき、限られた時間で貴重な原稿を執筆していただきました著者の皆さまに深く感謝申し上げます。また、インテージ社の原稿企画をしていただきました（株）インテージ事業開発本部先端技術部部長の山本直人氏に厚く御礼申し上げます。さらに、（株）インテージ事業開発本部先端技術部のアフィカ・アディラ（Afiqah Adilla）氏と、文化マーケティングコンサルタントML251代表の井上秀二氏の本書の関連サイトであるJMRX NewMR研究会サイトへの記事の寄稿に対して深謝いたします。

　最後になりましたが、JMRX事務局の牛堂雅文氏、吉田朋子氏、岸田典子氏の日頃のJMRX活動に対し心より感謝いたします。そしてリサーチャーの皆さま、JMRXの活動に、今後ともご理解とご協力をよろしくお願い申し上げます。

2021年3月

岸川　茂

参考文献（各章著者名50音順）

第1章　オンライン・リサーチの基本

- 朝野熙彦編、2011年『アンケート調査入門』東京図書
- 上田拓治、2010年『マーケティング・リサーチの論理と技法』（第4版）日本評論社
- 岸川茂編著、2016年『マーケティング・リサーチの基本』日本実業出版社
- 島崎哲彦編著、2020年『マーケティング・リサーチに従事する人のための調査法・分析法:定量調査・実験調査・定性調査の調査法と基礎的分析法』学文社
- 島崎哲彦編著、2020年『マーケティング・リサーチに従事する人のためのデータ分析・解析法:多変量解析法と継時調査・時系列データの分析』学文社
- 菅原大介、2019年『売れるしくみをつくる　マーケットリサーチ大全』明日香出版
- 星野崇宏・上田雅夫、2018年『マーケティング・リサーチ入門』有斐閣
- レイ・ポインター、2011年『オンライン・ソーシャルメディア・リサーチ・ハンドブック—リサーチャーのためのツールとその技法』東洋経済新報社
- Roger Tourangeau他、2019年『ウェブ調査の科学:調査計画から分析まで』朝倉書店

第2章　オンライン定量調査　（＊「2－1」は第2章1節の意。以下同）

2－1

- 石井栄造、2010年『図解インターネット・リサーチのことがわかる本』同文舘出版
- 石井栄造、2012年『図解マーケティングリサーチの進め方がわかる本』日本能率協会マネジメントセンター
- 川端一光他、2018年『Rによる多変量解析入門　データ分析の実践と理論』オーム社
- 中野崇、2018年『マーケティング・リサーチとデータ分析の基本』すばる舎
- Roger Tourangeau他、2019年『ウェブ調査の科学：調査計画から分析まで』朝倉書店

2－2

- クレイトン・クリステンセン、2001年『イノベーションのジレンマ（増補改訂版)』翔泳社
- 日本マーケティング・リサーチ協会、2015年『マーケティング・リサーチのイノベーションと未来』日本マーケティング・リサーチ協会
- 日本マーケティング・リサーチ協会、2017年『マーケティング・リサーチ産業ビジョン』http://www.jmra-net.or.jp/aboutus/sangyovision/

2－3

- Couper, M. P. (2008) Designing Effective Web Surveys. New York: Cambridge University Press.
- Tourangeau, R., Conrad, F.,& Couper, M.P (2013) The Science of Web Surveys. New York:Oxford University Press.
- 日本マーケティング・リサーチ協会 インターネット調査品質委員会、2017年『インターネット調査品質ガイドライン』

2－5

- 今西良光、須藤勇人　2019年『実践的カスタマー・エクスペリエンス・マネジメント』日経BP　※（株）エモーションテック代表の著作。
- 加藤希尊、2018年『はじめてのカスタマージャーニーマップワークショップ：「顧客視点」で考えるビジネスの課題と可能性』翔泳社
- 高見俊介、2011年『ロイヤルティリーダーに学ぶ ソーシャルメディア戦略』ファーストプレス
- 蛭川速・吉原慶、2020年『基本がわかる実践できる マーケティング・リサーチの手順と使い方―定量調査編―』日本能率協会マネジメントセンター
  ※NPSに代わって、NRS指標を提唱。
- フレッド・ライクヘルド、2013年『ネット・プロモーター経営〈顧客ロイヤルティ指標 NPS〉で「利益ある成長」を実現する』プレジデント社
- 村山幹朗・芹澤連、2020年『顧客体験マーケティング顧客の変化を読み解いて「売れる」を再現する』インプレス

2－7
- 日本マーケティング・リサーチ協会、2017年、2020年「インターネット調査ガイドライン」http://www.jmra-net.or.jp/Portals/0/rule/guideline/ インターネット調査品質ガイドライン_web.pdf
- 日本マーケティング・リサーチ協会、2019年「ポスト平成のインターネットリサーチ」http://www.jmra-net.or.jp/committee/internetresearch/20191016r.html
- 日本学術会議社会学委員会提言、2020年「Web調査の有効な学術的活用を目指して」http://www.scj.go.jp/ja/info/kohyo/pdf/kohyo-24-t292-3.pdf

第3章　オンライン定性調査（1）――基本と進め方

3－1
- 石井栄造、2019年『基本がわかる実践できる マーケティング・リサーチの手順と使い方［定性調査編］』日本能率協会マネジメントセンター
- 梅津順江、2015年『心理マーケティングの基本』日本実業出版社
- 奥泉直子他、2017年『マーケティング/商品企画のための ユーザーインタビューの教科書』マイナビ出版
- 垣内勇威、2020年『デジタルマーケティングの定石 なぜマーケターは「成果の出ない施策」を繰り返すのか？』日本実業出版社
- 木浦幹雄、2020年『デザインリサーチの教科書』BNN
- 高垣敦郎、2015年『「おいしい」のマーケティングリサーチ』碩学舎
- 樽本徹也、2018年『UXリサーチの道具箱 イノベーションのための質的調査・分析』オーム社
- 西口一希、2019年『実践 顧客起点マーケティング』翔泳社
- 林美和子・肥田安弥女、2008年『「定性調査」がわかる本―定性調査の実務に関わるすべての人達に向けて』同友館
- スティーブ・ポーチガル他、2017年『ユーザーインタビューをはじめよう―UXリサーチのための、「聞くこと」入門』BNN

- ラッセル ベルク・アイリーン フィッシャー他、2016年『消費者理解のための定性的マーケティング・リサーチ』碩学舎　※「ネトノグラフィ」についての詳しい説明。
- Jennifer Dale,Susan Abbott（2014）Qual-online the Essential Guide: -What Every Researcher Needs to Know About Conducting and Moderating Interviews Via the Web, Paramount Books
- Ray Poynter,Navin Williams, and Sue York（2014）The Handbook of Mobile Market Research: Tools and Techniques for Market Researchers, Wiley
- Sheila Keegan（2009）Qualitative Research: Good Decision Making Through Understanding People, Cultures and Markets, Kogan Page

3－2

- 定性維新の会、「新しい定性調査に関する情報マガジン」

 https://www.teisei-ishin.co.jp/mail-magazine

3－3

- 紙幅の都合で「JMRX NewMR研究会」サイトに掲載。

3－5

- 森岡毅、2018年『マーケティングとは「組織革命」である。個人も会社も劇的に成長する森岡メソッド』日経BP
- 森岡毅、2020年「刀・森岡毅氏が語る、どんな戦略でも使える"武器"とは」アジェンダノート　https://agenda-note.com/conference/detail/id=3473&pno=0

3－8

- 佐野紳也、2012年「ソーシャルメディアを活用した消費者調査の最新手法早わかり「MROC成功のカギ」」『日経消費ウオッチャー2012.2』
- 高井紳二編、2014年『実践ペルソナ・マーケティング 製品・サービス開発の新しい常識』日本経済新聞出版

第4章　オンライン定性調査（2）──実例と留意点

4－5

- 大松孝弘・波田浩之、2017年『「欲しい」の本質〜人を動かす隠れた心理「インサイト」の見つけ方〜』宣伝会議
- 大松孝弘・波田浩之、2020年『ほんとうの欲求は、ほとんど無自覚』宣伝会議

第5章　オンライン・リサーチとリサーチテック

5－1

- 亀田重幸・進藤圭、2020年『いちばんやさしいDXの教本　人気講師が教えるビジネスを変革する攻めのIT戦略』インプレス

- 斎藤康毅、2016年『ゼロから作る Deep Learning —Python で学ぶディープラーニングの理論と実装』オライリージャパン
- 山田良太、2020年『集中演習デジタルマーケターのためのテクノロジー入門』インプレス

5−3
- 水野誠、2015年「マーケターが見るビッグデータの夢はかなうか?」『組織科学』48（4）,35-46.
- 土屋隆裕、2009年『概説標本調査法』朝倉書店
- MJ Salganik（著）／瀧川裕貴・常松淳・阪本拓人・大林真也（訳）、2019年『ビット・バイ・ビット—デジタル社会調査入門—』有斐閣
- R Tourangeau, F Conrad, M Couper（著）,大隅昇他（訳）、2019年『ウェブ調査の科学：調査計画から分析まで』朝倉書店
- 星野崇宏、2009年『調査観察データの統計科学—因果推論・選択バイアス・データ融合』岩波書店
- 安井翔太、2020年『効果検証入門〜正しい比較のための因果推論／計量経済学の基礎』技術評論社

5−4
- （株）インテージ（ウェブサイトで『キマル AI』として紹介）
- インテージ知る Gallery「生活者の好む『組み合わせ』を AI・最適化技術と人間の評価で見つける」2020年2月17公開記事

5−5
- 産総研人工知能研究センター『投票クラスタリング』ウェブサイト
Remesh Web サイト（remesh.ai）
- 小野滋、2014年「Web 調査による集合知創出とアイデア開発支援」日本行動計量学会第42回大会(東北大学)、口頭発表　著者ウェブサイト内

5−6
- 岡崎・辻井（2010）「高速な類似文字列検索アルゴリズム」情報処理学会創立50周年記念全国大会

執筆者一覧

第1章　オンライン・リサーチの基本

全　節：岸川茂

第2章　オンライン定量調査　（＊「2−1」は第2章1節の意。以下同）

2−1、2−5：岸川茂

2−2、2−7：萩原雅之〈トランス・コスモスアナリティクス（株）取締役フェロー、トランスコスモス（株）海外事業総括理事、マクロミルネットリサーチ総合研究所 所長〉
※著書に『次世代マーケティングリサーチ』(SBクリエイティブ)がある。

2−3：二瓶哲也〈（株）インテージ 事業開発本部リサーチソリューション部〉

2−4：アンドリュー・エドサルAndrewEdsall〈Response:AI、Director〉

2−6：野田匡嗣〈Medallia セールスコンサルティングリード〉

第3章　オンライン定性調査（1）——基本と進め方

3−1、3−6、3−7、3−8、3−9、3−11、3−12：岸川茂

3−2：藤吉孝之〈（株）定性調査維新の会 代表取締役社長〉

3−3：井上昭成〈クロス・マーケティング専門領域リサーチ部定性調査グループ シニアリサーチャー〉

3−4：若井博昭〈（株）インテージクオリス リサーチ推進部〉

3−5：中澤優〈（株）マクロミル グローバルリサーチ本部プランニンググループ グローバルリサーチフェロー〉

3−10：白石章兼〈（株）アイディエーション 代表取締役社長〉

3−13：レイ・ポインター Ray Poynter〈ポテンシエイト、チーフ・リサーチ・オフィサー〉（翻訳：岸川茂）
※世界のMRのソートリーダーの1人であり、NewMRの創設者。Potentiateのチーフ・リサーチ・オフィサー、MRSのフェロー、ESOMARの評議員、トレーナー、コンサルタントを務める。『The Handbook of Online and Social Media Research』や『The Handbook of Mobile Maket Research』などの著者。

第4章　オンライン定性調査（2）——実例と留意点

4−1：杉本徹〈（株）クロス・マーケティング プロダクトディベロップメント部ゼネラルマネージャー〉

4−2：金正則〈シンクファーム（株）代表取締役マーケティングディレクター〉
※著書に『ツイッター社会進化論』(朝日新書、2010年)がある。

4−3：小島賢一〈（株）インテージクオリス 代表取締役社長〉

4−4：富内叙子〈（株）インテージヘルスケア リサーチディレクター〉

4−5：大松孝弘、波田浩之、中牟田貴子〈（株）デコム〉
※共著に『「欲しい」の本質 人を動かす隠れた心理「インサイト」の見つけ方』(宣伝会議、2017年)、『図

解やさしくわかるインサイトマーケティング』日本能率協会マネジメントセンター、2006年)。著書に
波田浩之『この1冊ですべてわかる　新版広告の基本』(日本実業出版社、2018年)。

４－６：岸川茂

第5章　オンライン・リサーチとリサーチテック

５－１：岸川茂
５－２：篠原正裕〈(株) インテージ 事業開発本部先端技術部〉
５－３：中野暁〈(株) インテージ 事業開発本部先端技術部研究開発グループ〉
５－４：小木戸渉〈(株) インテージ リサーチソリューション部マネージャー〉
５－５：二瓶哲也〈(株) インテージ リサーチソリューション部〉、小木戸渉〈(株) イ
ンテージ　リサーチソリューション部〉、佐藤哲也〈(株) アンド・ディ 代表取締役社長、
データインテリジェンス事業部長〉
５－６：佐藤哲也、二瓶哲也、小木戸渉

付　録

全体構成：岸川茂
アスマーク：畠紀恵〈(株) アスマーク 営業部マーケティングコミュニケーションG〉
マインディア：石渡貴大〈(株) マインディア マーケティング＆オペレーションマネジャー〉

岸川 茂（きしかわ しげる）

㈱MROC Japanおよび、Alida JP㈱代表取締役。リサーチ・コンサルタント。ヒルズ・コルゲート・ジャパン、フィリップ・モリス・ジャパン、シノベイト（現イプソス）、JMRB（現カンター・ジャパン）でリサーチャー歴35年。企業やビジネスイベントでのマーケティング・リサーチの研修を担当する。海外のリサーチ・カンファレンスQual360APACでスピーカーを務める。外資系企業でのリサーチ経験を生かし、過去10年間、世界のMR会議への参加や世界の調査会社、リサーチャーとの協働を通して、テクノロジーの進化による最新のMR動向を研究中。同志社大学大学院修了（政治心理学修士）、ニューヨーク州立大学大学院留学。
「JMRX NewMR研究会」および「コミュニティ・リサーチ研究会（CRS）」主宰。主な著書に『図解入門最新マーケティング・リサーチがよーくわかる本』（秀和システム）と『マーケティング・リサーチの基本』（編著、日本実業出版社）がある。
shigeru.kishikawa@mrocjapan.com
https://mrocjapan.com

JMRX NewMR研究会
リサーチャーのネットワーキング・グループJMRX（Japan Marketing Research Exellence）の中の新しいマーケティング・リサーチ（NewMR）をテーマにした研究会。
https://jmrx-newmr.jp

この1冊ですべてわかる
オンライン定量・定性調査の基本

2021年5月1日　初版発行

編著者　岸川　茂 ©S.Kishikawa 2021
著　者　JMRX NewMR研究会 ©JMRX NewMR Society 2021
発行者　杉本淳一

発行所　株式会社 日本実業出版社　東京都新宿区市谷本村町3-29 〒162-0845
　　　　　　　　　　　　　　　　大阪市北区西天満6-8-1 〒530-0047
　　　　　編集部 ☎03-3268-5651
　　　　　営業部 ☎03-3268-5161　振　替 00170-1-25349
　　　　　　　　　　　　　　　　https://www.njg.co.jp/

印刷／壮光舎　製本／共栄社

ISBN 978-4-534-05849-2　Printed in JAPAN